S0-BSF-071

CÓCTELES

180 RECETAS CON **DELICIOSOS** MARIDAJES DE **COMIDAS**

CÓCTELES

180 RECETAS CON **DELICIOSOS** MARIDAJES DE **COMIDAS**

Recetas de **Gianfranco Di Niso** y **Davide Manzoni**
Fotografías de **Fabio Petroni**

BLUME

CONTENIDO

CÓCTELES A BASE DE TEQUILA

CÓCTELES A BASE DE GRAPA O PISCO

CÓCTELES CON BATIDORA

Las medidas que se dan en las recetas de los cócteles son para una persona.

PREFACIO

Este libro es el resultado de una larga y feliz carrera como barman en cafeterías, bares, restaurantes y discotecas. A lo largo de los años que he pasado al otro lado de la barra atendiendo a distintos tipos de bebedores –y haciendo las veces de confidente– he observado un interés cada vez mayor por los cócteles.

«¿Qué bebida es esta?»

«Esta bebida está estupenda... ¿Qué lleva?»

«¿Es muy difícil hacerla en casa?»

Con estas preguntas, que he oído no pocas veces, la gente busca la manera de animar eventos, reuniones y fiestas con una o varias bebidas especiales.

En cierta ocasión, una chica, la cual estaba evidentemente estresada, llegó al bar en el que yo trabajaba. Tenía un problema para el que necesitaba una solución. «Franco, ¡estoy desesperada! –me dijo–. Esta noche doy un aperitivo para unos cuantos compañeros y quiero que se lleven una buena impresión. Tienes que ayudarme a encontrar algo que sea fácil y rápido. ¿Puedes darme la receta de una de esas bebidas tan sofisticadas que preparas?». Escribí en una servilleta la receta de una creación reciente y vi cómo la clienta salía del bar tan feliz.

Con el tiempo, esta situación se ha repetido en numerosas ocasiones y son varios los clientes que me han pedido las recetas de sus bebidas favoritas. Así las cosas, no me cabe duda de que esta recopilación será del agrado de los lectores. Con todo, tenía la impresión de que había algo que se me quedaba en el tintero y, mientras estaba escribiendo la receta de un célebre cóctel cubano para mi jefe, me surgió la idea de añadirle algunas notas acerca del origen de la bebida. Pensé que esto haría que los lectores pudiesen entretener a sus invitados con leyendas y curiosidades relacionadas con la bebida que estuviesen disfrutando.

Gracias a esta idea, tuve claro el objetivo del libro: la elaboración de una obra que se pudiera seguir con facilidad, que a la vez fuera moderna y exhaustiva y que proporcionase al lector un cómodo manual con un gran abanico de cócteles, tragos largos y bebidas digestivas. También habría de ser un innovador recetario para profesionales, de modo que ofreciese recetas poco habituales, incluidas las abundantes variantes del mojito y bebidas a base de helado.

De inmediato, sin embargo, me di cuenta de que no bastaría con la receta y la historia de las bebidas. Pensé que, dado que el acompañamiento de comidas suele sacar lo mejor de los cócteles, sería buena idea ofrecer la sugerencia de un maridaje con estas para cada cóctel. Había llegado el momento de contar con la implicación de un experto culinario en el proyecto.

Con David a bordo, comenzamos a investigar la correspondencia entre bebidas y alimentos con el fin de proporcionar recomendaciones gastronómicas (aperitivos, platos principales y postres), las cuales creemos que pueden maridarse felizmente con aperitivos (los elaborados a base de hierbas o especias y los licores amargos abren el apetito), tragos largos (que se pueden disfrutar a cualquier hora del día y cuya versatilidad demuestran los maridajes propuestos) y digestivos (que consisten en licores dulces, cremas o preparados de hierbas y especias que ayudan a hacer la digestión). Y todo ello sin traicionar del todo el motivo principal de este libro: brindar el conocimiento y las herramientas necesarios para elaborar bebidas, aperitivos y comidas con la habilidad y la confianza de experimentados bármanes y cocineros. En el libro también se llama la

atención acerca de la importancia de contar con el equipo y los ingredientes necesarios (el lector podrá comprobar que la probeta graduada, que se usa en todos los cócteles de este libro, se puede encontrar con facilidad y resulta increíblemente útil: su uso proporciona una consistencia que le permitirá repetir las mismas deliciosas bebidas siempre).

Este recetario contiene, por lo tanto, ciento ochenta completos cócteles *gourmet* acompañados de sugerencias de maridajes de comidas. Las bebidas se dividen en doce capítulos, cada uno de los cuales cuenta con una breve introducción. Esta colección comienza con los cócteles más famosos del mundo (negroni, mojito, cosmopolitan, etc.), los cuales preceden a siete capítulos dedicados a cócteles preparados con las bebidas alcohólicas más importantes: ginebra, vodka, ron, coñac, brandi, whisky, tequila, grapa y pisco. Los cuatro últimos capítulos están dedicados a bebidas que se elaboran con batidora de vaso, al mojito, a preparados a base de helado y a otros cócteles clásicos y modernos.

Cada capítulo cuenta con quince bebidas, desde las más famosas hasta las de más reciente aparición o las más llamativas o exclusivas de una zona geográfica dada (batida, colada, caipiriña...). Hay un amplio abanico de opciones, lo que garantiza que el lector lo tenga todo de su parte para convertir su hogar en un auténtico bar y en una cocina de primera en los que pueda preparar y servir elegantes, coloridas y refrescantes bebidas acompañadas de atractivos aperitivos, platos principales o tradicionales y deliciosos postres.

En cada capítulo se le brinda al lector una sencilla explicación acerca del cóctel, en la que se incluye una fotografía de la bebida ya preparada. Las entradas se dividen en los siguientes apartados:

Orígenes y curiosidades
Ingredientes
Preparación
Sugerencia de uso

Las entradas se rematan con una sugerencia de maridaje gurmet (para servir a entre cuatro y ocho personas), en la cual se incluyen los ingredientes, el nivel de dificultad y la preparación paso a paso del plato. Davide y un servidor insistimos en el hecho de que no es nuestra intención enseñar todo lo relativo a la mezcla de bebidas y a la cocina: lo que pretendemos es ayudar a aquellos que se sienten atraídos por el mundo de los cócteles y ofrecerles sencillos pero prácticos consejos y soluciones con los que animar bebidas, reuniones y eventos. Por encima de todo, lo que esperamos es que esta colección fomente la diversión de nuestros lectores en compañía de sus seres queridos y que puedan hacer las veces de auténticos bármanes y chefs en su propia casa, a la vez que rendimos homenaje al saber hacer, el conocimiento y el talento de los que se ganan la vida de este modo.

Gianfranco y Davide

INTRODUCCIÓN

Si no hay certeza acerca del origen del término *cocktail*, menos la hay todavía sobre el inventor de este tipo de bebidas. Puede que fuera Hipócratres, el padre de la medicina griega y del que se dice que usaba absenta para darle sabor al vino, el primero en reivindicar la autoría. Con todo, la práctica de darle sabor al vino con hierbas, bayas y miel era frecuente en la Antigüedad.

Algunos siglos después, otra figura histórica realizó su aportación al desarrollo de los cócteles: Catalina de Medici. La noble florentina emigró a Francia para casarse con el duque de Orleans (el futuro rey) y llevó consigo la idea de mezclar bebidas para dar lugar a otras nuevas. Aunque no cabe duda de que esto ayudó a popularizar dicha práctica, existen otras leyendas sobre la etimología de la palabra *cocktail* que pueden o no ser ciertas. Una de ellas procede de la zona de Campeche, en el golfo de México, donde un joven maya pretendía la mano de la hija de un poderoso dignatario local. Al fallar en su empresa, acabó por hacer que un sacerdote le preparase un bebedizo de la amistad, el cual llevó a los padres de la muchacha. Una vez que hubieron bebido el preparado, cambiaron su parecer acerca del pretendiente y le concedieron con gran entusiasmo la mano de su hija. La muchacha en cuestión tenía el nombre de Cochtil, del cual se derivaría el término *cocktail*. Como todas las leyendas, esta parece tener algo de verdad: según los diarios de navegación de los marineros ingleses, los antiguos mayas de Campeche propiciaban el favor de los dioses mediante el ofrecimiento de una mezcla de bebidas alcohólicas que se preparaba con una cuchara larga llamada «cola de gallo» (*cock tail* en inglés).

Una historia muy diferente es la que transcurre en Nueva Ámsterdam, el nombre original de la ciudad de Nueva York. Hace unos dos siglos, las peleas de gallos eran uno de los pasatiempos predilectos de los habitantes del Nuevo Mundo. Según cuenta la historia, un apasionado tabernero perdió un gallo y ofreció la mano de su hija al que diera con él. Un cliente habitual de la taberna, que ya estaba enamorado de la muchacha (lo que no gustaba al padre), terminó por encontrar al animal. Con el fin de suavizar las cosas entre el padre y el pretendiente, la joven preparó una mezcla de bebidas espiritosas para ayudar a romper el hielo. Mientras andaba elaborando la bebida, una de las plumas del gallo cayó en el vaso, lo que dio lugar al nombre de *cocktail*. En esta anécdota hay también algo de verdad: siempre se brindaba por los ganadores de las peleas de gallos, y la cola del animal derrotado se entregaba como trofeo.

Existe también otra historia del Nuevo Mundo relacionada con la palabra *cocktail*, cuyo origen se les atribuye a los huevos de gallina. Según esta narración, un farmacéutico de Nueva Orleans usaba una huevera (*coquetier* en francés) para preparar sus tónicos. Así, el término *cocktail* sería un error de pronunciación del término francés.

Sea como fuere, el término *cocktail*, que recuerda a las brillantes plumas de la cola de un gallo (*cock tail*), representa la variedad de ingredientes que se pueden asimilar en la preparación de un cóctel. Con todo, lo más probable es que los cócteles en sí surgieran como una consecuencia natural de la demanda del «mercado». Las bebidas alcohólicas del pasado, muy ásperas y fuertes, no gozaban del aprecio de los bebedores. Por ello, algunos bármanes intentaron pulir el sabor de dichas bebidas mediante la adición de pequeñas cantidades de licores dulces. De este modo, se desarrollaron varias combinaciones y se puso mucho más empeño en mejorar el aspecto y la presentación de las bebidas.

Esta historia moderna del cóctel puede remontarse al siglo XIX. Una importante figura es Jeremy Thomas, célebre barman americano de la época. Thomas destacó por su habilidad para mezclar distintos productos para crear coloridos y sabrosos cócteles. Su pionero trabajo contribuyó en gran medida a la difusión

de los cócteles en Estados Unidos, y su inaudito talento inventivo ayudó a dar forma a la imagen del barman profesional y creativo.
Nacido el 1 de noviembre de 1830 en Sacket Harbor (Nueva York), cerca del lago Ontario, el joven Thomas se fue a vivir a New Haven (Connecticut) en 1840. Seis años después comenzó su carrera como barman. A los dieciocho años se embarcó como marinero en el barco *Ann Smith*, donde, para solaz de tripulantes y pasajeros, modificó la receta del *grog* (una bebida elaborada con ron, agua, azúcar y jugo de lima) que se servía a bordo. A los diecinueve años, llegó a San Francisco y cayó en la «fiebre del oro» que recorría el Oeste estadounidense, aunque siguió su trabajo en el próspero negocio de los salones. En 1852, Thomas volvió a la costa este y abrió su propio bar, The Exchange, en Nueva York. El gran éxito de The Exchange se debió sobre todo a las bebidas que en él se ofrecían, incluidos los destacados cócteles julep y brandy punch. Thomas también trabajó en Charleston, Chicago y Saint Louis hasta 1858, fecha en la que aceptó el prestigioso cargo de camarero jefe del neoyorquino Metropolitan Hotel. Gracias a su labor en el bar más popular de la ciudad, acabó por ser el barman más célebre de Estados Unidos. Dos años después inauguró otro bar, el Jerry Thomas's, el cual no tardó en ser muy conocido entre los que movían los hilos por aquel entonces.
En 1862, Thomas recopiló sus fórmulas y recetas, incluidas las técnicas de preparación, y las entregó para su publicación en una guía. Hasta entonces, los bármanes habían guardado celosamente sus secretos y solo les revelaban a sus aprendices lo que contenían algunos cócteles. Thomas no solo permitió que las recetas de sus célebres bebidas llegasen a un público más amplio, sino que además incluyó las fórmulas para la preparación de siropes, bíteres y cordiales. *Jerry Thomas' Bar-Tender's Guide or How to Mix Drinks* («La guía del barman de Jerry Thomas, o cómo mezclar bebidas») es la primera guía de este tipo publicada; además, en sus páginas aparecen las primeras recetas para elaborar *cocktails*. Entre ellos se hallaba el Martínez, considerado el antecesor del célebre martini, el cual se obtenía mediante la mezcla de tres partes de vermut rojo dulce y una de ginebra, y se aderezaba con una cereza. A comienzos del siglo XX, el martini acabó por instaurarse como el cóctel por excelencia a ambos lados del Atlántico. Durante la época de la ley seca (1919-1933), los cócteles (y otras bebidas alcohólicas) se consumían en bares clandestinos, escondidos en la trastienda o bodega de otros establecimientos, por lo general restaurantes. A menudo, los propietarios de dichos establecimientos elaboraban versiones caseras de ginebra, vermut y whisky en grandes recipientes, tales como bañeras y tinas improvisadas, lo que dio lugar a la llamada «ginebra de bañera». Los cócteles en concreto tuvieron un éxito especial, ya que servían para enmascarar el mal sabor de los licores y demás bebidas alcohólicas que se elaboraban al margen de la ley. Muchas de las recetas de cócteles que aún se disfrutan hoy en día tienen su origen en aquellos tiempos. Los cócteles fueron ganando terreno en la segunda mitad del siglo XX, y las recetas se vieron mejoradas con nuevas variedades, imaginativos nombres, bebidas espiritosas e ingredientes. Mientras tanto, el cine y la literatura también habían hecho lo suyo para popularizar y difundir los cócteles. En 2001, la lista oficial de cócteles publicada por la IBA (International Bartenders Association) incluía más de sesenta cócteles divididos en tres categorías: *unforgettable* («inolvidables»), *contemporary classics* («clásicos contemporáneos») y *new age drinks* («bebidas de la nueva era»).

EQUIPO

LA PROBETA GRADUADA

La probeta graduada es un instrumento indispensable con el que los lectores podrán preparar cócteles de modo consistente y siempre de la misma manera, ya que les servirá para respetar las medidas que se indiquen en la receta. Puede adquirir la probeta graduada, que puede ser de plástico o vidrio, en farmacias y laboratorios químicos.

LA COCTELERA CONTINENTAL (TAMBIÉN LLAMADA «TRADICIONAL»)

La coctelera, herramienta emblemática del barman, es esencial para mezclar mejor los ingredientes. Esta se divide en tres partes:

- Una parte inferior (acero, vidrio o plástico), la cual hace las veces de recipiente para el hielo u otros ingredientes.
- Una parte superior que consiste en una tapa perforada que sirve de filtro con el que se evita que entren elementos que no formen parte de la bebida (hielo, fruta, especias, etc.).
- Otra parte superior que cuenta con una tapa o un tapón que tiene la importante función de mantener los ingredientes en su lugar en el momento de agitar la coctelera. La tapa se puede usar también para dispensar ingredientes líquidos.

Las tres partes de la coctelera deben estar perfectamente unidas entre sí. Los cócteles se pueden servir con solo abrir el tapón.

EL CUCHILLO PARA FRUTAS

Lo recomendable es disponer de varios cuchillos de distintos tamaños y formas, tanto de hojas planas como serradas, para poder cortar o marcar diferentes frutas y verduras.

EL VASO MEZCLADOR

Se usa para la preparación de bebidas que no necesitan agitarse. También se puede emplear una coctelera Boston –que es la que utilizan los bármanes de todo el mundo– en su lugar. Sea como fuere, resulta necesario para elaborar ciertas bebidas famosas, tales como el martini o el manhattan.

El equipo descrito en estas páginas
ha sido creado y producido por **ALESSI**,
un importante proveedor de menaje.

EL EXPRIMIDOR

Este aparato se usa en la cocina para exprimir cítricos y obtener su zumo. Para ello, se cortan las frutas en dos y se exprimen en el cono de arriba con un movimiento circular con el fin de sacarles todo el jugo posible.

LA JARRA LECHERA

La jarra lechera, hecha de acero y equipada con un mango y pitorros de varios tamaños, sirve para preparar todas las bebidas calientes, con lo que se sustituye el vidrio, que no siempre aguanta las altas temperaturas.

EL MORTERO

Hecho de plástico, madera o mármol, el mortero se utiliza en la preparación de cócteles «triturados», como los similares a la caipiriña. Se suele emplear para triturar menta con azúcar y cítricos.

EL COLADOR

A la hora de preparar cócteles para los que no haga falta una coctelera, este utensilio de acero es esencial para evitar que entre hielo en el vaso.

LA PINZA

Se puede usar para manipular el hielo o para colocar adornos en el borde del vaso o en la propia bebida, con lo que se evita tocar los ingredientes con las manos.

LA VARILLA

Este utensilio se emplea para mezclar bien los ingredientes de los cócteles.

LA BATIDORA DE VASO

La batidora es un instrumento que sirve para mezclar dos o más ingredientes líquidos o sólidos. Funciona a varias velocidades y puede ser de plástico o acero. La jarra que va en la parte superior a veces es de vidrio. Se trata de un instrumento indispensable para preparar cócteles de varias familias: piña colada caribeña, batida brasileña, bebidas granizadas al estilo estadounidense y sorbetes elaborados con helado.

LOS CÓCTELES MÁS FAMOSOS DEL MUNDO

Los cócteles de este capítulo se han seleccionado meticulosamente con objeto de dejar constancia de las combinaciones más populares de los últimos años. Incluso la IBA (International Bartenders Association), la principal asociación del gremio en el mundo, ha incluido la mayoría de los cócteles que se describen a continuación en su lista, la cual se revisa cada cierto tiempo.

La IBA ha asumido el reto de la recopilación en un recetario de cócteles de las bebidas más consumidas en el mundo con objeto de establecer los estándares y que se mantengan las mismas características y sabores en todo el mundo. De modo similar, nos hemos propuesto recopilar sencillas y precisas recetas que le puedan servir para preparar cócteles como los que suele consumir en su pub o bar favorito.

Nuestra lista incluye sobre todo bebidas de origen sudamericano.

El cubalibre, un cóctel muy refrescante, siempre gusta por su sencilla preparación. Existen, como es bastante lógico, muchas variedades; sea como fuere, no se olvide de usar un buen ron blanco y zumo de lima si lo que quiere es sentirse al instante como si estuviese en una playa de Cuba.

Otro cóctel muy popular es el mojito, una bebida a base de ron blanco mezclado con zumo de lima, azúcar, agua carbonatada y menta. El punto fuerte de esta mezcla reside en la frescura; con todo, el arma secreta es la menta y la forma de prepararlo: el mojito, como sucede con todos los cócteles, debe estar muy bien equilibrado para que se sienta la completitud de su refrescante sabor.

Otra popular bebida cuya preparación se fundamenta en el uso del mortero es la caipiriña, un cóctel de origen brasileño que se caracteriza por el uso de la cachaza, un pariente lejano del ron. Es una combinación fuerte y varonil, tanto que suele considerarse la típica bebida que se ama o se odia.

El caipiroska de fresa es un cóctel que ha gozado de gran popularidad durante la última década. Es una combinación que gusta a muchos debido a la dulzura de la fresa (una fruta que usan los bármanes con frecuencia), pero que cuenta con una buena dosis de vodka (un destilado neutro muy popular en la elaboración de cócteles). Se trata de una bebida apreciada sobre todo entre las mujeres.

De modo semejante, el cosmopolitan, una bebida estadounidense, le debe su fama a Madonna y a la serie de televisión *Sex and the City* (*Sexo en Nueva York*). Combinación fresca y algo amarga (por el zumo de lima y los arándanos rojos), su color rosa es un homenaje a las glamurosas bebedoras que lo adoran.

Existen varias versiones de sex on the beach, un refrescante trago largo que se disfruta de costa a costa. En líneas generales, se trata de una bebida bien equilibrada y no demasiado fuerte.

El long island ice tea, por otra parte, tiene una gran cantidad de alcohol, lo cual puede deberse a que su origen se remonta a la época de la ley seca. En cualquier caso, resulta muy refrescante y sabroso, y tiene un leve toque a limón.

Gracias a su licor de café, whisky y Grand Marnier (licor a base de naranja y coñac), el B-52, un cóctel digestivo, posee todas las características de la clásica copa que resulta muy adecuada después de cenar. Saltó a la fama en la década de 1990, ya que puede flambearse, lo que brindaba a los clientes de los bares una preparación bien coreografiada.

El *gin-tonic*, el trago largo por antonomasia, gozó de especial popularidad en la década de 1990, aun cuando su historia se remonta mucho más atrás. Puede disfrutarse como aperitivo o como bebida para tomar tras una cena con amigos. El gin-tonic puede parecer un cóctel de fácil preparación, pero las trampas abundan, sobre todo a la hora de elegir la ginebra y la tónica.

Al igual que el destilado que tiene como base (el tequila), el cóctel margarita es de origen mexicano. Esta excepcional bebida está aún muy de moda gracias a las diversas variedades basadas en frutas que se han gestado con el paso de los años, las cuales han contribuido a la difusión del tequila. Sin embargo, la característica común del margarita sigue siendo la capa de sal que se añade en el borde del vaso.

El martini es el cóctel de los cócteles. De hecho, ha dado lugar a su propia familia de cócteles. A pesar de ello, el origen de esta bebida, como sucede con todas las combinaciones importantes, se pierde en la noche de los tiempos. Hoy en día, el martini es un imprescindible en la lista de las bebidas famosas internacionales, tanto que sus abundantes variantes aparecen junto al preparado clásico. En cualquier caso, la elección de la ginebra es fundamental. Además, siempre está presente la misma diatriba con relación al adorno: ¿aceituna o corteza de limón?

El negroni es otra bebida que goza de gran popularidad en todo el mundo como fantástico aperitivo. Se trata de cóctel muy equilibrado con una buena cantidad de alcohol y que estimula la mucosa gástrica y, por lo tanto, el apetito. Debe servirse con una rodaja de naranja (pero no como decoración, sino como ingrediente).

El rossini, un gran cóctel refrescante, se utiliza en la actualidad incluso como aperitivo. Forma parte de la familia de los cócteles espumosos, o de las bebidas elaboradas con vino espumoso seco. Su preparación, que es muy sencilla, se inicia con un buen puré de fresas, un vaso enfriado y champán helado. Resulta idóneo como bebida para las vacaciones, y muy apreciado entre las mujeres.

El skywasser, un trago largo de moda, forma parte de las llamadas «bebidas suaves», ya que no tiene alcohol. De hermoso color rosáceo y muy refrescante, se recomienda para el verano. Adorado por los niños, su consumo les permite participar de la vida social de los adultos.

El spritz, llamado en la actualidad italian spritz por la IBA, es un aperitivo de origen italiano que se elabora con Aperol, soda, vino y prosecco. Se ha convertido en el rey indiscutible de la hora feliz (tanto en Italia como en el resto del mundo). Muy aromático, con poco alcohol y muy refrescante, va muy bien con casi todos los aperitivos y *hors d'œuvre*. Debe servirse en un vaso bajo con una rodaja de naranja.

B-52

INGREDIENTES

LICOR DE CAFÉ
BAILEYS
COINTREAU O GRAND MARNIER

ORÍGENES Y CURIOSIDADES

Este cóctel recibe su nombre del famoso bombardero estadounidense, emblema del poderío militar de Estados Unidos.

PREPARACIÓN

Ponga 20 ml (4 cucharaditas) de licor de café en una probeta graduada y viértalos en un vaso de chupito. Ponga 20 ml (4 cucharaditas) de Baileys y la misma cantidad de Cointreau o Grand Marnier y vierta uno a uno los ingredientes en este orden en un vaso de chupito (use una cuchara de mango largo para colocar cada ingrediente por separado y con cuidado en dicho vaso de chupito).

SUGERENCIA DE USO

Es un buen digestivo para después de la comida.

Panna cotta de café

FÁCIL

ingredientes para 4 personas
tiempo: 30 minutos + tiempo de enfriado (4 horas)

½ taza (8 cucharadas) de azúcar
en torno a 1 taza y ⅔ de nata fresca
3 tazas y ½ de leche
1 taza y ⅔ de café
6 láminas de gelatina
nata montada
café molido o virutas de chocolate para decorar

Coloque en un pequeño cuenco las láminas de gelatina para que se ablanden en agua fría durante diez minutos. Vierta la leche en una cacerola y añada el azúcar, el café y la nata fresca. Caliente y remueva los ingredientes a fuego medio y retire la cacerola justo antes de que empiecen a hervir. Estruje la gelatina con las manos y añádala a la mezcla para, después, remover vigorosamente con una varilla con el fin de que todo se disuelva por completo. Vierta la mezcla en 4 moldes para *panna cotta* y deje que se enfríe. Refrigere durante 4 horas como mínimo. Sirva cada ración en un plato o cuenco para postres adornada con café molido o virutas de chocolate negro y acompañada de una pizca de nata montada.

CAIPIRIÑA

INGREDIENTES

LIMA
AZÚCAR BLANCO O DE CAÑA
CACHAZA

ORÍGENES Y CURIOSIDADES

A comienzos de la década de 1900, los granjeros brasileños (los *caipira*, que es el término usado para los habitantes de las zonas rurales, es decir, los «rústicos» en castellano) solían beber esta ahora famosa bebida durante las labores agrícolas, con toda seguridad para contrarrestar las tórridas condiciones en las que las llevaban a cabo.

PREPARACIÓN

Ponga 2 cucharadas de azúcar y ½ lima cortada en cubitos en un vaso bajo y use un mortero para triturar la mezcla hasta formar una pasta. Llene un vaso de hielo picado y vierta en él 50-60 ml (10-12 cucharaditas) de cachaza que antes habrá medido en una probeta graduada. Remueva durante unos segundos con una cuchara de mango largo para mezclar mejor los ingredientes. A la hora de servir la bebida, adórnela con 2 pajitas cortas.

SUGERENCIA DE USO

Perfecta como bebida para después de la cena, es también un excepcional aperitivo nocturno.

Churrasco de ternera

MEDIA

ingredientes para 4 personas
tiempo: 2 horas y 30 minutos

1 kg de entrecot
3 ramitas de romero
2 manojos de cebolletas
¾ de taza + 1 cucharada y ½ de vino blanco
3 cucharadas y ⅓ de vinagre
2 cucharadas de mantequilla
sal
pimienta
patatas asadas

Deje que la carne tome la temperatura ambiente una hora antes de comenzar la preparación. Pínchela con una brocheta grande o un espetón (colocado a ⅔ de la altura con relación a las llamas, con lo que debería estar elevada). Ase a la parrilla durante 50 minutos mientras le da la vuelta constantemente y con cuidado. Limpie y pique muy finamente las cebolletas y sofríalas en una cacerola a fuego lento con mantequilla durante 10 minutos. Añada sal y pimienta después de haber mezclado estos ingredientes con vinagre y, a continuación, con vino. Lleve la mezcla a ebullición y deje que hierva a fuego lento durante otros 20 minutos. Añada el romero (finamente picado) justo antes de retirar la cacerola del fuego. Quítele el asador a la carne y deje que esta repose durante unos minutos. Corte la carne, no muy finamente, y colóquela en una fuente acompañada con dos salseras o cuencos con la guarnición de cebolleta caliente. Sirva el plato de inmediato, preferiblemente acompañado con patatas asadas al horno cortadas en dados.

COSMOPOLITAN

INGREDIENTES

VODKA SECO	ZUMO DE LIMÓN
COINTREAU	ZUMO DE ARÁNDANO ROJO

ORÍGENES Y CURIOSIDADES

Se dice que en 1987, un famoso barman de Miami llamado Cherry Cook creó un cóctel que iba a gustar mucho a las mujeres. Cook utilizó ingredientes normales, los cuales mezcló para dar lugar a una bebida dulce de color rosa que no tardó en convertirse en uno de los cócteles más famosos del mundo y que gusta a celebridades tales como Madonna o a los personajes de la serie de televisión *Sexo en Nueva York*.

PREPARACIÓN

Ponga 30 ml (2 cucharadas) de vodka seco en una probeta graduada y viértalos en una coctelera. Repita el procedimiento con 20 ml (4 cucharaditas) de Cointreau, 10 ml (2 cucharaditas) de zumo de limón y 30 ml (2 cucharadas) de zumo de arándano rojo. Añada cubitos de hielo y agite con fuerza la coctelera durante unos segundos. Vierta la bebida en una copa para cócteles que se haya enfriado antes en el congelador y sírvala.

SUGERENCIA DE USO

Recomendado para la noche o durante la hora feliz.

Risotto de arándanos

FÁCIL

ingredientes para 4 personas
tiempo: 45 minutos

1 taza y $^{4}/_{5}$ de arroz Carnaroli
en torno a 1 taza de arándanos frescos
1 vaso de vino tinto
5 cucharadas y ½ de mantequilla
caldo de verduras
10 cucharaditas de bayas frescas
hojas de perejil

Lave y seque los arándanos frescos y póngalos en una cacerola con 2 cucharadas de mantequilla. Sofríalos a fuego muy lento durante unos 10 minutos, hasta que los arándanos comiencen a deshacerse. Hierva el caldo de verduras y resérvelo para tenerlo a mano cuando haga el *risotto*. Derrita en una cacerola lo que quede de mantequilla, añada arroz y deje que este se tueste durante unos minutos mientras lo remueve con vigor. Rocíe con un vaso de vino tinto y deje que este se evapore. Añada 2 cazos de caldo caliente y siga cocinando a fuego fuerte durante 15 minutos; incorpore más caldo si es necesario. Agregue a la cacerola los arándanos (triturados en la batidora) y acabe de cocinar. Justo antes de servir, retire la olla del fuego y remuévalo todo con una generosa ración de mantequilla. Adorne con bayas frescas y perejil picado.

CUBALIBRE

INGREDIENTES

RON BLANCO
ZUMO DE LIMA O DE LIMÓN
REFRESCO DE COLA

ORÍGENES Y CURIOSIDADES

Existen abundantes historias en torno a la creación de este célebre trago largo, cuyo nombre está evidentemente vinculado a Cuba. La más aceptada data de 1898, cuando la isla celebraba su liberación del mandato español. Para festejar la libertad, los cubanos comenzaron a añadirle Coca-Cola a la tradicional bebida a base de ron y lima, con lo que rendían homenaje a las tropas estadounidenses, las cuales los habían ayudado a expulsar a los españoles. La exclamación «¡Cuba libre!» sirvió para bautizar de inmediato a esta nueva bebida.

PREPARACIÓN

Ponga 25 ml (5 cucharaditas) de ron en una probeta graduada y viértalos en un vaso transparente lleno de hielo. Repita el procedimiento con 20 ml (4 cucharaditas) de zumo de lima o de limón. Añada refresco de cola hasta llegar casi al borde y remueva durante unos segundos. Sirva la bebida adornada con 2 pajitas largas y 1 rodaja de lima o de limón.

SUGERENCIA DE USO

Un trago largo adorado por los bebedores más jóvenes y que resulta adecuado para cualquier momento del día.

Languidez otoñal

FÁCIL

ingredientes para 6-8 personas
tiempo: 40 minutos + tiempo de enfriado (2 horas)

1 rollo de hojaldre
4 tazas de queso mascarpone
4 yemas de huevo
el contenido de unas 24 nueces
6 cucharadas de azúcar
2 cucharadas de cacao en polvo sin azúcar
canela molida

Mezcle las nueces y el azúcar con la batidora y, después, ponga la mezcla resultante a un cuenco. Añada las yemas de huevo y mezcle bien con una varilla. Añada el mascarpone, el cacao y la canela molida; vuelva a remover hasta lograr una mezcla homogénea. Forre un molde para hacer tartas con papel para hornear y extienda la masa; con la ayuda de los dedos, levántela unos 3 cm por el borde del molde. Agregue la mezcla y nivele la superficie con cuidado. Hornee a 180 °C durante unos 30 minutos. Saque la tarta del horno y deje que se enfríe. A continuación, métala en el frigorífico y deje que repose durante unas 2 horas. A la hora de servirla, adórnela con nueces y canela al gusto.

GIN-TONIC

INGREDIENTES

GINEBRA
TÓNICA

ORÍGENES Y CURIOSIDADES

Para dar con el origen de este cóctel, hemos de remontarnos a la época del colonialismo británico: con el fin de relajarse, los oficiales anglosajones le añadían una generosa ración de su amada ginebra británica a la omnipresente tónica hindú (la cual se tenía como un remedio natural contra la malaria).

PREPARACIÓN

Ponga 45 ml (3 cucharadas) de ginebra en una probeta graduada y viértalos en un vaso alto lleno de hielo. Añada tónica casi hasta el borde y adorne con 2 pajitas largas y 1 rodaja de limón o de lima antes de servir.

SUGERENCIA DE USO

Este trago largo va a la perfección a cualquier hora del día y resulta un excelente aperitivo.

Brochetas caprese

FÁCIL

ingredientes para 4 personas
tiempo: 30 minutos

12 tomates cherry
12 bolas cherry de mozarela
albahaca
aceite de oliva virgen extra
sal
pimienta
orégano
½ pomelo

Lave los tomates cherry y córtelos por la mitad. Sazónelos con sal y resérvelos en un cuenco durante 20 minutos. Retire el agua que pudiera quedar y póngalos con la mozarela. Condimente con pimienta, aceite de oliva virgen extra y abundante orégano: deje que todo marine durante 10 minutos. Utilice palillos de tamaño medio para ensartar los ingredientes; cuando vaya a hacerlo, alterne entre tomates y bolas de mozarela y remate con las hojas de albahaca fresca. Cubra el pomelo con una lámina de aluminio para usarlo como una base para las brochetas: de este modo, podrá servirlas de un modo espectacular.

LONG ISLAND ICE TEA

INGREDIENTES

GINEBRA
RON BLANCO
VODKA SECO
COINTREAU
ZUMO DE LIMÓN
SIROPE DE AZÚCAR
REFRESCO DE COLA

ORÍGENES Y CURIOSIDADES

Se creó en Long Island durante los años de la ley seca, cuando los bebedores intentaban enmascarar distintos alcoholes con otros líquidos, en este caso, con refresco de cola. La parte final del nombre de la bebida se debe al color que se suele asociar con el té. Se puede preparar tanto en coctelera como directamente en un vaso.

PREPARACIÓN

Ponga en una probeta graduada 20 ml (4 cucharaditas) de ron blanco y viértalos en un vaso lleno de hielo. Repita el procedimiento con dosis de 20 ml (4 cucharaditas) de ginebra, Cointreau, vodka seco, zumo de limón y sirope de azúcar. Añada 40 ml (2 cucharadas y ⅔) de refresco de cola y mezcle los ingredientes; para ello, use una cuchara de mango largo y remueva con fuerza durante unos segundos. Sirva la bebida adornada con 2 pajitas largas y ½ rodaja de lima o de limón.

SUGERENCIA DE USO

Aunque es adecuado para cualquier momento del día, ha de consumirse con moderación debido a su alto contenido de alcohol.

Mousse de chocolate picante

FÁCIL

ingredientes para 4 personas
tiempo: 30 minutos + tiempo de enfriado (4 horas)

200 g de chocolate negro
1 cucharada y ⅓ de mantequilla
⅖ de taza de café
4 huevos
guindilla en polvo
azúcar glas
nata montada

Derrita el chocolate al baño María sin dejar de remover para que no se pegue ni se formen grumos. Retire el chocolate del fuego e incorpore el café, la mantequilla, las yemas de los huevos y ¼ de cucharadita de guindilla en polvo. Líguelo todo bien y deje que la mezcla se enfríe. Mientras tanto, bata las claras de los huevos con 2 cucharadas de azúcar glas. Añada el azúcar preparado y las claras al chocolate y remueva vigorosamente con una varilla hasta que la mezcla quede suave y por completo homogénea. Vierta la espuma en 4 pequeños cuencos y colóquelos en el frigorífico durante 6 horas como mínimo para que se enfríen. Sáquelos del frigorífico 5 minutos antes de servirlos y adórnelos al gusto con un ligero toque de nata montada con sabor a café.

MARGARITA

INGREDIENTES

TEQUILA
COINTREAU
ZUMO DE LIMA O DE LIMÓN

ORÍGENES Y CURIOSIDADES

Son varias las leyendas que existen acerca del origen del margarita, la bebida a base de tequila más famosa del mundo. La más aceptada data de mediados de la década de 1930, cuando un hombre cuyo nombre era Danny Tergete mezcló tequila, Cointreau y zumo de limón en la boda de su hermano. A tal creación la bautizó como margarita en honor de la novia, su cuñada.

PREPARACIÓN

Ponga 45 ml (3 cucharadas) de tequila en una probeta graduada y viértalos en una coctelera. Repita este procedimiento con 25 ml (5 cucharaditas) de Cointreau y 20 ml (4 cucharaditas) de zumo de lima o de limón. Añada cubitos de hielo y agite con fuerza la coctelera durante unos segundos. Frote el borde de una copa para margarita con la corteza de un limón o una lima y, después, póngalo sobre un montón de sal y hágalo girar. Vierta en él el contenido y sírvalo.

SUGERENCIA DE USO

Aunque el margarita puede ser un refrescante cóctel en cualquier momento del día, es especialmente recomendable durante la hora feliz.

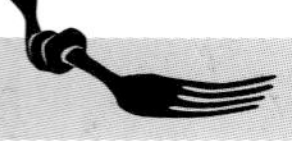

Rollos de papaya y jamón

FÁCIL

ingredientes para 4 personas
tiempo: 30 minutos

600 g de papaya
150 g de jamón en lonchas finas
⁴⁄₅ de taza de nata fresca
1 tomate grande maduro
4 hojas de menta fresca
pimiento rojo
zumo de 2 limones
aceite de oliva virgen extra
sal y pimienta

Triture finamente 4 hojas de menta fresca que tengan buen aspecto y póngalas juntas en un cuenco. Incorpore la crema y 3 cucharadas de zumo de limón (en torno a 1 limón). Mezcle bien los ingredientes con ayuda de una varilla pequeña y deje que esta primera salsa repose durante 15 minutos. Mientras tanto, limpie la papaya y secciónela en vertical para quitarle las pepitas y cortarla en cuñas. A continuación, póngala en un plato y sazónela con 1 cucharada y ½ de zumo de limón (en torno a ½ limón). Mezcle el tomate con unas cuñas de papaya. Añada el pimiento rojo, lo que quede de zumo de limón y 1 cucharada de aceite de oliva virgen extra para, después, verter la salsa que obtenga en un segundo cuenco que podrá servir directamente en la mesa. Enrolle las rodajas de jamón con las cuñas de papaya, dispóngalas a su gusto en una fuente y sírvalas acompañadas de ambas salsas: la de pimiento rojo y la de nata agria.

MARTINI

INGREDIENTES

GINEBRA
VERMUT SECO

ORÍGENES Y CURIOSIDADES

Según una muy conocida leyenda sobre este cóctel, un barman italiano (cuyo apellido era Martini) que había emigrado a Estados Unidos lo creó en 1910 en honor a John D. Rockefeller, un asiduo visitante del bar de Martini.

PREPARACIÓN

Ponga 80 ml (⅓ de taza) de ginebra en una probeta graduada y viértalos en una jarra transparente. Repita el procedimiento con 10 ml (2 cucharaditas) de vermut seco y añada algunos cubitos de hielo. Remueva con una cuchara de mango largo y viértalo en una copa para cócteles enfriada. Cuando vaya a prepararlo, tenga cuidado de que no entre hielo en el vaso. Sírvalo adornado con una corteza de limón y 10 g de aceitunas verdes que haya enjuagado antes y ensartado con palillos largos.

SUGERENCIA DE USO

Seco y ligeramente aromático, el martini se ha convertido en el aperitivo más popular del mundo y se recomienda sobre todo durante la hora feliz.

Crostini de caviar bicolor

FÁCIL

ingredientes para 4 personas
tiempo: 20 minutos

4 rebanadas gruesas de pan blanco
caviar negro
caviar rojo
mantequilla
perejil picado

Corte el pan blanco en rebanadas y tuéstelas por ambos lados en un tostador muy caliente. Use un tenedor para trabajar la mantequilla en un cuenco y extenderla por los crostini (tostados). Utilice una cucharita para poner con cuidado el caviar negro y el rojo a partes iguales en las tostadas y sírvalas. Espolvoree ligeramente con el perejil picado.

MOJITO

INGREDIENTES

RON BLANCO
AZÚCAR BLANCO O DE CAÑA
MENTA FRESCA
LIMA
SODA O AGUA CON GAS

ORÍGENES Y CURIOSIDADES

La leyenda de este cóctel está relacionada con el infame pirata Francis Drake (1540-1596), del que se decía que gustaba de mezclar ron, azúcar y hojas de menta, ingredientes que se tenían por remedios para ciertas dolencias de la época. Ernest Hemingway (1899-1961) colaboró en la difusión de este cóctel: el barman Martínez, de La Bodeguita del Medio, en La Habana, le preparaba varios mojitos al día.

PREPARACIÓN

Ponga ½ lima (cortada en cubitos) en un vaso alto. Agregue 25 g (2 cucharadas) de azúcar y tritúrelo todo con un mortero hasta que se forme una pasta. Añada las hojas de menta y aplástelas con suavidad con dicha pasta. Llene el vaso de hielo picado e incorpore 25 ml (5 cucharaditas) de ron blanco que antes habrá medido en una probeta graduada. Agregue soda hasta el borde y remueva durante unos segundos con una cuchara de mango largo para que, de este modo, los ingredientes queden bien mezclados. A la hora de servir, adorne la bebida con 2 pajitas y 1 ramita de menta fresca.

SUGERENCIA DE USO

Se puede disfrutar en cualquier momento del día. Resultado muy adecuado como aperitivo.

Ensalada rápida de pomelo rosa y gambas

FÁCIL

ingredientes para 4 personas
tiempo: 20 minutos

200 g de gambas hervidas
200 g de canónigos
4 pomelos rosas
4 tomates cherry
2 tallos de apio
zumo de 1 limón
sal
pimienta
azúcar blanco
aceite de oliva virgen extra

Lave el apio y los canónigos y, después, córtelos en finas rodajas. Pele el pomelo y quítele la membrana blanca también para, a continuación, recoger con cuidado en una salsera el zumo que suelte. Añada a la salsera el zumo de limón, 2 cucharadas de aceite de oliva virgen extra, sal, pimienta y una pizca de azúcar. Mezcle los ingredientes enérgicamente con la ayuda de una varilla pequeña. Disponga un lecho de canónigos en 4 cuencos para ensaladas y coloque –en este orden– las rodajas de apio, algunos gajos de pomelo rosa y 1 cucharada de gambas cocidas. Sazone con abundante salsa y, cuando vaya a servir el plato, adorne el conjunto con tomates cherry cortados en cuadrados.

NEGRONI

INGREDIENTES

GINEBRA
VERMUT ROJO
CAMPARI

ORÍGENES Y CURIOSIDADES

El negroni es un cóctel con alcohol cuyo color característico es el naranja. Lo creó en la década de 1920 el conde Camillo Negroni en la ciudad italiana de Florencia. De dicho conde Negroni, asiduo del Caffè Casoni, se dice que cierto día acabó harto de los habituales cócteles estadounidenses. Para celebrar un reciente viaje que había hecho a Londres, el aristócrata le pidió al barman (llamado Fosco Scarselli) que sustituyese la habitual soda por un chorrito de ginebra. Desde aquel día, la bebida, a la que el conde llamaba «lo de siempre», pasó a conocerse entre los parroquianos como «el negroni», y es uno de los cócteles italianos más célebres y amados del mundo.

PREPARACIÓN

Ponga 30 ml (2 cucharadas) de ginebra en una probeta graduada y viértalos en un vaso lleno de hielo. Repita el procedimiento con 30 ml (2 cucharadas) de vermut rojo y la misma cantidad de Campari. Mézclelo todo durante unos segundos con una cuchara de mango largo. Adorne con ½ rodaja de naranja y sirva.

SUGERENCIA DE USO

Aunque el negroni es el aperitivo por excelencia, también se puede disfrutar en cualquier momento de la noche.

Pastel de salmón y puerro

MEDIA

ingredientes para 6-8 personas
tiempo: 1 hora

1 rollo de hojaldre
250 g de salmón ahumado
1 puerro
½ taza de nata líquida
2 huevos
sal
pimienta
aceite de oliva virgen extra
perejil picado

Lave un puerro grande y pártalo por la mitad. Corte el salmón ahumado en tiras y mézclelo con el puerro para, después, triturarlo finamente. Saltee la mezcla en una sartén grande con 3 cucharadas de aceite de oliva virgen extra. Mientras diluye el conjunto, añada ¼ de taza de agua templada. Siga cocinando durante otros 5 minutos. Retire el conjunto del fuego y deje que repose. Vierta la crema en un cuenco e incorpore los huevos. Salpimiente al gusto y mezcle con una varilla. Cuando se enfríe, añada la mezcla de salmón y puerro y mezcle los ingredientes hasta que el resultado sea homogéneo. Forre con hojaldre una bandeja de horno y hornéelo a 220 °C durante 20 minutos. A mitad de la cocción, incorpore con cuidado la mezcla antes preparada y siga horneando hasta que la superficie del pastel esté dorada y casi sólida. Saque del horno y, cuando vaya a servir, espolvoree cada porción con abundante perejil picado y trocitos de puerro crudo.

ROSSINI

INGREDIENTES

FRESAS
VINO ESPUMOSO BRUT O CHAMPÁN
SIROPE DE FRESA (OPCIONAL)

ORÍGENES Y CURIOSIDADES

El rossini, una variante del bellini, parece haberse inventado a mediados del siglo XX como homenaje al célebre compositor italiano.

PREPARACIÓN

Triture 5 o 6 fresas medianas con 10 ml (2 cucharaditas) de sirope de fresa y 30 ml (2 cucharadas) de agua natural que haya medido antes con la probeta graduada. Aparte 30 ml (2 cucharadas) del puré y viértalo en una copa que deberá haber enfriado antes en el congelador. Incorpore 90 ml (6 cucharadas) de vino espumoso brut bien frío y use una cuchara de mango largo para remover con suavidad. A la hora de servir, adorne con fresas frescas al gusto.

SUGERENCIA DE USO

El rossini, que se puede disfrutar en cualquier momento del día, es excelente como aperitivo.

Mousse de jamón

FÁCIL

ingredientes para 4 personas
tiempo: 45 minutos

245 g de jamón
⅓ de taza de harina
4 cucharadas de mantequilla
¾ de taza + 1 cucharada y ½ de leche
nuez moscada en polvo
3 cucharadas + 1 cucharadita (⅕ de taza) de nata
40 g (⅓ de taza + 1 cucharada) de queso rallado
2 huevos
sal
pimienta
hojas de lechuga
1 hinojo

Caliente la leche en la cacerola sin que llegue a hervir. Mientras tanto, corte el jamón en taquitos y mézclelo todo en la batidora. Derrita la mantequilla en una cacerola a la vez que añade la harina tamizada y la leche para, después, remover con fuerza con una varilla y seguir cocinando durante otros 5 minutos. Retire la preparación del fuego y deje que se enfríe antes de incorporar el jamón, el queso rallado, la crema y el huevo. Mezcle bien todo hasta que quede homogéneo. Unte de mantequilla 4 ramequines y llénelos del pudin preparado para luego hornearlos durante 25 minutos a 180 °C. Cuando la *mousse* esté casi sólida, extráigala del horno y déjela enfriar. Sáquela de los moldes y sírvala en un lecho de hinojo crudo y lechuga cortados en finas tiras (sazonado antes al gusto).

SEX ON THE BEACH

INGREDIENTES

VODKA SECO
LICOR DE MELOCOTÓN
ZUMO DE NARANJA
ZUMO DE ARÁNDANO ROJO

ORÍGENES Y CURIOSIDADES

Se trata de un cóctel popular entre los bebedores más jóvenes, que se creó hacia finales de la década de 1980, época en la que el uso del término *sex* vinculado a una bebida había dejado de ser tabú: en la anterior década ya se habían visto bebidas como fun («diversión») on the beach y peach («melocotón») on the beach.

PREPARACIÓN

Vierta 30 ml (2 cucharadas) de vodka seco, 30 ml (2 cucharadas) de licor de melocotón, 50 ml (3 cucharadas y ⅓) de zumo de naranja y la misma cantidad de zumo de arándano rojo (todo ello medido antes en una probeta graduada) en la coctelera. Añada cubitos de hielo y agite la coctelera con fuerza. Vierta la bebida en un vaso alto lleno de hielo y sírvala después de colocar 2 pajitas largas. Adorne con rodajas de cítricos al gusto.

SUGERENCIA DE USO

Un excelente trago largo que se puede disfrutar en cualquier momento del día.

Estrúdel de melocotón

FÁCIL

ingredientes para 6-8 personas
tiempo: 1 hora

1 rollo de hojaldre
4 melocotones
8 galletas *amaretti*
100 g de escamas o virutas de chocolate negro
azúcar
mantequilla
zumo de ½ limón
azúcar glas

Lave los melocotones, quíteles el hueso y, sin pelarlos, bata 2 de ellos. Agregue las galletas *amaretti* y 1 cucharada de zumo de limón; después, vuelva a batir hasta que la mezcla quede suave y cremosa. Estire el hojaldre y cúbralo con una generosa capa de la crema de melocotón. Corte en rodajas los demás melocotones y distribuya dicha crema en sentido vertical. Espolvoree por encima de todo virutas de chocolate negro (ya mezclado con 1 cucharada de azúcar blanco). Cierre la masa en torno a la crema y coloque con suavidad el estrúdel en una bandeja de horno forrada de papel para hornear; a continuación, pinte la superficie con abundante mantequilla derretida mezclada con azúcar para que adquiera un agradable tono marrón. Hornee a 200 °C durante 25 minutos. Deje que el estrúdel se enfríe (no lo sirva demasiado caliente) y adórnelo con azúcar glas espolvoreada.

SKYWASSER

INGREDIENTES

SIROPE DE FRAMBUESA
ZUMO DE LIMA O DE LIMÓN
SODA O AGUA CON GAS

ORÍGENES Y CURIOSIDADES

Esta bebida, que al principio se servía en un popular centro turístico de los Alpes (por lo general, tras un duro día de esquí: *skywasser* significa literalmente «esquí acuático») y gozaba de gran aprecio por parte de los deportistas, no tardó en revelar las notables propiedades vigorizantes de sus ingredientes originales: zumo de limón, sirope de frambuesa, kirsch (licor de cereza) y una cazuela de agua caliente. Sin embargo, pronto quedó claro que era demasiado fuerte para muchas mujeres, y el skywasser acabó por prepararse con soda y hielo (en lugar de alcohol y agua caliente).

PREPARACIÓN

Ponga 20 ml (4 cucharaditas) de sirope de frambuesa en una probeta graduada y viértalos en un vaso alto y lleno de hielo. Repita el procedimiento con 30 ml (2 cucharadas) de zumo de limón y llene el vaso casi hasta el borde de soda. Use una cuchara de mango largo para remover con suavidad y sirva la bebida después de haberla adornado con 2 pajitas largas, ½ rodaja de limón y 2 cerezas de cóctel.

SUGERENCIA DE USO

Como fantástico refresco que es, este cóctel está recomendado para el verano.

Ensalada de melón, bayas y albahaca

FÁCIL

ingredientes para 4 personas
tiempo: 20 minutos + tiempo de enfriado (2 horas)

1 melón maduro
en torno a 1 taza de bayas
1 sobre de vainilla
azúcar
corteza de ½ limón
zumo de ½ limón
hojas de albahaca fresca
fresas

Vierta ½ media taza de agua templada en una cacerola y deje que se disuelva la vainilla. Añada la corteza rallada de ½ limón y 2 cucharadas de azúcar. Hierva a fuego medio durante 10 minutos hasta que se convierta en una salsa almibarada. Retírela del fuego y deje que se enfríe. Mientras tanto, lave y abra el melón para, a continuación, quitarle las pepitas y pelarlo. Córtelo en cubitos y colóquelos en un cuenco grande de vidrio. Incorpore las bayas lavadas y secas y el sirope. Espolvoree las hojas de albahaca (cortadas en finas tiras) y mezcle la ensalada con suavidad. Déjela en el frigorífico durante al menos 2 horas. Sírvala en una ensaladera (enfriada en el congelador) que haya adornado con fresas frescas.

SPRITZ

INGREDIENTES

APEROL
VINO ESPUMOSO SECO
SODA O AGUA CON GAS

ORÍGENES Y CURIOSIDADES

La leyenda cuenta que, durante su estancia en Triveneto, las tropas austríacas descubrieron que los caldos del lugar eran muy fuertes. Como resultado, comenzaron a rociar con soda el vino para rebajar el contenido de alcohol. La nueva mezcla acabó por conocerse como *spritz*, que en alemán quiere decir «espray». Con el paso de los años, los bármanes venecianos también empezaron a añadirle aperitivos al vino (Aperol, Bitter, Campari y Cynar entre ellos).

PREPARACIÓN

Ponga 30 ml (2 cucharadas) de Aperol en una probeta graduada y viértalos en un vaso lleno de hielo. Repita el procedimiento con la soda y el vino espumoso seco. Remueva con suavidad durante unos segundos y sirva la bebida adornada con 2 pajitas cortas y ½ rodaja de naranja.

SUGERENCIA DE USO

Aunque este ligero aperitivo con poco alcohol resulta muy adecuado para cualquier momento del día, lo es más durante la hora feliz.

Tomates gratinados

FÁCIL

ingredientes para 4 personas
tiempo: 30 minutos

4 tomates grandes (no muy maduros)
4 anchoas en salazón
1 taza y ¼ de pan rallado
en torno a 4 cucharadas de alcaparras
1 cebolla
perejil
albahaca
aceite de oliva virgen extra
sal
pimienta
aceite de girasol

Lave, seque y corte los tomates por la mitad. Quíteles las pepitas y salpimiente el interior. Pique finamente la cebolla y fríala en una sartén con 2 cucharadas de aceite de oliva virgen extra. Escurra y, a continuación, tueste el pan rallado durante unos minutos a fuego lento en lo que quede de líquido. Coloque en un cuenco la cebolla, el perejil picado, las anchoas también picadas, las alcaparras (muy bien lavadas) y el pan rallado tostado para, después, salpimentar al gusto. Trabaje la mezcla con una cuchara de madera hasta que quede homogénea. Rellene por completo los tomates con la mezcla y colóquelos con cuidado en una bandeja de horno con una ligera capa de aceite de girasol. Hornee los tomates a 180 °C durante 10 minutos y sírvalos en un plato adornado con unas ramitas de albahaca fresca.

CAIPIROSKA DE FRESA

INGREDIENTES

VODKA SECO
FRESAS FRESCAS
LIMA
AZÚCAR BLANCO O DE CAÑA
SIROPE DE FRESA O DE AZÚCAR

ORÍGENES Y CURIOSIDADES

La caipiroska es una versión moderna de la caipiriña, el famoso cóctel brasileño originalmente elaborada con cachaza (azúcar de caña destilada). La preparación y los ingredientes de las dos bebidas son iguales; lo único que difiere entre ellas es el alcohol que se utiliza como base: en el caso de la caipiroska es el vodka seco, mientras que para la caipiriña es la cachaza.

PREPARACIÓN

Trocee ½ lima y póngala en un vaso bajo. Añada 30 g (2 cucharadas y ½) de azúcar, 20 ml (4 cucharaditas) de sirope de fresa o de azúcar y 3 o 4 fresas frescas. Tritúrelo todo con un mortero hasta que se forme una pasta. Agregue hielo picado y 50-60 ml (10-12 cucharaditas) de vodka seco medidos antes en una probeta graduada. Remueva durante unos segundos con una cuchara de mango largo para mezclar mejor los ingredientes. A la hora de servir la bebida, adórnela con 2 pajitas cortas y unas cuantas fresas frescas.

SUGERENCIA DE USO

Esta bebida resulta adecuada para cualquier momento del día y es muy apreciada entre los bebedores más jóvenes, sobre todo por los que hacen de la hora feliz un hábito.

Fusilli de cangrejo y rúcula

FÁCIL

ingredientes para 4 personas
tiempo: 45 minutos

400 g de *fusilli*
12 palitos de cangrejo congelados
½ melón (no muy maduro)
50 g de rúcula
sal
aceite de oliva virgen extra
sal y pimienta

Caliente 2 tazas y ⅛ de agua en una cacerola y sumerja la carne de cangrejo dentro. Una vez descongelado, escurra y corte el cangrejo en rodajas del mismo grosor. Lave y abra el melón para, a continuación, quitarle las pepitas y pelarlo y cortarlo en dados. Lave y seque la rúcula; córtela muy finamente. Cueza la pasta en agua salada hirviendo hasta que esté al dente y escúrrala. Tras ponerla bajo el agua del grifo para que se enfríe, coloque la pasta en una sartén grande e incorpore las rodajas de cangrejo, la rúcula y los dados de melón. Mezcle bien con la cuchara y, antes de servir, salpimiente y riegue con abundante aceite de oliva virgen extra.

CÓCTELES A BASE DE GINEBRA

¿Existe algo más británico que las carreras de caballos? Pues sí: la ginebra, por la cual, en efecto, no pasa el tiempo ni las modas. De su popularidad a lo largo del pasado siglo es testimonio su majestad la reina madre, quien hasta su último día ayudó a conformar un culto en torno al *gin-tonic*, el cual solía tomar después del té.

La ginebra, uno de los alcoholes más cosmopolitas que hoy existen, se elabora actualmente en todo el mundo, desde Inglaterra hasta Holanda, España, Alemania, la India e Italia.

Pero las historias relacionadas con sus orígenes van de un país a otro y se suceden en distintas épocas: de los monjes medievales a Franciscus Sylvius de Leiden, el científico holandés que inventó el destilado de enebro, y a la guerra de los Treinta Años (1618-1648), de la que las tropas británicas regresaron a casa con barricas de coraje holandés, el antepasado de la actual ginebra.

Al principio, esta bebida alcohólica se tuvo por un remedio medicinal para la digestión y recibía el nombre de *jenever*. Se obtenía mediante la destilación de enebro y alcohol. Se dispensaba como un remedio para los problemas renales y estomacales, función que se prolongó hasta el siglo XVII.

En 1698, el rey inglés Guillermo III de Orange detuvo la importación de bebidas alcohólicas procedentes de países católicos, lo que impulsó la producción en el país de licores tales como la ginebra. Esto ayudó a aumentar el consumo de esta hasta el punto de convertirse en un problema social y acabar recibiendo el sobrenombre de *Bad Boy* («Chico malo»).

Alrededor de 1720, una cuarta parte de la población de Londres participaba en la producción o venta de ginebra, y en esos mismos años Inglaterra producía más de 318 millones de litros de esta bebida para una población de 6 millones de habitantes. En 1736, el Gobierno británico puso en marcha la Gin Act («ley de la ginebra»), mediante la que impuso fuertes restricciones a la producción y al consumo de esta bebida, aunque solo logró la generalización del contrabando.

En los años posteriores, la introducción de la columna de destilación condujo a una mejora de las técnicas de producción, con el resultado final de un destilado más saludable y refinado. La difusión de la ginebra por el mundo se produjo a la vez que la expansión del Imperio británico, con lo que muchos países comenzaron a apreciar este destilado.

En la época de la ley seca (1919-1933) de Estados Unidos, la ginebra, como no necesitaba envejecerse, resultó más fácil de producir que el whisky, por lo que se generalizó la producción casera de la llamada «ginebra de bañera». Hoy en día, la ginebra es un popular destilado a escala global, en parte debido a que sus ingredientes se encuentran en todas las partes del mundo.

Existen dos métodos para su producción: destilación o condimentación de un alcohol.

Son tres las técnicas que se utilizan:

- destilación
- filtrado
- maceración

En el caso de la destilación, se usa un cereal en forma de grano al que se le añaden con cuidado bayas de enebro y otros elementos botánicos (hasta entre 10 y 15): jengibre, angélica, cardamomo, etcétera. Además de estos elementos, el agua también desempeña un importante papel, ya que debe ser neutra y desmineralizada. Existen dos tipos de destilación: la continua y la discontinua.

La primera implica el uso de una columna de destilación (la cual se compone de un analizador y un rectificador), mientras que con la segunda lo que se utiliza es una serie de alambiques que se encargan de volver a destilar el alcohol del anterior alambique. El resultado que se obtiene mediante la destilación continua es un líquido puro de elevado contenido alcohólico. Con el filtrado, por otra parte, se logra un tanque lleno de una solución de alcohol en agua en la que flota una cesta que contiene hierbas. La maceración se lleva a cabo cuando lo que se desea es obtener la mayor calidad posible de las hierbas. Aunque los fabricantes de ginebra de todos los países usan estos métodos, la columna de destilación London dry gin sigue siendo la opción más extendida.

Hoy en día hay muchos tipos de ginebra en el mercado que difieren en cuanto a la calidad y la cantidad de las especias utilizadas, el tipo de grano, el contenido de alcohol y el sabor. Una característica muy importante y singular de cada marca es la elección y la cantidad de los elementos botánicos utilizados.

Tipos de ginebra:

London dry gin es la ginebra clásica y la más popular. Se creó en el siglo XIX.

Plymouth gin, seca, de intenso sabor y amplio aroma; es la única ginebra que cuenta con cierto tipo de protección legal. Sus ingredientes se conocen como «los siete magníficos».

Old Tom gin, inglesa, incolora y dulce a causa del sirope de azúcar que se le añade.

Sloe gin, con sabor a endrinas silvestres y de color violeta.

Damson gin, con sabor a ciruela.

Golden gin, envejecida en barricas de roble utilizadas para el jerez; de color ámbar.

Orange y lemon gin, con sabor a esencias cítricas.

Jenever, la cual se produce en los Países Bajos con la malta del whisky.

La ginebra es un excelente destilado para cócteles: ejemplo de ello es el martini, el cóctel por excelencia. Ya en 1874 se usaba la ginebra en el cóctel martínez, compuesto de dicho licor y vermut dulce. El martini hemingway es una variante del famoso cóctel y le debe su nombre al célebre escritor, el cual, como gran admirador de la ginebra, prefería tomarla muy seca.

La ginebra es popular por su extraordinaria capacidad de mezclarse y por el hecho de quedar bien con muchos productos, tanto es así que se trata del destilado más veces mencionado en las recetas de bebidas internacionales de la IBA (International Bartenders Association). Hasta la década de 1990, la ginebra desempeñó un papel principal en aperitivos y tragos largos antes de que el vodka se consolidase como una alternativa que se debía tener en cuenta. Ejemplo de ello es la receta del célebre cóctel martini, que se convirtió en el vodka martini.

BLUE ANGEL

INGREDIENTES

GINEBRA
COINTREAU
CURAÇAO AZUL
ZUMO DE LIMA O DE LIMÓN

ORÍGENES Y CURIOSIDADES

La leyenda dice que este cóctel se creó en honor de la actriz y cantante Marlene Dietrich, quien protagonizó el filme de Josef von Sternberg *Der blaue Engel (El ángel azul)*, rodado en 1930.

PREPARACIÓN

Ponga 30 ml (2 cucharadas) de ginebra en una probeta graduada y viértalos en una coctelera. Repita el procedimiento con 20 ml (4 cucharaditas) de Cointreau, otros tantos de curaçao azul y la misma cantidad de zumo de limón. Añada cubitos de hielo y remueva con fuerza durante unos segundos. Vierta la bebida en una copa para cócteles que haya enfriado antes en el congelador y sírvala.

SUGERENCIA DE USO

Delicioso digestivo que se puede disfrutar en cualquier momento de la noche.

Pastel de ricota con fresas

FÁCIL

ingredientes para 6-8 personas
tiempo: 2 horas

360 g de ricota
200 g de galletas con cereales
8 cucharadas y ½ (½ taza) de mantequilla
½ taza + 1 cucharada de azúcar
120 g de mermelada de fresa
½ taza + 2 cucharaditas de harina
3 cucharadas + 1 cucharadita (⅘ de taza) de nata fresca
4 huevos
fresas frescas
nata montada
azúcar glas

Añada en un cuenco grande mantequilla blanda y galletas desmenuzadas. Mezcle bien y vierta la mezcla en un molde desmontable para hacer tartas con un diámetro de unos 20 cm. Caliente la mermelada de fresa y distribúyala por la base del molde. Mezcle la ricota, la harina, el azúcar y las yemas de huevo en una batidora. Incorpore la nata montada y las claras con mucha suavidad. Ponga la mezcla en el molde y hornee a 160 °C durante unos 45 minutos. Deje que la tarta se enfríe. Sírvala adornada a su gusto con el azúcar glas, las fresas en rodajas y la nata montada.

BRONX

INGREDIENTES

GINEBRA
VERMUT ROJO
VERMUT SECO
ZUMO DE NARANJA

ORÍGENES Y CURIOSIDADES

La historia cuenta que Joseph S. Sormani, un barman de origen italiano, creó esta bebida a comienzos de la década de 1900 en Filadelfia (una ciudad que le encantaba visitar). Sormani acabó por presentar este cóctel en su barrio del bronx. Y fue un éxito inmediato.

PREPARACIÓN

Ponga 30 ml (2 cucharadas) de ginebra en una probeta graduada y viértalos en una coctelera. Repita el procedimiento con 20 ml (4 cucharaditas) de vermut rojo, 20 ml (4 cucharaditas) de vermut seco y 20 ml (4 cucharaditas) de zumo de naranja. Añada cubitos de hielo y remueva con fuerza durante unos segundos. Vierta la bebida en una copa que haya enfriado antes en el congelador y sírvala.

SUGERENCIA DE USO

El Bronx es un aperitivo excelente.

Crostini de pera y gorgonzola

FÁCIL

ingredientes para 4 personas
tiempo: 1 hora

8 rebanadas de pan blanco
200 g de queso gorgonzola ahumado
4/5 de taza de nata líquida
2 peras maduras
sal
pimienta

Quítele la corteza al gorgonzola y póngalo en un cuenco para aplastarlo con fuerza con una cuchara de madera hasta que se quede cremoso. Use una varilla para montar la nata y añada el gorgonzola a la vez que remueve con suavidad. Salpimiente al gusto y deje que la mezcla repose en el frigorífico durante 20 minutos. Lave y limpie las peras para, a continuación, cortarlas en rodajas largas y finas. Quíteles la corteza a las rebanadas de pan y áselas o tuéstelas. Saque del refrigerador la espuma y extiéndala por las tostadas. Adórnelas con rodajas de pera y sírvalas.

CARDINALE

INGREDIENTES

GINEBRA
CAMPARI
VERMUT SECO

ORÍGENES Y CURIOSIDADES

Al parecer, fue en efecto un cardenal el que, durante una estancia en Roma, le pidió a un barman que crease este cóctel de intenso rojo. Dado que solía llevar elegantes prendas de un color parecido, el cóctel se bautizó en su honor.

PREPARACIÓN

Ponga 40 ml (2 cucharadas y ¾) de ginebra en una probeta graduada y viértalos en una jarra de vidrio. Repita el procedimiento con 30 ml (2 cucharadas) de vermut seco y 20 ml (4 cucharaditas) de Campari. Añada cubitos de hielo y remueva con una cuchara de mango largo durante unos segundos. Sirva la bebida en una copa para cócteles que haya dejado enfriar antes en el congelador. Cuando vaya a servir, use la cuchara para evitar que el hielo salga de la jarra.

SUGERENCIA DE USO

Idóneo como aperitivo.

Canapés de provolone

FÁCIL

ingredientes para 4 personas
tiempo: 30 minutos

8 rebanadas de pan blanco
250 g de queso provolone
4 anchoas
2 tomates
sal
pimienta
aceite de oliva virgen extra
perejil picado
rúcula

Quíteles la corteza a las rebanadas de pan y córtelas en diagonal para que queden triángulos. Tueste dichos triángulos. Dispóngalos en una bandeja de horno y coloque en cada canapé un pequeño trozo de provolone en forma de abanico, ½ filete de anchoa y un poco del tomate ya limpio y cortado en dados. Salpimiente al gusto. Hornee a 180 °C hasta que el queso se haya derretido casi por completo. Coloque los canapés sobre un lecho de rúcula y sírvalos calientes tras rociarlos con aceite de oliva virgen extra y espolvorearlos con perejil picado.

CARUSO

INGREDIENTES

GINEBRA
VERMUT SECO
CRÈME DE MENTHE VERTE
(LICOR DE MENTA VERDE)

ORÍGENES Y CURIOSIDADES

Este cóctel, creado a mediados de la década de 1920, está dedicado al célebre tenor italiano Enrico Caruso.

PREPARACIÓN

Ponga 30 ml (2 cucharadas) de ginebra en una probeta graduada y viértalos en una coctelera. Repita el procedimiento con 30 ml (2 cucharadas) de vermut seco y la misma cantidad de *crème de menthe verte*. Añada cubitos de hielo y agite la coctelera con fuerza durante unos segundos. Sirva la bebida en una copa para cócteles previamente enfriada en el congelador.

SUGERENCIA DE USO

Puede disfrutarse tras la cena y durante las noches estivales.

Bocados de chocolate

FÁCIL

ingredientes para 4 personas
tiempo: 1 hora y 30 minutos

- 200 g de escamas o virutas de chocolate blanco
- 50 g de jengibre confitado
- 100 g de almendras tostadas
- 150 g de escamas o virutas de chocolate negro

Pique finamente las almendras tostadas y el jengibre confitado. Derrita el chocolate blanco al baño María e incorpore el jengibre y las almendras. Use una cuchara de madera para mezclarlo todo bien. Retire el chocolate del fuego y use una cucharita para poner bolas de la mezcla en un plato cubierto con papel encerado; después, deje que se solidifiquen en el frigorífico. Disuelva el chocolate negro al baño María. Una vez solidificadas las bolas, pínchelas con un palillo largo y sumérjalas durante unos segundos en el chocolate negro derretido con cuidado al retirar el chocolate sobrante. Vuelva a poner las bolas en un plato cubierto con papel encerado y deje que se endurezcan. Sírvalas adornadas a su gusto con nata montada, caramelo o escamas de avellana.

CHEROKEE

INGREDIENTES

GINEBRA
CAMPARI
ZUMO DE NARANJA
ZUMO DE POMELO
SIROPE DE GRANADINA

ORÍGENES Y CURIOSIDADES

El tono ambarino de esta moderna bebida recuerda a la oscura piel de los indios cherokee.

PREPARACIÓN

Ponga 30 ml (2 cucharadas) de ginebra en una probeta graduada y viértalos en un vaso alto lleno de hielo. Repita el procedimiento con 20 ml (4 cucharaditas) de Campari, 70 ml (4 cucharadas + 2 cucharaditas) de zumo de naranja, 30 ml (2 cucharadas) de zumo de pomelo y 10 ml (2 cucharaditas) de sirope de granadina. Mezcle los ingredientes con una cuchara de mango largo y sirva la bebida adornada con 2 pajitas largas, 2 cerezas de cóctel, 1 ramita de menta y 2 rodajas de naranja.

SUGERENCIA DE USO

Este trago largo se disfruta en todo el mundo, sobre todo durante la hora feliz.

Brochetas de gambas

FÁCIL

ingredientes para 4 personas
tiempo: 40 minutos

400 g de colas de gambas
3 cucharadas y ½ de queso rallado
1 taza de pan rallado
cebollinos
salvia
menta
romero
sal
pimienta
aceite de oliva virgen extra
cuñas de limón
perejil picado

Pique finamente todas las hierbas y póngalas en un plato hondo. Mezcle el pan rallado, el queso rallado, la sal y la pimienta. Lave las colas de gambas y quíteles primero la cáscara y, después, el oscuro filamento que tienen en el lomo. Rebócelas bien en el pan rallado y, a continuación, cláveles unos palillos de longitud media. Caliente la plancha, coloque en ella las brochetas de gambas y rocíe con aceite de oliva virgen extra mientras se hacen. Cocine las gambas durante 5 minutos por cada lado y sírvalas con una guarnición de perejil picado y cuñas de limón.

GIN AND IT

INGREDIENTES

GINEBRA
VERMUT ROJO

ORÍGENES Y CURIOSIDADES

Creada en la década de 1930, esta bebida se conocía en aquellos tiempos como fifty-fifty. Cuando cambió de nombre, se le añadió el «it» por el vermut rojo italiano, ingrediente que diferencia al gin and it del gin and french, en el que se usa vermut seco francés.

PREPARACIÓN

Ponga 65 ml (13 cucharadas) de ginebra en una probeta graduada y viértalos en una jarra de vidrio. Repita el procedimiento con 25 ml (5 cucharaditas) de vermut rojo. Añada cubitos de hielo y mezcle con una cuchara de mango largo. Vierta la bebida en una copa que haya dejado enfriar antes en el congelador mientras con una cuchara evita que el hielo salga de la jarra.

SUGERENCIA DE USO

Excelente como aperitivo.

Pizzas de queso suave

FÁCIL

ingredientes para 4 personas
tiempo: 1 hora

400 g de masa de pan
200 g de queso suave
8 rodajas finas de beicon ahumado
hojas de salvia
aceite de oliva virgen extra
mantequilla
sal y pimienta

Estire la masa hasta obtener un rectángulo. Colóquela en un molde para horno que haya engrasado antes con aceite de oliva y deje que repose durante unos 20 minutos. Mientras tanto, corte el beicon en tiras y deje que se dore en una cacerola durante unos minutos con una nuez de mantequilla. Pique la salvia y desmenuce el queso. Divida la masa de pan, póngala en el molde y distribuya el queso, la salvia y el beicon de una forma homogénea. Hornee a 220 °C durante unos 20 minutos y sirva en pequeñas porciones.

GIN FIZZ

INGREDIENTES

GINEBRA
ZUMO DE LIMÓN
SIROPE DE AZÚCAR
SODA O AGUA CON GAS

ORÍGENES Y CURIOSIDADES

El gin fizz se creó en Estados Unidos alrededor de la década de 1920 (durante el apogeo del charleston), cuando a lo largo de la costa atlántica de Carolina los estibadores mezclaban ginebra, limón y soda.

PREPARACIÓN

Ponga 45 ml (3 cucharadas) de ginebra en una probeta graduada y viértalos en una coctelera. Repita el procedimiento con 30 ml (2 cucharadas) de zumo de limón y 20 ml (4 cucharaditas) de sirope de azúcar. Añada cubitos de hielo y agite la coctelera durante unos segundos. Eche la mezcla en un vaso alto y llénelo casi hasta el borde con soda. Remueva suavemente con una cuchara de mango largo y sirva la bebida después de haber adornado el vaso con 2 pajitas largas, 2 cerezas de cóctel y ½ rodaja de limón.

SUGERENCIA DE USO

Aunque cualquier momento del día es bueno para disfrutar de este trago largo, resulta idóneo durante las horas de más calor. Posee unas excelentes propiedades digestivas.

Piña caramelizada

FÁCIL

ingredientes para 4 personas
tiempo: 30 minutos

1 piña madura
8 cucharadas (½ taza) de azúcar moreno
2 limones
2 yogures de vainilla
canela molida

Pele la piña madura y pártala por la mitad. Saque el corazón y, a continuación, córtela en finas rodajas. Caramelice el azúcar moreno con el zumo de 1 limón en una cacerola pequeña. Use un tenedor para caramelizar las rodajas de piña por ambos lados en la cacerola. Póngalas en una bandeja de horno forrada con papel para hornear. Hornee a 200 °C durante unos minutos hasta que el azúcar se haya cristalizado por completo. Ponga la piña en una fuente y espolvoréela con canela; sírvala después acompañada de una salsera llena de yogur de vainilla.

GIN LEMON

INGREDIENTES

GINEBRA
REFRESCO DE LIMÓN

ORÍGENES Y CURIOSIDADES

No existe ninguna historia oficial con relación al origen de esta célebre bebida. Con todo, puede que no sea otra cosa que una variante del singapore sling (antes conocido como gin sling).

PREPARACIÓN

Ponga 45 ml (3 cucharadas) de ginebra en una probeta graduada y viértalos en un vaso alto lleno de hielo. Añada refresco de limón hasta llegar casi al borde y sirva la bebida adornada con 2 pajitas largas.

SUGERENCIA DE USO

Magníficamente refrescante, el gin lemon es adecuado para cualquier momento del día.

Buñuelos de piña

FÁCIL

ingredientes para 4 personas
tiempo: 30 minutos

6 rodajas de piña en almíbar
1 huevo
$^2/_3$ de taza de harina
leche
mantequilla
sal
aceite de girasol
azúcar glas

Bata los huevos en un cuenco y, a continuación, mézclelos con una nuez de mantequilla, una pizca de sal y leche. Parta las rodajas de piña por la mitad y use un tenedor para empaparlas bien en la mezcla. Fríalas en aceite de girasol hirviendo y, a continuación, póngalas en dos hojas de papel de cocina. Sirva los buñuelos calientes después de espolvorearlos con azúcar glas.

LAY OFF

INGREDIENTES

GINEBRA
VERMUT BLANCO
CAMPARI
ZUMO DE NARANJA

ORÍGENES Y CURIOSIDADES

Esta bebida se presentó en un concurso celebrado en el Grand Hotel di Gardone Riviera (en el lago de Garda, Italia), en el que obtuvo el tercer premio.

PREPARACIÓN

Ponga 30 ml (2 cucharadas) de ginebra en una probeta graduada y viértalos en una coctelera. Repita el procedimiento con 30 ml (2 cucharadas) de zumo de naranja, 20 ml (4 cucharaditas) de vermut blanco y 10 ml (2 cucharaditas) de Campari. Añada cubitos de hielo y agite la coctelera durante unos segundos. Tras adornar la bebida con 1 cereza de cóctel y 1 rodaja de naranja, sírvala en una copa para cócteles que haya dejado enfriar antes en el congelador.

SUGERENCIA DE USO

Perfecto como aperitivo, puede disfrutarse a cualquier hora del día.

Colines de aceituna caseros

FÁCIL

ingredientes para 4 personas
tiempo: 2 horas

4 tazas de harina blanca
levadura fresca
¾ de taza + 1 cucharada y ½ de agua templada
sal de mesa
sal gorda
aceite de oliva virgen extra
180 g de aceitunas negras sin hueso (en torno a 41)

Disuelva una nuez de levadura fresca en agua templada y viértala en un cuenco. Mezcle lo que quede de agua con la harina hasta obtener una masa homogénea. Dele forma de bola y deje que repose durante 40 minutos o hasta que la masa duplique su volumen. Pique las aceitunas y mézclelas con los demás ingredientes; después, agregue 1 cucharadita y ½ de sal y 5 cucharaditas y ¼ de aceite de oliva virgen extra. Divida la masa en bolas y, a continuación, estírelas hasta formar colines. Ponga dichos colines en una bandeja de horno forrada con papel para hornear y deje que aumenten de tamaño durante otros 30 minutos. Píntelos con aceite de oliva virgen extra y espolvoréelos con sal gorda. Hornee los colines durante 20 minutos a 220 °C. Sírvalos fríos.

NEW FRED ROSE

INGREDIENTES

GINEBRA
MANDARINETTO ISOLABELLA
LIMONCELLO
CAMPARI

ORÍGENES Y CURIOSIDADES

Se dice que este cóctel lo creó un barman llamado Fred como homenaje a Rose, una chica de la que estaba perdidamente enamorado.

PREPARACIÓN

Ponga 30 ml (2 cucharadas) de ginebra en una probeta graduada y viértalos en una coctelera. Repita el procedimiento con 30 ml (2 cucharadas) de Mandarinetto Isolabella, 20 ml (4 cucharaditas) de Campari y 10 ml (2 cucharaditas) de *limoncello*. Añada cubitos de hielo y agite la coctelera con fuerza durante unos segundos. Vierta la bebida en una copa para cócteles que haya dejado enfriar antes en el congelador y sírvala adornada con 1 rodaja de lima o de limón y 1 cereza.

SUGERENCIA DE USO

Esta bebida, que es muy refrescante, se puede disfrutar en cualquier momento del día. También es recomendable como aperitivo.

Sorpresa de salmón

FÁCIL

ingredientes para 4 personas
tiempo: 1 hora y 30 minutos

300 g de patatas (en torno a 2 pequeñas o 1 y ½ medianas)
200 g de salmón ahumado
⅓ de taza + 1 cucharada de harina
100 g de pan duro (4 rebanadas gruesas)
aceite de oliva virgen extra
aceite de girasol
semillas de sésamo
sal y pimienta

Lave y pele las patatas y cuézalas después en agua salada. Escúrralas y enfríelas con agua del grifo fría. Desmenuce finamente el salmón y escurra el pan duro mojado (previamente empapado en agua). Triture las patatas en un cuenco con la ayuda de un tenedor trinchador e incorpore el pan, el salmón, una cucharada de aceite de oliva virgen extra, la harina y salpimiente al gusto. Tras mezclarlo todo, haga bolas del tamaño de una nuez con las manos y, a continuación, rebócelas con las semillas de sésamo. Fría las bolas en abundante aceite de girasol durante unos 5 minutos. Cuando el exterior del salmón esté dorado, póngalas en una bandeja cubierta de papel de cocina. Sírvalas calientes.

PALM BEACH

INGREDIENTES

GINEBRA
CAMPARI
ZUMO DE PIÑA

ORÍGENES Y CURIOSIDADES

Creado en la década de 1950, el palm beach parece haber sido el cóctel de bienvenida de los exclusivos centros turísticos ubicados en la costa atlántica de Florida.

PREPARACIÓN

Ponga 40 ml (2 cucharadas y ¾) de ginebra en una probeta graduada y viértalos en una coctelera transparente. Repita el procedimiento con 30 ml (2 cucharadas) de Campari y 90 ml (6 cucharadas) de zumo de piña. Añada cubitos de hielo y agite la coctelera con fuerza durante unos segundos. Vierta la bebida en un vaso alto lleno de hielo y sírvala después de adornarla con ½ rodaja de piña, 2 cerezas de cóctel y 2 pajitas largas.

SUGERENCIA DE USO

Perfecto como aperitivo, puede disfrutarse en cualquier momento del día.

Carpaccio de sepia

FÁCIL

ingredientes para 4 personas
tiempo: 2 horas

400 g de sepia fresca mediana-grande (sin tentáculos)
200 g de escamas de parmesano
1 corazón de apio
zumo de 1 limón
aceite de oliva virgen extra
sal y pimienta

Limpie la sepia procurando quitarle la piel negruzca y lávela con abundante agua fría. Cuézala en agua salada hasta que esté al dente. Escúrrala y, tras dejar que se enfríe con agua del grifo, póngala en el frigorífico. Mientras tanto, limpie, lave y corte el apio en finos aros. A continuación, trocee la sepia y colóquela en una fuente grande. Espolvoréela con el parmesano y el apio antes cortado. Aderécela con abundante aceite de oliva virgen extra, el zumo de 1 limón, sal y pimienta, y deje que repose durante 30 minutos antes de servirla para que, de este modo, el *carpaccio* pueda absorber mejor el aliño.

PARADISE

INGREDIENTES

GINEBRA
APRICOT BRANDY (LICOR DE ALBARICOQUE)
ZUMO DE NARANJA

ORÍGENES Y CURIOSIDADES

Según la leyenda, este cóctel, originalmente llamado hula-hula en honor a Hawái, se creó hacia la década de 1920 en Inglaterra y más tarde se rebautizó con el nombre de paradise.

PREPARACIÓN

Ponga 40 ml (2 cucharadas y ¾) de ginebra en una probeta graduada y viértalos en una coctelera. Repita el procedimiento con 30 ml (2 cucharadas) de apricot brandy y 20 ml (4 cucharaditas) de zumo de naranja. Añada cubitos de hielo y agite la coctelera con fuerza durante unos segundos. Tras adornar la bebida con ½ rodaja de naranja, sírvala en una copa para cócteles previamente enfriada en el congelador.

SUGERENCIA DE USO

El paradise, como la fantástica bebida que es, se puede disfrutar en cualquier momento del día.

Macedonia afrodisíaca

FÁCIL

ingredientes para 4 personas
tiempo: 20 minutos

4 rodajas de piña
1 rodaja de sandía
2 melocotones
1 kiwi
1 mango
1 naranja sanguina
chile molido
apricot brandy
azúcar
helado de albaricoque o de naranja

Lave bien toda la fruta, córtela en dados y colóquela en un cuenco. Añada 1 cucharada de azúcar, otra de apricot brandy y un poco de chile molido. Remueva con suavidad y sirva la macedonia en 4 tazas previamente enfriadas en el congelador. Agregue una generosa bola de helado de albaricoque o de naranja a cada macedonia.

PINK LADY

INGREDIENTES

GINEBRA	ZUMO DE LIMÓN
COINTREAU	SIROPE DE GRANADINA

ORÍGENES Y CURIOSIDADES

Este cóctel, que es una variante del más conocido white lady, se creó en la década de 1920 en Gran Bretaña como homenaje a las damas de la época.

PREPARACIÓN

Ponga 30 ml (2 cucharadas) de ginebra en una probeta graduada y viértalos en una coctelera. Repita el procedimiento con 25 ml (5 cucharaditas) de Cointreau, 25 ml (2 cucharaditas) de zumo de limón y 10 ml (2 cucharaditas) de sirope de granadina. Añada cubitos de hielo y agite la coctelera con fuerza durante unos segundos. Sirva la bebida en una copa para cócteles previamente enfriada en el congelador.

SUGERENCIA DE USO

Se considera que es una bebida solo para la noche.

Cage Apples

FÁCIL

ingredientes para 4 personas
tiempo: 1 hora

200 g de hojaldre
2 manzanas reineta
2 cucharadas de azúcar de caña
2 cucharadas de canela
4 galletas *amaretti*
4 cucharaditas de mermelada de albaricoque
1 huevo
azúcar glas

Estire el hojaldre para formar un fino rectángulo y use un cuchillo para dividirlo en 4 cuadrados. Lave y pele las manzanas y quíteles el corazón. Ponga en el centro de cada cuadrado de hojaldre 1 galleta, cúbrala con 1 cucharada de mermelada y espolvoréela con canela. Cubra con la mitad de la manzana y envuélvala con el hojaldre para crear un pequeño paquete, usando el huevo (previamente batido en un plato hondo) como aglutinante. Pinte con el huevo que sobre los paquetitos de modo que, una vez que estén horneados, queden dorados. Hornee a 180 °C durante unos 25 minutos; vigile que el hojaldre no se queme. Disponga las manzanas en una fuente y espolvoréelas con abundante azúcar glas. Sírvalas frías.

SINGAPORE SLING

INGREDIENTES

GINEBRA
BRANDI DE CEREZA
COINTREAU
SIROPE DE GRANADINA
ZUMO DE LIMÓN
SODA

ORÍGENES Y CURIOSIDADES

Este cóctel lo creó en 1915 Ngiam Tong Boon para el lujoso Raffles Hotel de Singapur, el cual, en aquella época, era frecuentado por destacadas personalidades del mundo de la literatura, tales como Kipling, Maugham y Hesse. Aquí presentamos su receta más conocida.

PREPARACIÓN

Ponga 20 ml (4 cucharaditas) de ginebra en una probeta graduada y viértalos en una coctelera. Repita el procedimiento con 20 ml (4 cucharaditas) de brandi de cereza, 20 ml (2 cucharaditas) de Cointreau, 10 ml (2 cucharaditas) de sirope de granadina y 30 ml (2 cucharadas) de zumo de limón. Agite la coctelera con fuerza durante unos segundos y eche la mezcla en un vaso lleno de hielo. Añada soda hasta llegar casi al borde y, a continuación, remueva con una cuchara de mango largo. Sirva el cóctel adornado con 2 pajitas largas, ½ rodaja de piña y 2 cerezas de cóctel.

SUGERENCIA DE USO

Un trago largo que le puede animar a uno en cualquier momento del día.

Melón con jamón en copa

FÁCIL

ingredientes para 4 personas
tiempo: 20 minutos

1 melón maduro
400 g de jamón curado cortado muy fino

Deje el melón en el frigorífico durante 2 horas como mínimo antes de comenzar la preparación. Tres cuartos de hora antes de servirlo, córtelo por la mitad a lo largo y quítele las pepitas y la corteza a cada rodaja. A continuación, corte las rodajas en tiras de 5 cm de largo y repita esta operación con el jamón. Llene 4 copas de vino alternando 2 capas de melón con 2 capas de jamón curado. Manténgalas refrigeradas hasta que las vaya a servir.

WHITE LADY

INGREDIENTES

GINEBRA
COINTREAU
ZUMO DE LIMÓN

ORÍGENES Y CURIOSIDADES

Según cuenta la leyenda, el white lady lo creó en 1920 Harry McElone, un barman estadounidense muy célebre que, por aquel entonces, residía en París. Cuando iba a asistir a una conferencia en un famoso hotel de la capital francesa, McElone se encontró a una señora que se había desfallecido. La mujer vestía toda de blanco. Según esta historia, McElone creó una bebida que ayudó a que la mujer se recuperase, una bebida que no tardó en bautizarse en su honor (*white lady* significa «dama blanca»).

PREPARACIÓN

Ponga 40 ml (2 cucharadas y ¾) de ginebra en una probeta graduada y viértalos en una coctelera. Repita el procedimiento con 30 ml (2 cucharadas) de Cointreau y 20 ml (4 cucharaditas) de zumo de limón. Añada cubitos de hielo y agite la coctelera con fuerza durante unos segundos. Vierta la bebida en un vaso para cócteles previamente enfriado en el congelador y sírvala.

SUGERENCIA DE USO

El white lady suele tenerse por un refinado cóctel con buenas propiedades digestivas, por lo que es recomendable para veladas elegantes.

Merengue de limón

MEDIA

ingredientes para 4 personas
tiempo: 1 hora

4 claras de huevo
1 taza (16 cucharadas) de azúcar
corteza de 2 limones
120 g de almendras crudas

Triture las almendras con una batidora. Use una varilla para batir las claras y el azúcar con fuerza hasta que la mezcla adquiera firmeza. Añada las almendras y, con una cuchara, mezcle con suavidad. Repita el procedimiento con la corteza del limón rallada hasta que la mezcla quede homogénea. Forre una bandeja de horno con papel parafinado y use una manga pastelera para darles la forma que desee a los merengues; asegúrese de que conserven el mismo tamaño. Hornéelos a 120 °C durante unos 30 minutos, preferiblemente en la parte inferior del horno.

CÓCTELES A BASE DE VODKA

Rusia y Polonia reclaman la autoría en la invención del vodka (o *wodka*).

En el caso de Polonia, el vodka se usó al principio en la preparación de la pólvora de los mosquetes. Las primeras noticias de este alcohol datan del siglo XIV, aunque los primeros documentos escritos en los que se menciona aparecieron un siglo después. El *wodka* dio lugar a una bebida espiritosa llamada *okowita* (del latín *aqua vitae*: «aguardiente»). Fue tan popular que, de hecho, existe un documento de 1534 en el que se recomienda una versión con sabor a modo de remedio para diversas dolencias (se aconsejaba también como loción para después del afeitado). La venta y producción de este destilado se liberalizaron en Polonia en 1546, lo que sentó las bases de su crecimiento y éxito continuos. A mediados del siglo XIX, las destilerías polacas comenzaron a comercializar el vodka en los países del norte de Europa, incluida Rusia, donde la venta y la producción de esta bebida había empezado hacia el siglo XIV. Tras ver su popularidad, el zar Iván el Terrible estableció el monopolio estatal de la producción del vodka en 1540, con lo que reservó los derechos de producción a la nobleza del país, lo que comportó la venta y producción ilegales por parte de los ciudadanos de a pie.

Con el paso de los años, las destilerías oficiales mejoraron las técnicas de producción y pasaron de la destilación sencilla a un sistema múltiple, hasta que, al final, acabaron por usar el filtrado con carbón con el fin de lograr la máxima purificación.

Gracias a la importación de alambiques modernos de Europa Occidental, la cantidad y la calidad de la producción aumentaron entre los siglos XVII y XVIII. Sin embargo, la producción del vodka en Rusia siguió por dos caminos: las bebidas espiritosas reservadas para las clases altas y aquellas de una calidad decididamente inferior para las clases bajas.

En el siglo XIX, el químico Dmitri Mendeléyev (inventor de la tabla periódica de los elementos) concretó los estándares del vodka, cuyo contenido alcohólico quedó fijado en un 40 %. El vodka de la compañía Moskovskaya, que desde los inicios del siglo XX ha sido la abanderada de la producción de esta bebida, se elabora con centeno natural y agua destilada.

El vodka es una infusión de azúcares que se somete a los procesos de fermentación y destilación. Con todo, la relativamente sencilla fabricación y la tecnología van de la mano de la selección de materias primas tales como granos, melazas, patatas, remolachas, uvas y arroz. Aunque existe toda una serie de ingredientes naturales que se pueden usar como base, los que más se usan son el trigo y el centeno. Otro elemento clave es la pureza del agua, la cual ha de estar sin contaminar y desmineralizada.

Cada destilería tiene sus propias preferencias: el vodka de calidad ruso, por ejemplo, se obtiene a partir de la malta del centeno fermentado con levaduras selectas. En función de cada marca, estos ingredientes se complementan después con distintas proporciones de avena, trigo, cebada y trigo sarraceno. De igual importancia resulta, no obstante, el alambique: el proceso se puede llevar a cabo con un destilador o con una columna de destilación por lotes.

Después de la destilación y una dilución parcial con agua destilada, el líquido obtenido se filtra a través de carbón (de abedul) con objeto de eliminar olores y aldehídos. El resultado es incoloro y posee aromas bien definidos. El vodka resultante ya está listo para su comercialización y, aunque no se suele envejecer, sí que se le puede dar sabor con especias, hierbas o frutas. Dado que cada país cuenta con sus propias calidades y características, no existe una clasificación universal para el vodka.

Sin embargo, cuando se trata de combinados, el vodka es poco menos que el rey indiscutible. Gracias a su neutralidad, se puede combinar fácilmente con un sinfín de sabores. Así las cosas, no es sorprendente que ocupe un lugar destacado en las competiciones y los cócteles de la IBA. He aquí algunos de los más famosos cócteles elaborados con vodka: sex on the beach, cosmopolitan, caipiroska y moskow mule.

El vodka, sin embargo, se puede disfrutar por sí mismo: bien frío en vasos adecuados o sumergido en hielo puede ser toda una delicia.

ALABAMA SLAMMER

INGREDIENTES

VODKA SECO
DISARONNO AMARETTO
SOUTHERN COMFORT
ZUMO DE NARANJA
SIROPE DE GRANADINA

ORÍGENES Y CURIOSIDADES

Los orígenes de esta bebida siguen sin estar muy claros, sobre todo porque ninguno de sus ingredientes procede de Alabama. Tampoco puede decirse que esto haya detenido su ascenso, el cual comenzó a mediados de la década de 1990, pues desde esta época se ha convertido en uno de los cócteles más conocidos y solicitados del mundo.

PREPARACIÓN

Ponga 20 ml (4 cucharaditas) de vodka en una probeta graduada y viértalos en una coctelera. Repita el procedimiento con 20 ml (4 cucharaditas) de Disaronno Amaretto, 20 ml (4 cucharaditas) de Southern Comfort, 90 ml (6 cucharadas) de zumo de naranja y 10 ml (2 cucharaditas) de sirope de granadina. Añada cubitos de hielo y agite la coctelera con fuerza durante unos segundos. Vierta la bebida en un vaso alto lleno de hielo y sírvala después de adornarla con ½ rodaja de naranja, 2 cerezas y 2 pajitas largas.

SUGERENCIA DE USO

Una refrescante copa que resulta adecuada para cualquier momento de la tarde o de la noche.

Dulces de amaretto

FÁCIL

ingredientes para 6-8 personas
tiempo: 1 hora y 15 minutos

1 taza (16 cucharadas) de azúcar
250 g de galletas *amaretti*
¾ de taza de pan rallado
7 huevos
1 limón
½ sobre de levadura en polvo
1 chupito de licor amaretto
harina
mantequilla
azúcar glas

Triture las galletas *amaretti* con una batidora. Use un cuenco para mezclar las yemas de los huevos con azúcar durante unos minutos. Incorpore las claras de huevo hasta que se espesen, removiendo con suavidad de abajo hacia arriba. Añada el amaretto y el pan rallado y suavice la mezcla con el ron y el zumo de 1 limón. Agregue la corteza de limón rallada y la levadura en polvo para que quede la mezcla final. Engrase y enharine un molde y eche la mezcla en él. Hornee los dulces a 180 °C durante unos 45 minutos. Adórnelos a su gusto con abundante azúcar glas.

APPLE MARTINI

INGREDIENTES

VODKA SECO
LICOR DE MANZANA
COINTREAU

ORÍGENES Y CURIOSIDADES

Esta variación, una de las más famosas del clásico martini, se creó en Nueva York a finales de la década de 1980 y no tardó en hacerse muy popular entre los bebedores más jóvenes.

PREPARACIÓN

Ponga 50 ml (3 cucharadas y ⅓) de vodka en una probeta graduada y viértalos en una coctelera. Repita el procedimiento con 20 ml (4 cucharaditas) de licor de manzana y con la misma cantidad de Cointreau. Añada cubitos de hielo y remueva durante unos segundos. Vierta la bebida en una copa previamenta enfriada en el congelador y sírvala.

SUGERENCIA DE USO

Aunque suele servirse a modo de aperitivo, puede disfrutarse en cualquier momento del día.

Ensalada delicada

FÁCIL

ingredientes para 4 personas
tiempo: 1 hora

300 g de setas porcini (unas 5 tazas)
2 manzanas verdes
2 manojos de rúcula
16 nueces peladas
zumo de 1 limón
aceite de oliva virgen extra
sal
pimienta blanca

Quíteles el pie a las setas y límpielas bien; para ello, use un pincel con el fin de eliminar cualquier resto de tierra. Córtelas horizontalmente en finas rodajas del mismo grosor y repita el procedimiento con las manzanas sin pelarlas. Lave y pique gruesamente la rúcula y aderécela con generosidad con una sencilla salsa elaborada con la mezcla del zumo de limón, el aceite extra virgen de oliva, la sal y la pimienta blanca en un cuenco. A continuación, coloque la ensalada en una fuente y disponga las setas laminadas para que produzcan un efecto espectacular; para ello, altérnelas con rodajas de manzana verde. Distribuya de un modo uniforme sobre la superficie las nueces peladas partidas por la mitad y deje la ensalada en el frigorífico durante 30 minutos antes de servirla.

BLACK RUSSIAN

INGREDIENTES

VODKA SECO
LICOR DE CAFÉ

ORÍGENES Y CURIOSIDADES

El nacimiento de este cóctel se remonta a 1949, cuando Gustave Tops, un barman del hotel Metropole de Bruselas, creó una nueva bebida en honor de la visita del embajador de Estados Unidos a Luxemburgo.

PREPARACIÓN

Ponga 55 ml (3 cucharadas y ¾) de vodka seco en una probeta graduada y viértalos en un vaso lleno de hielo. Repita el procedimiento con 35 ml (2 cucharadas + 1 cucharadita) de licor de café. Mezcle con una cuchara de mango largo y sirva la bebida adornada con 2 pajitas cortas.

SUGERENCIA DE USO

Son muchos los que disfrutan de esta bebida de excelentes propiedades digestivas por la noche.

Cremini de café

FÁCIL

ingredientes para 4 personas
tiempo: 1 hora

2 tazas de nata sin colmar
9 cucharaditas de café molido
100 g de chocolate negro
4 yemas de huevo
1 cucharada de azúcar

para la salsa:
500 g de chocolate negro
canela
nata montada

Lleve el café y la nata a ebullición en un cazo. Retírelos del fuego y cuélelos. Añada el chocolate triturado y el azúcar. Agregue las yemas de huevo de una en una y mezcle. Divida la mezcla en 4 ramequines y póngalos con cuidado en un molde para horno lleno de agua caliente (el agua debe cubrir ⅔ de los ramequines). Cúbralos con una lámina de papel de aluminio y hornéelos a 180 °C durante 25 minutos. Mientras tanto, prepare la salsa; para ello, derrita el chocolate al baño María y vaya incorporando canela al gusto. Sáquelos del horno y sirva la salsa *cremini* templada como acompañamiento. Adorne con canela espolvoreada y con nata montada.

BLUE LAGOON

INGREDIENTES

VODKA SECO
CURAÇAO AZUL
ZUMO DE LIMÓN

ORÍGENES Y CURIOSIDADES

Creado en Inglaterra en la década de 1950, en los siguientes decenios el blue lagoon se convirtió en uno de los cócteles más frecuentemente citados en los más importantes libros de cocina internacionales.

PREPARACIÓN

Ponga 40 ml (2 cucharadas y ¾) de vodka en una probeta graduada y viértalos en una coctelera. Repita el procedimiento con 30 ml (2 cucharadas) de zumo de limón y 20 ml (4 cucharaditas) de curaçao azul. Añada cubitos de hielo y agite la coctelera con fuerza durante unos segundos. Sírvala en una copa previamente enfriada y adórnela con 1 rodaja de limón.

SUGERENCIA DE USO

Este sublime digestivo se puede tomar a cualquier hora del día.

Dulces de mandarina

FÁCIL

ingredientes para 4 personas
tiempo: 2 horas y 45 minutos

8 cucharadas y 4/5 de mantequilla blanda
4/5 de taza de azúcar glas
2 cucharadas de cáscaras de mandarina ralladas
2 cucharadas de zumo de mandarina
2 tazas de harina
levadura en polvo (una punta de una cucharadita)
2 cucharaditas de semillas de amapola
1 huevo
azúcar perlado

Trabaje la mantequilla y el azúcar glas en un cuenco hasta que logre una masa cremosa. Agregue la cáscara y el zumo de la mandarina. Añada la harina con la levadura en polvo poco a poco, trabajándolas de forma continuada. Por último, añada las semillas de amapola. Haga bolas con la masa y póngalas en un plato cubierto con un paño húmedo. Déjelas reposar en el frigorífico durante un par de horas. Enharine la superficie de trabajo y estire la masa con un rodillo. Corte las galletas con la forma que prefiera y colóquelas en una bandeja de horno forrada con papel de estraza. Píntelas con huevo y espolvoréelas con azúcar perlado. Hornee a 180 °C durante 15 minutos hasta que los bordes se vean dorados. Saque los dulces del horno y sírvalos después de espolvorearlos con azúcar glas.

CAIPIROSKA

INGREDIENTES

VODKA SECO
LIMA
AZÚCAR BLANCO O DE CAÑA

ORÍGENES Y CURIOSIDADES

Se trata de una reinterpretación moderna de la famosa caipiriña brasileña, que, con el paso del tiempo, se ha convertido en una de las bebidas más populares del mundo.

PREPARACIÓN

Corte ½ lima en dados, póngalos en un vaso bajo y añada 25 g (2 cucharadas) de azúcar. Use un mortero para triturarlo todo hasta obtener un puré. Llene el vaso de hielo picado y vierta en él entre 50 y 60 ml (10-12 cucharaditas) de vodka medidos antes en una probeta graduada. Remueva durante unos segundos con una cuchara de mango largo para mezclar mejor los ingredientes. A la hora de servir la bebida, adórnela con 2 pajitas cortas.

SUGERENCIA DE USO

Esta fantástica bebida, que se puede disfrutar en cualquier momento del día, es muy apreciada entre los bebedores más jóvenes y cuenta con una gran popularidad durante la hora feliz.

Bruschetta con alcaparras

FÁCIL

ingredientes para 4 personas
tiempo: 20 minutos

4 rebanadas grandes de pan blanco
4 yemas de huevo
4 cucharadas de queso rallado
½ caballa en aceite
40 g de alcaparras encurtidas (en torno a 4 cucharadas y ½)
4 aceitunas negras sin hueso

Pique finamente la caballa y las alcaparras. Póngalo todo en un cuenco junto a las yemas de huevo y el queso rallado. Mezcle bien. Pique las aceitunas. Extienda la crema sobre las rebanadas de pan y ponga los trocitos de aceituna encima. Caliente en el horno a 220 °C durante 5 minutos y sirva.

GODMOTHER

INGREDIENTES

VODKA SECO
DISARONNO AMARETTO

ORÍGENES Y CURIOSIDADES

Creado en Estados Unidos a raíz del éxito del godfather, el godmother, aunque es una bebida fuerte y aromática, resultó tener un sabor más suave y, por lo tanto, más adecuado para el paladar de las mujeres.

PREPARACIÓN

Ponga 55 ml (3 cucharadas y ¾) de vodka en una probeta graduada y viértalos en un vaso lleno de hielo. Repita el procedimiento con 35 ml (2 cucharadas + 1 cucharadita) de Disaronno Amaretto. Remueva la bebida con una cuchara de mango largo y sírvala.

SUGERENCIA DE USO

Este agradable digestivo resulta apto para cualquier momento de la noche.

Mangos flambeados

FÁCIL

ingredientes para 4 personas
tiempo: 30 minutos

4 mangos
2 cucharadas y ½ de azúcar
corteza de 1 naranja
zumo de 2 naranjas
zumo de 2 limones
2 cucharaditas de Cointreau
2 cucharaditas de ron
mantequilla

Lave y pele los mangos, córtelos por la mitad y quíteles el corazón. Derrita la mantequilla en un cazo y añada el azúcar y las cortezas de naranja. Riegue con Cointreau y remueva con cuidado. Aléjese del fuego y, a continuación, añada el zumo de naranja y el de limón para, después, llevar la salsa a ebullición. Agregue los mangos y el ron y deje que la llama se avive de nuevo con fuerza. Sirva los mangos en cuanto el fuego se apague.

HARVEY WALLBANGER

INGREDIENTES

VODKA SECO
ZUMO DE NARANJA
LICOR GALLIANO

ORÍGENES Y CURIOSIDADES

Este cóctel se creó en Estados Unidos hacia la década de 1950. Se dice que le debe su nombre al filme *Harvey (El invisible Harvey)*, en el que el conejo Harvey se golpea sin cesar contra la pared y el único capaz de verlo es el personaje principal, interpretado por James Stewart, motivo por el cual su familia lo toma por loco.

PREPARACIÓN

Ponga 50 ml (3 cucharadas y ⅓) de vodka en una probeta graduada y viértalos en un vaso lleno de hielo. Repita el procedimiento con 90 ml (6 cucharadas) de zumo de naranja y remueva con una cuchara de mango largo. Ponga 20 ml (4 cucharaditas) de licor Galliano en una probeta graduada y viértalos sobre los otros ingredientes con la ayuda de la cuchara. Sírvalo adornado con 2 pajitas largas, 2 cerezas y ½ rodaja de naranja.

SUGERENCIA DE USO

Este trago largo puede darle una agradable sorpresa en cualquier momento del día.

Pastelitos de naranja

FÁCIL

ingredientes para 4 personas
tiempo: 45 minutos

300 g de masa quebrada
1 taza y ¼ de mermelada de naranja
100 g de virutas o escamas de chocolate negro
harina
mantequilla
azúcar glas

Enharine la superficie de trabajo y use un rodillo para estirar la masa hasta lograr una fina lámina. Engrase y enharine 4 moldes para pastelitos y añada la masa. Pinche con un tenedor y espolvoree la base con una capa de virutas de chocolate negro. Añada con suavidad 1 cucharada de mermelada de naranja y hornee los pastelitos durante unos 20 minutos a 180 °C. A la hora de servirlos, espolvoréelos con azúcar glas.

KAMIKAZE

INGREDIENTES

VODKA SECO
COINTREAU
ZUMO DE LIMÓN

ORÍGENES Y CURIOSIDADES

El nombre de este cóctel se debe, probablemente, a los aviones kamikaze japoneses que se usaron durante la segunda guerra mundial, los cuales bombardeaban las naves enemigas con el fin de hundirlas.

PREPARACIÓN

Ponga 40 ml (2 cucharadas y ¾) de vodka en una probeta graduada y viértalos en una coctelera. Repita el procedimiento con 30 ml (2 cucharadas) de Cointreau y 20 ml (4 cucharaditas) de zumo de limón. Añada cubitos de hielo y agite la coctelera con fuerza durante unos segundos. Sirva la bebida en una copa para cócteles previamente enfriada en el congelador.

SUGERENCIA DE USO

Este cóctel, que es un buen digestivo y tiene un elevado contenido de alcohol, está especialmente recomendado para animadas noches discotequeras.

Sandía a la bellavista

FÁCIL

ingredientes para 4 personas
tiempo: 30 minutos

¼ de sandía
200 g de moras frescas
200 g de frambuesas frescas
10 hojas de menta
1 cucharada de azúcar glas
1 chupito de vodka helado

Lave y corte finamente la sandía procurando eliminar la mayor cantidad de pepitas. Lave las moras y las frambuesas con agua caliente y, a continuación, déjelas secar sobre hojas de papel de cocina. Quítele la corteza a la sandía y corte cada rodaja por la mitad hasta que queden pequeños triángulos. Colóquelos en un lecho de hielo picado. Mezcle en un cuenco las bayas y las hojas de menta. Mezcle el azúcar glas y el vodka y, con una cuchara, distribuya la mezcla con suavidad sobre las rodajas de sandía. Sírvalas de inmediato.

NEGROSKI

INGREDIENTES

VODKA SECO
CAMPARI
VERMUT ROJO

ORÍGENES Y CURIOSIDADES

Es una variante moderna del célebre negroni en la que el vodka seco sustituye a la ginebra.

PREPARACIÓN

Ponga 30 ml (2 cucharadas) de vodka en una probeta graduada y viértalos en un vaso lleno de hielo. Repita el procedimiento con 30 ml (2 cucharadas) de Campari y la misma cantidad de vermut rojo. Remueva con una cuchara de mango largo y sirva la bebida adornada con 1 rodaja de naranja.

SUGERENCIA DE USO

Se trata de una buena alternativa al cóctel negroni.

Hamburgesas mignon

FÁCIL

ingredientes para 4 personas
tiempo: 30 minutos

600 g de carne de ternera magra picada
1 cucharadita de mostaza
2 cucharadas de kétchup
1 cebolla
3 huevos
sal
pimienta
harina
aceite de girasol
patatas cerilla fritas

Mezcle con las manos la ternera picada y los huevos en un cuenco grande. Combine el kétchup con la cebolla picada fina y remueva bien hasta que todo quede suave y perfectamente mezclado. Tras salpimentar, repita la operación para obtener un preparado homogéneo y bien sazonado. Haga pequeñas bolas de carne con las manos y, después, aplástelas para darles la forma clásica de la hamburguesa. Enharine ligeramente dichas hamburguesas y fríalas en una sartén con un poco de aceite de girasol; deles la vuelta de vez en cuando. Sírvalas muy calientes con una guarnición de patatas cerilla fritas.

SALLY

INGREDIENTES

VODKA SECO
APEROL
CAMPARI
MANDARINETTO ISOLABELLA

ORÍGENES Y CURIOSIDADES

Esta nueva bebida, creada por el barman italiano Giangranco Di Niso, se dio a conocer en un concurso de cócteles celebrado en 2003.

PREPARACIÓN

Ponga 30 ml (2 cucharadas) de vodka en una probeta graduada y viértalos en un vaso lleno de hielo. Repita el procedimiento con 30 ml (2 cucharadas) de Aperol, 20 ml (4 cucharaditas) de Mandarinetto Isolabella y 10 ml (2 cucharaditas) de Campari. Remueva con una cuchara de mango largo y sirva la bebida adornada con ½ rodaja de naranja y 2 cerezas.

SUGERENCIA DE USO

Un delicioso aperitivo que animará sus veladas estivales.

Profiteroles salados

FÁCIL

ingredientes para 4 personas
tiempo: 30 minutos

120 g de queso gorgonzola dulce
40 g de avellanas
16 profiteroles grandes
1 cucharadita de pimentón dulce
sal y pimienta

Triture finamente las avellanas y aderécelas con el pimentón dulce, la sal y la pimienta. Use una cuchara de madera para trabajar con fuerza el gorgonzola en un cuenco hasta obtener una crema suave. Agregue las avellanas aderezadas y mézclelo todo de nuevo. Use una manga pastelera para rellenar bien los profiteroles con la mezcla cremosa y, a continuación, hornéelos unos minutos a 180 °C. Sírvalos calientes.

SAMOA

INGREDIENTES

VODKA SECO
LICOR DE MELOCOTÓN
CAMPARI

ORÍGENES Y CURIOSIDADES

Parece ser que esta bebida se inventó hacia mediados de la década de 1980 en un bar de Nueva York para una pareja que quería probar una bebida nueva. El barman la bautizó en honor a la isla en la que los amantes acababan de pasar unas vacaciones de ensueño.

PREPARACIÓN

Ponga 50 ml (3 cucharadas y ⅓) de vodka en una probeta graduada y viértalos en una jarra. Repita el procedimiento con 20 ml (4 cucharaditas) de Campari y la misma cantidad de licor de melocotón. Añada algunos cubitos de hielo y remueva con una cuchara de mango largo durante unos segundos. Vierta la bebida en una copa que previamente habrá enfriado en el congelador mientras usa una cuchara para evitar que el hielo salga de la jarra. A la hora de servirla, adorne con ½ rodaja de naranja y 1 cereza.

SUGERENCIA DE USO

Excelente como aperitivo y para las celebraciones en noches estivales.

Ensaladilla rusa

FÁCIL

ingredientes para 4 personas
tiempo: 2 horas y 30 minutos

300 g de guisantes (en torno a 2 tazas)
300 g de patatas (en torno a 2 pequeñas o 1 y ½ medianas)
300 g de zanahorias (en torno a 6 pequeñas)
1 taza y ¼ de mayonesa
sal
pimienta
perejil

Lave y pele las patatas y las zanahorias para, a continuación, cortarlas en dados del tamaño de los guisantes. Póngalas en distintas ollas y hiérvalas con agua salada. Una vez que las hortalizas estén listas, escúrralas y déjelas enfriar. Añada la mayonesa a la ensaladilla y mézclelo todo bien con una cuchara. Salpimiente y deje que repose en el frigorífico durante 1 hora como mínimo. Sirva la ensaladilla rusa en una fuente tras espolvorear perejil picado al gusto.

SEA BREEZE

INGREDIENTES

VODKA SECO
ZUMO DE POMELO
ZUMO DE ARÁNDANO ROJO

ORÍGENES Y CURIOSIDADES

Creado hacia finales de la década de 1920, al principio contaba con granadina en lugar de zumo de arándano rojo.

PREPARACIÓN

Ponga 50 ml (3 cucharadas y ⅓) de vodka en una probeta graduada y viértalos en un vaso alto lleno de hielo. Repita el procedimiento con 50 ml (3 cucharadas y ⅓) de zumo de pomelo y 60 ml (¼ de taza) de zumo de arándano rojo. Mezcle bien los ingredientes con una cuchara de mango largo y sirva la bebida adornada con 2 pajitas largas y 1 rodaja de limón.

SUGERENCIA DE USO

Este trago largo se puede degustar en cualquier momento del día.

Pomelos rellenos

FÁCIL

ingredientes para 4 personas
tiempo: 1 hora y 30 minutos

4 pomelos
⅜ de taza de arroz
sal
3 cucharadas de azúcar
1 sobre de azúcar avainillado
zumo de limón
4 chupitos de Grand Marnier
4 cucharadas de guindas en almíbar
nata montada

Corte los pomelos a ⅔ de su altura y vacíelos con cuidado para no estropear la piel. Corte la pulpa en dados. Cueza el arroz en agua salada y póngalo bajo el agua del grifo para que se enfríe. Mezcle en un cuenco el arroz con el azúcar, el azúcar avainillado, el zumo de limón, el Grand Marnier y el pomelo en dados. Rellene cada pomelo con una cucharada del almíbar de las guindas y, a continuación, llénelo hasta el borde con la mezcla de arroz. Deje reposar los pomelos en el frigorífico durante 30 minutos y sírvalos después de haberlos adornado con guindas y copetes de nata montada.

VODKA MARTINI BOND

INGREDIENTES

VODKA SECO
VERMUT SECO

ORÍGENES Y CURIOSIDADES

Una exitosa versión nueva del martini clásico. Le debe su nombre al célebre agente 007, el cual suele pedir en los filmes un cóctel martini con dos variaciones: que esté agitado y no removido, y que lleve vodka seco en lugar de ginebra.

PREPARACIÓN

Ponga 75 ml (5 cucharadas) de vodka en una probeta graduada y viértalos en una coctelera. Repita el procedimiento con 15 ml (1 cucharada) de vermut seco. Añada cubitos de hielo y agite la coctelera con fuerza durante unos segundos. Vierta la bebida en una copa para cócteles previamente enfriada en el congelador y sírvala adornada con la corteza de un limón y 2 o 3 aceitunas verdes ensartadas con un palillo largo.

SUGERENCIA DE USO

Esta bebida tan seca y fuerte sigue siendo una de las más populares en el mundo.

Pequeños *gnocchi* a la zarina

FÁCIL

ingredientes para 4 personas
tiempo: 45 minutos

400 g de *gnocchi* de patata pequeños
60 g de caviar negro
150 g de salmón ahumado
vodka seco
mantequilla
nata para cocinar
perejil picado
sal y pimienta

Use una sartén para fundir un poco de mantequilla y freír el salmón ahumado, cortado en tiras, durante unos minutos. Añada abundante vodka seco, la nata para cocinar y el caviar. Siga cocinando hasta que los ingredientes queden mezclados. Cuando la salsa esté lista, salpimiente al gusto. Hierva los *gnocchi* en agua salada y agréguelos directamente a la salsa. Antes de servir espolvoréelo todo con el perejil picado.

VODKA SOUR PASSION

INGREDIENTES

VODKA SECO
ZUMO DE LIMÓN
SIROPE DE AZÚCAR
SIROPE (O ZUMO) DE FRUTAS DE LA PASIÓN

ORÍGENES Y CURIOSIDADES

Esta bebida, derivada del célebre whisky sour, se creó a finales de 1980 y, desde entonces, no ha dejado de ser popular entre los jóvenes que están a la última.

PREPARACIÓN

Ponga 40 ml (2 cucharadas y ¾) de vodka en una probeta graduada y viértalos en una coctelera. Repita el procedimiento con 20 ml (4 cucharaditas) de zumo de limón, 10 ml (2 cucharaditas) de sirope de azúcar y 20 ml (4 cucharaditas) de zumo o sirope de fruta de la pasión. Añada cubitos de hielo y agite la coctelera durante unos segundos. Vierta la bebida en una copa previamente enfriada en el congelador.

SUGERENCIA DE USO

Comúnmente considerada un afrodisiaco, es una bebida digestiva a la que rinden pleitesía los jóvenes y que se toma más durante la noche para divertirse.

Crepes suzette

MEDIA

ingredientes para 4 personas
tiempo: 1 hora y 30 minutos

1 taza y ⅔ de harina
⅔ de taza de mantequilla
2 tazas y ⅛ de leche
1 chupito de Grand Marnier
½ taza (8 cucharadas) de azúcar
2 huevos
sal
corteza de 1 limón
azúcar glas

Rompa los huevos en un cuenco grande y bátalos con una varilla mientras añade una pizca de sal, 1 cucharada de azúcar y la harina. Mientras sigue mezclando los ingredientes, incorpore 1 cucharada y ⅓ de mantequilla derretida que esté casi fría y 1 taza de leche, más o menos. Siga trabajando la mezcla con la varilla hasta que quede suave. Añada el resto de la leche y deje que repose en un lugar fresco durante 30 minutos. Derrita una nuez de mantequilla en una sartén para crepes, vierta un cazo de la pasta y extiéndala de un modo uniforme con el movimiento de la muñeca. Dele la vuelta a la crepe cuando comience a dorarse. No la cocine más de 1 minuto y retírela del fuego. Repita el procedimiento en función de la cantidad de crepes que quiera y apílelas en un cuenco para que se mantengan templadas. Use un cazo pequeño para derretir ⅓ de taza de mantequilla y agregue el resto de azúcar y el Grand Marnier. Siga cocinando a fuego lento hasta obtener algo parecido a un sirope. Doble las crepes en cuatro y póngalas en una sartén; a continuación, unte un poco de sirope y unas gotas de Grand Marnier. Deje que las llamas suban y, en cuanto el fuego se reduzca, sírvalas calientes adornadas con azúcar glas y una corteza de limón.

WHITE SPIDER

INGREDIENTES

VODKA SECO
CRÈME DE MENTHE BLANCHE
(LICOR DE MENTA BLANCO)

ORÍGENES Y CURIOSIDADES

Creado en Estados Unidos a finales de la década de 1960, se concibió a modo de remedio para las tórridas veladas estivales. En el norte de Europa la dosis de vodka suele verse aumentada a expensas de la menta.

PREPARACIÓN

Ponga 50 ml (3 cucharadas y ⅓) de vodka en una probeta graduada y viértalos en un vaso lleno de hielo. Repita el procedimiento con 40 ml (2 cucharadas y ¾) de *crème de menthe blanche*. Mezcle los ingredientes con una cuchara de mango largo y sirva la bebida adornada con 1 ramita de menta fresca y 2 pajitas cortas.

SUGERENCIA DE USO

Esta refrescante bebida resulta muy efectiva como digestivo.

Pudin de menta

FÁCIL

ingredientes para 6-8 personas
tiempo: 30 minutos + tiempo de enfriado (3 horas)

6 yemas de huevo
1 taza (16 cucharadas) de azúcar
2 tazas y ½ de leche
4 cucharadas de sirope de menta
1 cucharada de harina
vainilla
menta fresca

Hierva la leche y, tras retirarla del fuego, añádale la vainilla. Mézclelo todo bien y déjelo reposar durante 5 minutos. Vierta el sirope de menta en la leche y vuelva a mezclar. Bata las yemas con el azúcar en un cuenco y, a continuación, añada la harina y la leche. Échelo todo en un cazo y vuelva a ponerlo en el fuego durante unos minutos. Remueva constantemente con cuidado de que la mezcla no llegue a hervir. Retire la crema del fuego y deje que se enfríe. Cuando lo haya hecho, viértala en un molde para púdines y deje que repose en el frigorífico durante al menos 3 horas. Justo antes de servir los púdines, sáquelos de los moldes y decórelos a su gusto con hojas de menta fresca y sirope de menta.

CÓCTELES A BASE DE RON

La producción del ron a partir de la caña de azúcar se inició en la isla de Barbados en el siglo XVII gracias a los holandeses y a su conocimiento de la destilación. Los grandes imperios coloniales –Francia, Inglaterra y España– comenzaron a trabajar en las plantaciones de caña de azúcar para obtener un producto en bruto y muy basto, el cual brindaban a esclavos y marineros a modo de ración diaria. Aunque todos le dieron el nombre de «ron», los procesos de destilación eran diferentes y cada país ponía en práctica los conocimientos y las técnicas relacionados con sus bebidas espiritosas nacionales: los franceses usaron los métodos de producción del coñac, los británicos aplicaron los de la ginebra y los españoles hicieron uso de los métodos de los vinos de solera. Estos estilos son todavía más que evidentes.

De mediados del siglo XVIII a mediados del XIX, el ron comenzó a gozar de reconocimiento y se extendió por gran parte de Europa, con lo que su producción se convirtió en un auténtico negocio. La llegada a Europa de la filoxera, un insecto que destruyó los viñedos europeos a mediados del siglo XIX y privó a los militares de su ración diaria de coñac, hizo que Francia requisase el ron de la Martinica y de Guadalupe (los primeros fabricantes en el mundo, con una producción que se remonta hasta el siglo XX) y lo distribuyese entre sus fuerzas armadas.

A principios del siglo XX, la difusión de la remolacha y del azúcar de remolacha hizo que el precio de la caña de azúcar descendiese y dio lugar a una crisis económica en muchos países del Caribe. En la década de 1930, la ley seca aminoró la difusión del ron en Estados Unidos.

El ron ha tenido que vérselas con bebidas espiritosas consideradas más nobles y refinadas, de modo que durante décadas ha constituido un licor que solo se usaba en combinaciones y cócteles. Hasta fechas recientes, el ron añejo no ha pasado a tener el mismo estatus que el coñac y el whisky.

La producción del ron comienza con la cosecha en la plantación de cañas de azúcar, la cual se realiza a mano desde finales de invierno hasta principios de verano. Los cortes de la caña se han de efectuar entre el primer y el cuarto nudo, ya que esa es la zona en la que se da la mayor concentración de azúcar. En un plazo de veinticuatro horas las cañas se han de llevar a una refinería de azúcar con el fin de evitar la fermentación espontánea.

A partir de la caña triturada se obtiene el primer zumo, así como el bagazo, un material de desecho que se usa en la producción de la cachaza (un destilado brasileño). Una vez procesado el zumo, se obtienen el azúcar cristalizado y la melaza, que contiene azúcar no cristalizado.

La melaza se envía después a la destilería, y, en función del tipo de producción, existen distintos métodos para tratar las materias primas, llevar a cabo la destilación y efectuar el envejecimiento. El ron industrial se elabora a partir de melaza, mientras que el francés se produce por la destilación del primer zumo (guarapo).

El método de destilación es el segundo paso que se puede distinguir en función del estilo de producción; para llevarlo a cabo existen dos tipos de alambiques: los continuos y los discontinuos.

Durante el proceso de destilación se desechan los extremos (ya que son ricos en alcoholes nocivos) y se conserva el corazón. El líquido resultante, en función del alambique, tiene un contenido alcohólico de entre el 65 y el 95 % del volumen. En este punto del proceso se elige el método de envejecimiento, el cual suele depender del producto que se quiera vender.

Existe la idea generalizada de que la calidad del ron aumenta con los años que pasa en la barrica. Esta bebida es incolora antes de someterse al envejecimiento, y su color procede del contacto prolongado con las duelas de las barricas. El ron se envejece en barricas que ya se han utilizado antes en el proceso de envejecimiento de otros productos. Las barricas de ron francés, por ejemplo, se aprovechan antes para envejecer coñac, mientras que las barricas de ron inglés han contenido jerez con anterioridad.

Un dato interesante es que, a causa del clima tropical, un año de envejecimiento en el Caribe equivale a entre dos y tres años en Escocia. Por otra parte, el mismo clima tropical implica que el corazón de los destilados se evapore en grandes cantidades, con lo que se libera la llamada «parte de los ángeles».

La mayoría de los rones del mercado son una mezcla de diferentes rones añejos que se combinan para asegurar una cierta continuidad de las características sensoriales de una misma marca. Los rones, aparte de los que proceden de las antiguas potencias coloniales, se dividen en productos agrícolas e industriales, los cuales, a su vez, se subdividen en ron blanco y ron oscuro.

Antes de salir al mercado, el ron blanco se somete a un año de envejecimiento como mínimo, período tras el que surge ligero y delicado. El ron oscuro difiere sobre todo por la adición de caramelo, el cual hace que sea más dulce y preferible para cócteles y combinaciones.

Aunque no hay vasos específicos para el ron, va bien servirlo en una copa tipo globo grande con el fin de facilitar la oxigenación y liberar toda la gama de aromas y sabores. Con todo, es importante seleccionar el ron que sea adecuado para lo que se planee hacer con él. En los cócteles, el público en general suele preferir el industrial por lo cómodo que resulta y lo inmediato de su sabor.

Los rones ligeros industriales se suelen usar en cócteles frescos, tales como el célebre mojito, el daiquiri, la piña colada, el Bacardi y el planter's punch. Los rones oscuros industriales son preferibles en los refrescos; sirva de ejemplo su combinación con Coca-Cola para dar lugar al cubalibre, el cóctel que se inventó en Cuba para celebrar la independencia del dominio español.

Los rones agrícolas solo se utilizan con fines degustativos, ya que tienen un sabor intenso y pronunciado que resulta casi acerbo. Aunque se pueden usar en cócteles, lo recomendable es hacerlo en gotas solo para reforzar el aroma de estos.

BACARDI

INGREDIENTES

RON BLANCO BACARDI
ZUMO DE LIMA O DE LIMÓN
SIROPE DE GRANADINA

ORÍGENES Y CURIOSIDADES

Al parecer, este cóctel se creó en Estados Unidos hacia 1917, cuando los ingredientes de un daiquiri con ron se avivaron gracias a una nueva incorporación: Bacardi, el ron cubano bautizado con el apellido del empresario que lo comercializó.

PREPARACIÓN

Ponga 50 ml (3 cucharadas y ⅓) de ron blanco Bacardi en una probeta graduada y viértalos en una coctelera. Repita el procedimiento con 30 ml (2 cucharadas) de zumo de lima o de limón y 10 ml (2 cucharaditas) de sirope de granadina. Añada cubitos de hielo y agite la coctelera con fuerza durante unos segundos. Vierta la bebida en una copa previamente enfriada en el congelador y sírvala.

SUGERENCIA DE USO

Un exquisito digestivo que se puede disfrutar a cualquier hora de la noche.

Merengue de limón

MEDIA

ingredientes para 6-8 personas
tiempo: 2 horas y 30 minutos

1 taza y ⅝ (22 cucharadas) de azúcar
4 huevos
¾ de taza de mantequilla
1 taza y ⅔ de harina
zumo de 3 limones
corteza de 3 limones

Mezcle la harina y la mantequilla en un cuenco grande. Use una varilla para amalgamar en un cuenco la corteza rallada de 1 limón, 5 cucharadas (⅓ de taza) de azúcar y 1 huevo. Cuando obtenga una mezcla homogénea, añádalo a la mezcla anterior. Mézclelo todo y cúbralo con plástico de cocina transparente. Déjelo reposar en el frigorífico durante una hora más o menos. Bata 3 yemas de huevo con ¼ de taza y 3 cucharadas de azúcar. Agregue la corteza del otro limón y cocínelo todo al baño María sin que llegue a hervir. Retire el cazo del fuego y deje que se enfríe. Use un rodillo para extender la masa sobre papel para hornear. Corte un círculo y úselo para forrar un molde. Haga algunos agujeros en el fondo con un tenedor y rellene con abundantes alubias para, a continuación, cubrirlo todo con papel para hornear. Hornee a 200 °C durante 30 minutos. Quite el papel y las alubias y siga cociendo durante otros 10 minutos. Bata las claras con lo que quede de azúcar hasta obtener un merengue firme y viérta la mezcla de huevo y limón en la base cocida, y encima de esta, el merengue. Hornee durante 5 minutos a 200 °C.

BAHAMA MAMA

INGREDIENTES

RON OSCURO
LICOR MALIBU
ZUMO DE PIÑA
CREMA DE PLÁTANO
ZUMO DE NARANJA
SIROPE DE GRANADINA

ORÍGENES Y CURIOSIDADES

Esta bebida nació en las playas de Malibú, donde no tardó en hacerse popular entre los bañistas.

PREPARACIÓN

Ponga 20 ml (4 cucharaditas) de ron en una probeta graduada y viértalos en una coctelera. Repita el procedimiento con 20 ml (4 cucharaditas) de licor Malibu, 20 ml (4 cucharaditas) de crema de plátano, 30 ml (2 cucharadas) de zumo de naranja, 60 ml (¼ de taza) de zumo de piña y 10 ml (2 cucharaditas) de sirope de granadina. Añada cubitos de hielo y agite la coctelera con fuerza durante unos segundos. Vierta la bebida en un vaso alto lleno de hielo y sírvala después de adornarla con ½ rodaja de piña, ½ rodaja de naranja, 2 cerezas y 2 pajitas largas.

SUGERENCIA DE USO

Un buen trago largo que se puede disfrutar en cualquier momento del día.

Brisa estival

FÁCIL

ingredientes para 6-8 personas
tiempo: 30 minutos + tiempo de enfriado (2 horas)

200 g de galletas
½ taza (8 cucharadas) de azúcar
7 cucharadas de mantequilla
⅜ de taza (6 cucharadas) de harina de coco
⅕ de taza de leche
400 g de ricota fresca
1 taza de batida de coco
1 envase de aromatizante de vainilla
coco rallado

Mezcle en un cuenco la harina de coco tras añadirle 1 cucharada y ⅓ de leche. Trabaje la mantequilla hasta que quede cremosa e incorpore, en este orden, la batida, la ricota y, por último, el coco (incluida la leche que se haya sedimentado en el fondo del cuenco). Mezcle bien hasta que quede homogéneo. Vierta en un plato hondo lo que quede de la leche y disuelva en ella 1 cucharadita del condimento de vainilla. Vierta en un cazo una capa de crema y cúbrala con galletas remojadas en la leche con vainilla. Repita para hacer la segunda capa de la tarta. Remate con una generosa capa de crema. Deje reposar la preparación en el frigorífico durante 2 horas y, justo antes de servir, espolvoree con el coco rallado.

CAIPIRISSIMA

INGREDIENTES

RON BLANCO
LIMA
AZÚCAR BLANCO O DE CAÑA

ORÍGENES Y CURIOSIDADES

Variante del más famoso cóctel caipiriña, esta bebida parece haber sido diseñada para satisfacer la creciente demanda de las mujeres bebedoras, que adoran el delicado sabor del ron.

PREPARACIÓN

Ponga ½ lima cortada en dados en un vaso bajo. Agregue 25 g (2 cucharadas) de azúcar y tritúrelo todo con un mortero hasta que se forme una pasta. Añada hielo picado y 50-60 ml (10-12 cucharaditas) de ron medidos antes en una probeta graduada. Remueva durante unos segundos con una cuchara de mango largo para mezclar mejor los ingredientes. Sirva la bebida adornada con 2 pajitas cortas.

SUGERENCIA DE USO

Una excelente y refrescante bebida que se puede adaptar para degustarse desde por la mañana hasta por la noche.

Pez espada marinado en jengibre

FÁCIL

ingredientes para 4 personas
tiempo: 3 horas y 30 minutos

400 g de pez espada finamente fileteado (al estilo del *carpaccio* clásico)
1 raíz pequeña de jengibre fresco
albahaca fresca
4 limones
4 cucharadas de aceite de oliva virgen extra
sal y pimienta

Lave y exprima bien los limones para, a continuación, verter el zumo en un recipiente rectangular de terracota en el que pueda sumergir por completo el *carpaccio* de pez espada. Déjelo marinar durante 3 horas. Escurra el pez espada y séquelo, si es necesario, con papel de cocina; después, colóquelo en una bandeja. Limpie el jengibre y rállelo en una salsera. Mézclelo todo con el aceite de oliva virgen extra, la sal y la pimienta al gusto con un tenedor. Riegue el pez espada con abundante salsa de jengibre y adórnelo con hojas de albahaca fresca y triangulitos de limón.

CAFÉ CARIBEÑO

INGREDIENTES

RON OSCURO
LICOR DE CAFÉ
AZÚCAR BLANCO O DE CAÑA
CAFÉ LARGO
NATA

ORÍGENES Y CURIOSIDADES

Variante del más conocido café irlandés, esta bebida se creó en la década de 1950 en el único lugar donde se tiene la tradición de destilar ron: las islas del Caribe.

PREPARACIÓN

Ponga 40 ml (2 cucharadas y ⅔) de ron en una probeta graduada y viértalos en una jarra lechera para, a continuación, repetir la operación con 20 ml (2 cucharaditas) de licor de café. Mezcle 1 cucharada de azúcar y 1 de café largo. Llévelo a ebullición mientras remueve de vez en cuando. Viértalo en una taza termorresistente y, justo antes de servir la bebida, añada 40 ml (2 cucharadas y ¾) de nata (previamente medidos en una probeta graduada) con la punta de una cucharita para que, de este modo, no se mezclen con lo demás.

SUGERENCIA DE USO

Esta bebida, de intensas propiedades tonificantes, está recomendada para las épocas más frías del año.

Llamas de café

FÁCIL

ingredientes para 4 personas
tiempo: 45 minutos + tiempo de enfriado (3 horas)

300 g de chocolate negro
5 cucharadas colmadas de café instantáneo
6 cucharadas + 2 cucharaditas (⅖ de taza) de nata fresca
granos de café dulce

Pique groseramente el chocolate y derrítalo al baño María. Vierta la nata en un cazo y disuelva en ella el café. Caliéntela a fuego lento sin que llegue a hervir y, a continuación, añada el chocolate fundido y mezcle continuamente los ingredientes con una varilla. Retire el cazo del fuego y deje que se enfríe. Llene una manga pastelera (de boquilla serrada) con la mezcla y estrújela para hacer pequeñas bolas en vasos de papel. Adorne las puntas del chocolate con granos de café. Consérvelo en el frigorífico durante 3 horas como mínimo antes de servirlo.

CHUPITO DE RON Y PERA

INGREDIENTES

RON OSCURO
ZUMO DE PERA

ORÍGENES Y CURIOSIDADES

Creado alrededor de la década de 1980 como copa para disfrutar bien entrada la noche, no tardó en ganarse el beneplácito de las nuevas generaciones de bebedores de cócteles.

PREPARACIÓN

Ponga 30 ml (2 cucharadas) de ron en una probeta graduada y viértalos en un vaso de chupito. Repita el procedimiento con la misma cantidad de zumo de pera y sirva.

SUGERENCIA DE USO

Es excelente para después de las comidas.

Lenguas de gato

FÁCIL

ingredientes para 4 personas
tiempo: 1 hora

- 14 cucharadas (7/8 de taza) de mantequilla
- 1 taza y 2/3 de harina
- 140 g de chocolate negro
- 1 taza y 1/3 de azúcar glas
- 1 sobre de vainilla
- 6 claras de huevo

Ablande la mantequilla en un cuenco, añádale el azúcar y, a continuación, bata hasta obtener una mezcla espumosa. Agregue la harina tamizada poco a poco para evitar que se formen grumos y bata las claras de los huevos hasta que queden firmes. Llene una manga pastelera (de boquilla redondeada) con la mezcla. Engrase y enharine una bandeja de horno y forme con la manga pastelera las lenguas de gato (de unos 5 cm de longitud); asegúrese de que haya una buena separación entre ellas. Hornéelas durante 15 minutos a 180 °C. Mientras tanto, disuelva el chocolate al baño María. Viértalo en un cuenco y moje por la mitad las lenguas de gato recién horneadas. Póngalas en una bandeja y déjelas reposar. A la hora de servir, espolvoree con un poco de azúcar glas.

DAIQUIRI

INGREDIENTES

RON BLANCO
ZUMO DE LIMA O DE LIMÓN
AZÚCAR LÍQUIDO

ORÍGENES Y CURIOSIDADES

Son muchas las leyendas que hay en torno al origen de esta bebida. Según una de ellas, a comienzos del siglo XX un grupo de ingenieros decidió, una tarde después del trabajo, prepararse una bebida a base de mezclar los ingredientes de los que disponían: ron, azúcar y lima. Lo que crearon resultó ser tan agradable al paladar que no tardó en convertirse en el célebre cóctel que hoy conocemos. Su nombre se debe a la ciudad de Daiquiri, en la cual se hallaba la mina de cobre en la que estaban trabajando dichos ingenieros.

PREPARACIÓN

Ponga 50 ml (3 cucharadas y ⅓) de ron en una probeta graduada y viértalos en una coctelera. Repita el procedimiento con 30 ml (2 cucharadas) de zumo de lima o de limón y 10 ml (2 cucharaditas) de sirope de azúcar. Añada cubitos de hielo y agite la coctelera con fuerza durante unos segundos. Vierta la bebida en una copa previamente enfriada en el congelador y sírvala.

SUGERENCIA DE USO

Resulta excelente tanto como digestivo para después de la cena como bebida refrescante a cualquier hora del día.

Caricias de ron

FÁCIL

ingredientes para 4 personas
tiempo: 1 hora y 30 minutos

30 g de pasas picadas
2 cucharadas y ¾ de ron blanco
⅓ de taza + 1 cucharada de harina
3 cucharadas y ½ (¼ taza) de mantequilla a temperatura ambiente
⅓ de taza de azúcar glas
unas gotas de extracto de vainilla
1 huevo batido
azúcar perlado

Vierta el ron en un cuenco y deje las pasas en remojo durante 1 hora. Trabaje la mantequilla y el azúcar en un cuenco. Añada el extracto de vainilla y el huevo mientras sigue removiendo la mezcla para, de este modo, evitar los grumos. Agregue poco a poco la harina tamizada y las pasas (con el ron bien escurrido). Remuévalo todo para que la mezcla se combine mejor. Use una manga pastelera de boquilla ancha para decorar directamente los dulces en la bandeja de horno; a la hora de hacerlo, déjese llevar por la imaginación (sin embargo, las «caricias» no deben tener un diámetro superior a los 3 cm). Hornee durante 10 minutos a 180 °C y sirva después de espolvorearlo todo con azúcar perlado.

GROG

INGREDIENTES

RON OSCURO
AZÚCAR BLANCO O DE CAÑA
AGUA MINERAL
CUBITOS DE LIMÓN
CUBITOS DE NARANJA
CLAVO
CANELA

ORÍGENES Y CURIOSIDADES

Los antiguos orígenes de este cóctel nos retrotraen al siglo XVIII, cuando, durante una travesía por el canal de la Mancha, el almirante Edward Vernon Old Grog decidió hervir el agua potable de su barco para, mientras estaba en ebullición, añadirle algunas especias, caña de azúcar y ron. El resultado es una mezcla capaz de reavivarlo a uno y aliviarle el estómago. La bebida tomó el nombre del apodo de su creador, el cual también era conocido por el groguén, un tejido impermeable que usaba para vestir.

PREPARACIÓN

Ponga 50 ml (3 cucharadas y ⅓) de ron oscuro en una probeta graduada y viértalos en una jarra lechera. Repita el procedimiento con 50 ml (3 cucharadas y ⅓) de agua del tiempo. Mézclelo todo con 5-6 clavos, 3 cubitos de limón, 3 cubitos de naranja, ½ cucharadita de canela y 1 cucharada de azúcar. Llévelo a ebullición y sírvalo en una taza termorresistente.

SUGERENCIA DE USO

Se trata de una bebida con propiedades vigorizantes y muy adecuada para las épocas de frío. También es un excelente remedio para los dolores estomacales.

Trufas de chocolate

FÁCIL

ingredientes para 4 personas
tiempo: 1 hora y 30 minutos

400 g de castañas
3 cucharadas y ½ (¼ taza) de mantequilla
⅔ de taza de nata
2 cucharadas de ron
220 g de chocolate negro
cacao en polvo sin azúcar

Hierva las castañas durante 20 minutos. Escúrralas y quíteles de inmediato las cáscaras antes de meterlas en la batidora. Caliente la mantequilla y la nata en un cazo. Añada las castañas y el ron y siga cocinando durante 10 minutos sin remover. Retire el cazo del fuego y deje que se enfríe. Derrita el chocolate al baño María y, a continuación, añada las castañas. Cuanto estén templadas, forme las trufas con la ayuda de dos cucharas y hágalas rodar varias veces en el cacao en polvo justo antes de servirlas.

JAMAICA'S DREAM

INGREDIENTES

RON BLANCO
RON OSCURO
LICOR PASSION
ZUMO TROPICAL
SIROPE DE MANGO
SIROPE DE PAPAYA

ORÍGENES Y CURIOSIDADES

Esta bebida, de reciente creación, tiene un elevado contenido alcohólico y es rica en frutas tropicales.

PREPARACIÓN

Ponga 30 ml (2 cucharadas) de ron oscuro en una probeta graduada y viértalos en una coctelera. Repita el procedimiento con 30 ml (2 cucharadas) de ron blanco, 30 ml (2 cucharadas) de licor Passion, 50 ml (3 cucharadas y ⅓) de zumo tropical, 10 ml (2 cucharaditas) de sirope de papaya y la misma cantidad de sirope de mango. Añada cubitos de hielo y agite la coctelera con fuerza durante unos segundos. Vierta la bebida en un cuenco de cristal lleno de hielo. Cúbralo con abundante hielo picado y dele un toque divertido a la decoración: alterne rodajas de mango, papaya, fruta de la pasión, piña y plátano. A la hora de servir el cóctel, adórnelo con 2 pajitas largas y algunos palillos.

SUGERENCIA DE USO

Esta alegre bebida les encantará a sus invitados y, además, puede animar cualquier momento del día o la noche.

Tarta de fruta de la pasión

FÁCIL

ingredientes para 6-8 personas
tiempo: 1 hora y 30 minutos

3 frutas de la pasión
3 huevos
1 taza y ⅔ de harina
⅓ de taza de maicena
½ taza + 2 cucharadas de azúcar
⅔ de taza de leche
4 cucharadas y ½ de yogur natural
1 envase de levadura en polvo
azúcar glas

Mezcle en un cuenco el azúcar y los huevos hasta obtener una mezcla espumosa. Mezcle con suavidad el yogur con los demás ingredientes. Añada la leche, la harina tamizada y la maicena (antes mezclada con la levadura). Para completar, combine la masa con la pulpa de 2 frutas de la pasión. Ponga la mezcla en un molde y hornéela a 180 °C durante unos 40 minutos. Mientras tanto, prepare el glaseado con la pulpa de la fruta restante, 1 cucharada de agua templada y un poco de azúcar glas en un cuenco. Saque la tarta del horno y sírvala acompañada con el glaseado (el cual se puede verter en la tarta antes de servirla o disponerla por separado en una salsera).

JUS D'AMOUR BARBARA

INGREDIENTES

RON BLANCO
LICOR MARASCHINO
ZUMO DE PIÑA
PURÉ O ZUMO DE FRESA
SIROPE DE GRANADINA

ORÍGENES Y CURIOSIDADES

Este cóctel lo creó en 2006 el barman Gianfranco di Niso, el cual ganó un concurso internacional en Malasia organizado por la revista italiana *Bargionale.*

PREPARACIÓN

Ponga 30 ml (2 cucharadas) de ron en una probeta graduada y viértalos en una coctelera. Repita el procedimiento con 20 ml (4 cucharaditas) de licor Maraschino, 70 ml (4 cucharadas+ 2 cucharaditas) de zumo de piña, 30 ml (2 cucharadas) de zumo de fresa y 10 ml (2 cucharaditas) de sirope de granadina. Añada cubitos de hielo y agite la coctelera con fuerza durante unos segundos. Vierta la bebida en un vaso alto lleno de hielo y sírvala después de adornarla con ½ rodaja de piña, 2 cerezas y 2 pajitas largas.

SUGERENCIA DE USO

Este excelente trago largo, de bajo contenido alcohólico y dulce al paladar, es apreciado sobre todo por las mujeres y resulta adecuado para cualquier momento del día.

Tiramisú de fresa

FÁCIL

ingredientes para 6-8 personas
tiempo: 1 hora + tiempo de enfriado (4 horas)

150 g de galletas *savoiardi*
250 g de queso mascarpone (en torno a 2 tazas)
250 g de ricota
250 g (1 taza y ⅝) de fresas frescas
1 naranja
3 cucharadas de azúcar
¾ de taza de nata fresca
1 cucharada de coñac
½ rama de vainilla
cacao en polvo

Trabaje en un cuenco grande la ricota, el mascarpone, el zumo y la corteza de 1 naranja, 2 cucharadas de azúcar y ½ rama de vainilla. Añada con cuidado la nata montada. Lave las fresas y tritúrelas en la batidora con 1 cucharada de coñac y otra de azúcar. En el fondo de un plato para hornear coloque una capa de galletas *savoiardi* y la mezcla de las fresas, el mascarpone y la ricota. Déjelo reposar al menos 3 horas en el frigorífico y 30 minutos en el congelador justo antes de servir el tiramisú. Adórnelo con cacao espolvoreado y algunas fresas frescas.

MAI TAI

INGREDIENTES

RON BLANCO
RON OSCURO
ZUMO DE LIMA O DE LIMÓN
COINTREAU
SIROPE DE GRANADINA
SIROPE DE ALMENDRAS (ORGEAT)

ORÍGENES Y CURIOSIDADES

Esta bebida surgió del ingenio de J. Bergeron en 1944. Más tarde, introdujo la receta en el menú de la popular cadena de restaurantes Trader Vic's. El nombre procede del taihitiano mai tai to e ro («el fin del mundo y nada mejor»), una exclamación proferida por una pareja tahitiana tras probar la bebida.

PREPARACIÓN

Ponga 30 ml (2 cucharadas) de ron blanco en una probeta graduada y viértalos en una coctelera. Repita el procedimiento con 30 ml (2 cucharadas) de ron oscuro, 30 ml (2 cucharadas) de Cointreau, 50 ml (3 cucharadas y ⅓) de zumo de lima o de limón, 10 ml (2 cucharaditas) de sirope de granadina y 10 ml (2 cucharaditas) de sirope de almendras. Añada cubitos de hielo y agite con fuerza durante unos segundos. Vierta en un vaso alto lleno de hielo y sirva después de adornar con ½ rodaja de piña, 2 cerezas, 1 ramita de menta fresca y 2 pajitas largas.

SUGERENCIA DE USO

Este trago largo se puede degustar a cualquier hora del día.

Feítos de piñones

FÁCIL

ingredientes para 4 personas
tiempo: 1 hora y 45 minutos

1 taza y ¼ de azúcar
140 g de piñones (en torno a ⅝ de taza)
160 g de almendras (en torno a 1 taza)
2 claras de huevo
½ sobre de vainilla
canela molida

Unte bien con mantequilla un molde para horno grande y ponga montoncitos de piñones. Triture las almendras en la batidora y póngalas en un cuenco. Añada el azúcar y la vainilla. Mezcle primero con una cuchara y, después, añada las claras de huevo (batidas hasta que queden firmes). Mezcle con cuidado los ingredientes y cubra todos los montoncitos de piñones con una cucharada de la mezcla. Déjelos reposar durante 1 hora y hornéelos a 160 °C durante 10 minutos. Deje que se enfríen y sírvalos adornados con almendras laminadas y canela espolvoreada.

PAPA DOBLE

INGREDIENTES

RON BLANCO
ZUMO DE POMELO
ZUMO DE LIMA O DE LIMÓN
LICOR MARASCHINO

ORÍGENES Y CURIOSIDADES

Este cóctel se creó en el bar cubano Floridita, entre cuyos admiradores más insignes estaba Ernest Hemingway, el cual solía tomar varios al día. Con el tiempo, los parroquianos le acabaron apodando amistosamente *Papa* Hemingway.

PREPARACIÓN

Ponga 40 ml (2 cucharadas y ¾) de ron en una probeta graduada y viértalos en una batidora. Repita el procedimiento con 10 ml (2 cucharaditas) de licor Maraschino, 20 ml (4 cucharaditas) de zumo de lima o de limón y la misma cantidad de zumo de pomelo. Añada 3 cucharadas de hielo picado y bata durante unos 15 segundos. Vierta la bebida en un vaso bajo y sírvala adornada con 1 cuña de pomelo y 2 pajitas cortas.

SUGERENCIA DE USO

La gran capacidad para quitar la sed de esta bebida hace que sea idónea para las horas más calurosas del día.

Ensalada de palmitos

FÁCIL

ingredientes para 4 personas
tiempo: 30 minutos + tiempo de enfriado (30 minutos)

- 240 g de palmitos en conserva
- 4 aguacates
- 2 pomelos
- 8 tomates cherry
- 180 g de aceitunas negras sin hueso (en torno a 41)
- zumo de 1 limón
- sal
- pimienta
- aceite de oliva virgen extra
- endibias belgas

Escurra los palmitos y córtelos en gruesas rodajas. Lave y limpie los aguacates y córtelos en dados. Repita el procedimiento con el pomelo y los tomates. Combine en un cuenco las aceitunas y vierta los palmitos, el pomelo, el aguacate y los tomates. Mezcle con cuidado los ingredientes, aderece al gusto con sal, pimienta, aceite de oliva virgen extra y zumo de limón. Lave las hojas de endibia belga y dispóngalas en una bandeja de aperitivos de modo que tengan el aspecto de una cesta. Ponga la ensalada de palmitos en el centro de cada una de ellas y, antes de servir, deje que se enfríen en el frigorífico durante 30 minutos.

PLANTER'S PUNCH

INGREDIENTES

RON OSCURO
ZUMO DE LIMA O DE LIMÓN
SIROPE DE GRANADINA
SODA O AGUA CON GAS

ORÍGENES Y CURIOSIDADES

Importado al Reino Unido de manos de los marineros de la Compañía Británica de las Indias Orientales en 1632, esta bebida se utilizó en Jamaica en 1879 con motivo de la inauguración de la Myers Rum Distillery.

PREPARACIÓN

Ponga 50 ml (3 cucharadas y ⅓) de ron en una probeta graduada y viértalos en una coctelera. Repita el procedimiento con 40 ml (2 cucharadas y ¾) de zumo de lima o de limón y 20 ml (4 cucharaditas) de sirope de granadina. Añada cubitos de hielo y agite la coctelera con fuerza durante unos segundos. Vierta la bebida en un vaso alto lleno de hielo hasta llegar casi al borde y añada 50 ml (3 cucharadas y ⅓) de soda medidos previamente en la probeta graduada. Mézclelo todo con una cuchara de mango largo y sirva después de adornar con ½ rodaja de naranja, 2 cerezas y 2 pajitas largas.

SUGERENCIA DE USO

Este agradable trago largo se puede tomar sin miramientos a cualquier hora del día.

Escalopines a la granada

FÁCIL

ingredientes para 4 personas
tiempo: 40 minutos

8 filetes de ternera
1 granada grande madura
¾ de taza de crema agria
½ vaso de vino blanco seco
perejil
sal
pimienta
harina
aceite de oliva virgen extra

Lave y pele la granada y ponga los granos en un cuenco. Salpimiente y enharine bien los filetes de ternera. Caliente aceite de oliva virgen extra en una sartén grande y dore ambos lados durante unos 3 minutos. Añada el vino blanco y deje que se evapore a fuego fuerte. Agregue la crema y ⅔ de los granos de la granada y espolvoree con perejil picado. Deje que la salsa se haga a fuego lento durante otros 5 minutos y sírvala adornada con los demás granos de la granada.

RUM COLLINS

INGREDIENTES

RON CLARO
ZUMO DE LIMÓN
SIROPE DE AZÚCAR
SODA O AGUA CON GAS

ORÍGENES Y CURIOSIDADES

Esta bebida le debe su nombre a la familia de ascendencia inglesa Collins. Los hermanos Tom, John y Pierre crearon el cóctel con ingredientes procedentes de todos los lugares a los que habían emigrado.

PREPARACIÓN

Ponga 50 ml (3 cucharadas y ⅓) de ron en una probeta graduada y viértalos en un vaso alto lleno de hielo. Repita el procedimiento con 20 ml (4 cucharaditas) de zumo de limón y 10 ml (2 cucharaditas) de sirope de azúcar. Llene el vaso casi hasta el borde con soda o agua mineral. Mézclelo todo con una cuchara de mango largo y sírvalo después de adornar con ½ rodaja de limón, 2 cerezas y 2 pajitas largas.

SUGERENCIA DE USO

Se trata de una bebida muy refrescante que resulta adecuada a cualquier hora del día.

Barquitos de frambuesa cremosa

FÁCIL

ingredientes para 4 personas
tiempo: 2 horas

300 g de masa de hojaldre
200 g de chocolate con leche
⅓ de taza de harina
3 cucharadas de mantequilla
2 huevos
½ taza (8 cucharadas) de azúcar
2 limones
1 taza de agua
frambuesas

Extienda con un rodillo la masa sobre una superficie enharinada hasta obtener una fina capa. Engrase y enharine los moldes para tartaletas y fórrelos con la masa. Hornéelos durante 15 minutos a 180 °C. Una vez que estén fuera del horno, deje que se enfríen antes de sacarlos de los moldes. Derrita el chocolate al baño María y extienda ½ cucharadita en el fondo de cada tartaleta. Cueza en un cazo la corteza del limón y la mantequilla con el agua. Mientras tanto, bata las yemas de los huevos con azúcar en un cuenco hasta que queden cremosas, suaves y espumosas. Mezcle con la harina poco a poco y, a continuación, añada el agua con sabor a limón tras haberla pasado por un colador. Vierta la mezcla en un cazo y cuézala a fuego lento durante 10 minutos. Retírela del fuego e incorpore el zumo de limón y las claras de los huevos hasta que quede firme. Mézclelo todo con suavidad y deje que se enfríe durante 1 hora. Use una manga pastelera para rellenar los barquitos y sírvalos decorados con frambuesas.

TURQUOISE BLUE

INGREDIENTES

RON BLANCO
COINTREAU
CURAÇAO AZUL
ZUMO DE PIÑA
ZUMO DE LIMÓN

ORÍGENES Y CURIOSIDADES

Creada en los chiringuitos que pueblan las playas de Hawái, esta bebida le debe su nombre al mar turquesa que baña las paradisíacas islas de la zona.

PREPARACIÓN

Ponga 20 ml (4 cucharaditas) de ron en una probeta graduada y viértalos en una coctelera. Repita el procedimiento con 20 ml (4 cucharaditas) de Cointreau, 20 ml (4 cucharaditas) de curaçao azul, 80 ml (⅓ de taza) de zumo de piña y 20 ml (4 cucharaditas) de zumo de limón. Añada cubitos de hielo y agite con fuerza la coctelera durante unos segundos. Viértala en un vaso alto lleno de hielo y sírvala después de adornarla con ½ rodaja de piña, 2 cerezas y 2 pajitas largas.

SUGERENCIA DE USO

Este trago largo resulta perfecto a cualquier hora del día.

Postre de cítricos

FÁCIL

ingredientes para 4 personas
tiempo: 1 hora + tiempo de enfriado (3 horas)

2 yemas de huevo
¼ taza + 1 cucharada y ½ de azúcar
3 cucharadas y ⅓ zumo de cítricos
3 cucharadas y ⅓ de ron
corteza rallada de 1 limón
nata montada

para la salsa:
1 taza de leche
2 yemas de huevo
⅔ de taza de azúcar
sirope de menta y hojas de menta fresca

Caliente en un cazo pequeño el azúcar con el zumo de cítricos y la corteza de limón para, de este modo, elaborar un almíbar. Bata las yemas con una varilla hasta que queden cremosas y esponjosas; a continuación, añádalas al azúcar en ebullición. Retire el cazo del fuego, remueva de vez en cuando y deje que se enfríe. Incorpore después la nata montada y el ron para, a continuación, mezclar los ingredientes desde abajo para que queden bien mezclados. Vierta la preparación en cuatro ramequines para flan y déjela reposar en el congelador durante 3 horas como mínimo. Mientras tanto, puede ir preparando la salsa de acompañamiento; para ello, hierva la leche en una cacerola con una pizca de sirope de menta y hojas de menta enteras. Retírela del fuego y deje que repose durante 20 minutos. Bata en un cuenco las yemas de huevo y el azúcar con una varilla hasta que la mezcle quede suave y esponjosa. Agregue la leche (tras haberla pasado por un colador) y déjela hervir en una cacerola a fuego medio durante 5 minutos con cuidado de que no se pegue ni se formen grumos. Justo antes de servir, saque los postres de cítricos de los moldes y póngalos en 4 cuencos de postre para, a continuación, regarlo todo con la salsa.

ZOMBIE

INGREDIENTES

RON BLANCO
RON ÁMBAR
RON OSCURO
APRICOT BRANDY
ZUMO DE NARANJA
ZUMO DE PIÑA

ORÍGENES Y CURIOSIDADES

La leyenda cuenta que, en el Hollywood de finales de la década de 1930, el barman Don Beach sirvió esta bebida a un amigo, quien, gratamente sorprendido por su sabor, pidió dos más. Algunos días más tarde, el hombre regresó para contarle a Beach que, después de la última copa, se había sentido como un zombi al volver a casa en avión.

PREPARACIÓN

Ponga 20 ml (4 cucharaditas) de ron en una probeta graduada y viértalos en una coctelera. Repita el procedimiento con 20 ml (4 cucharaditas) de ron ámbar, 20 ml (4 cucharaditas) de Apricot Brandy, 40 ml (2 cucharadas y ¾) de zumo de naranja y 40 ml (2 cucharadas y ¾) de zumo de piña. Agite los ingredientes durante unos segundos y eche la mezcla en un vaso lleno de hielo. Ponga 20 ml (4 cucharaditas) de ron oscuro en la probeta y, con una cuchara, viértalos con cuidado en el vaso de modo que se queden en la superficie. Sírvalo adornado con 2 pajitas largas, ½ rodaja de piña, ½ rodaja de naranja y 2 cerezas de cóctel.

SUGERENCIA DE USO

Se trata de un fantástico trago largo que puede animar cualquier velada.

Cofres rellenos de albaricoque

FÁCIL

ingredientes para 4 personas
tiempo: 1 hora y 30 minutos

200 g de hojaldre
4 albaricoques en almíbar
2 cucharadas de azúcar moreno
2 cucharaditas de canela molida
4 galletas *amaretti*
4 cucharaditas de mermelada de albaricoque
1 huevo

Estire el hojaldre en una superficie de trabajo enharinada para formar un fino rectángulo y, con un cuchillo, divídalo en 4 cuadrados. Escurra los albaricoques y córtelos en dados. Ponga en el centro de cada cuadrado de hojaldre una galleta y cúbrala con 1 cucharada de mermelada y canela espolvoreada. Cubra con los albaricoques en dados, envuélvalos con hojaldre de modo que parezcan pequeños paquetes y use el huevo batido a modo de aglutinante. Pinte con el huevo que sobre los paquetitos de modo que, una vez que estén horneados, queden dorados. Hornee a 180 °C durante unos 25 minutos, asegurándose de que el hojaldre no se queme. Colóquelos en una bandeja y deje que se enfríen. Sírvalos adornados con rodajas de albaricoque y canela espolvoreada.

CÓCTELES A BASE DE COÑAC

El coñac se creó a comienzos del siglo XVII y es una destilación del vino producido en la ciudad de Charente, al oeste de Francia. El éxito de esta bebida se remonta a la época en que se comerció primero con los holandeses y después con los ingleses, los cuales solían adquirir vinos de mala calidad producidos en la región de Charente (que se caracteriza por las altas precipitaciones y la presencia de piedra caliza) para elaborar bebidas espiritosas (brandi). No pasó mucho tiempo hasta que los habitantes de la región de Charente aprendieron a crear la suya propia.

En 1909, se redactaron normas para la producción de coñac, las cuales fijaron la fecha límite de destilación para el 31 de marzo con el fin de evitar la degradación del carácter de la bebida espiritosa final. Ese mismo año, se seleccionaron ciertas zonas concretas para la producción de coñac, y las regiones situadas entre Charente y Charentes-Maritime dieron cuenta de la producción de seis añadas de acuerdo con la cantidad producida:

Grande Champagne (produce delicadas bebidas espiritosas)
Petite Champagne (produce bebidas espiritosas perfectas de sabor más fuerte)
Borderie (bebidas espiritosas de sabor más suave, que envejecen rápido)
Fins Bois (bebidas espiritosas de menor calidad pero muy sabrosas)
Bons Bois (bebidas espiritosas de sabor muy pronunciado)
Bois Ordinaires y Communes (bebidas espiritosas normales que tienen menos consideración)

El coñac se obtiene a partir de una mezcla al 75 % de Ugni Blanc (que no es otra cosa que la Trebbiano italiano que llevó Catalina de Medici a Francia), Piquepoul, Juraçon, Colombard y Baco. Los viñedos cuentan con hileras de hasta 3 m de ancho para que la uva se pueda cosechar con medios mecánicos, lo que ocurre cuando dicho fruto alcanza la madurez fenológica.

El clima de la región, con influencias continentales y oceánicas, es el que determina las características de la uva, la cual da lugar a vinos de bajo contenido alcohólico pero elevada acidez: una excelente combinación para la destilación.

Durante el proceso de fermentación la temperatura no se controla. En cuanto los azúcares se convierten en alcohol, el vino resultante se destila junto con levaduras fermentadas.

En la destilación, que tiene lugar en alambiques de cobre llamados Charantais, se suceden dos fases distintas: en la primera se obtiene *broullis*, con una graduación de 30 grados; mientras que en la segunda se separan del corazón del destilado la cabeza y la cola. El corazón, un líquido espiritoso del 70 % en volumen, aproximadamente, solo se utiliza para la producción de coñac. Este envejece en barricas de roble Limousin durante un período no inferior a 30 meses.

Dichas barricas desempeñan un papel clave en el envejecimiento, ya que transforman el coñac ámbar en una bebida espiritosa incolora de característicos e inimitables aromas.

El roble de las barricas contiene abundantes taninos, los cuales, sumados al caramelo, le dan el sabor y el tono ambarino al coñac. Es preferible aprovechar barricas que se hayan utilizado antes, ya que proporcionan un sabor más suave que las nuevas. Los barriles se colocan en bodegas de temperatura controlada, que se caracterizan por tener una luz y una humedad moderadas.

Tras el envejecimiento, el producto está listo para mezclarse y diluirse. Esta operación consiste en la mezcla de añadas de coñac y de distintos viñedos con objeto de lograr la máxima calidad. Después, se diluye con agua para reducir el contenido de alcohol hasta en torno a un 40 %. La edad definitiva del destilado se calcula con la media aritmética del coñac más joven y el más añejo.

Los coñacs se clasifican en función de la edad:

De tres estrellas, que se vende tras 30 meses de envejecimiento
V. S., Very Special («muy especial»): con un envejecimiento de entre 36 y 48 meses
V. O., Very Old («muy añejo»): con un envejecimiento de entre 48 y 60 meses
V.S.O.P., Very Special Old Pale («pálido añejo muy especial»): con un envejecimiento de entre 60 y 72 meses
X.O., Extras Old («extraañejo»): con un envejecimiento de 72 meses en adelante

El coñac se consume en copa redonda y se sirve a temperatura ambiente: este tipo de vaso ayuda a que el destilado exprese toda la personalidad de la bebida espiritosa. El coñac también va bien con vermut, champán, vinos fortificados, licores de frutas de matices ligeros y con refrescos, helados y yogures.

He aquí otras bebidas espiritosas que también se producen en fases o de un modo semejante al coñac:

Armagnac, un destilado del vino que se elabora en Francia con alambiques Armagnacais.

Brandi, un destilado del vino que se produce en todo el mundo. Los más célebres son los brandis italianos y los calvados españoles, los cuales, aunque son destilados de la manzana, se producen como el coñac y se clasifican como tal.

ALEXANDER

INGREDIENTES

COÑAC O BRANDI
CREMA DE CHOCOLATE BLANCO
NATA
NUEZ MOSCADA

ORÍGENES Y CURIOSIDADES

Este cóctel de color blanco (al igual que un vestido nupcial) lo creó en Londres a comienzos del siglo XX en el Ciro's Club el célebre barman Henry Mac Elhone para la boda de la princesa Mary y lord Lascelles.

PREPARACIÓN

Ponga 30 ml (2 cucharadas) de brandi o coñac en una probeta graduada y viértalos en una coctelera. Repita el procedimiento con 30 ml (2 cucharadas) de crema de chocolate blanco y la misma cantidad de nata. Añada cubitos de hielo y agite la coctelera con fuerza durante unos segundos. Vierta la bebida en una copa previamente enfriada en el congelador y adórnela con nuez moscada espolvoreada.

SUGERENCIA DE USO

Es una fantástica bebida que puede animar sus veladas.

Hojaldre con forma de estrella

FÁCIL

ingredientes para 4 personas
tiempo: 1 hora

2 tazas y 4/5 de harina
7/8 de taza (14 cucharadas) de mantequilla
sal
1 yema de huevo
1 taza de leche
1 sobre de levadura en polvo
¼ de taza de azúcar

Corte la mantequilla en trozos y deje que se ablande a temperatura ambiente. Tamice en un cuenco la harina, la levadura en polvo y una pizca de sal. Añada el azúcar y realice una primera mezcla. Agregue poco a poco la mantequilla ablandada y mezcle bien. Enharine la superficie de trabajo y estire la masa con un rodillo hasta obtener una fina capa. Déjela reposar durante unos 10 minutos. Caliente en un cazo 3 cucharadas de azúcar y otras tantas de agua hasta obtener un líquido almibarado. Corte la masa con moldes especiales en forma de estrella y póngala en una bandeja de horno engrasada. Pinte primero con las yemas de huevo batidas y, después, con el almíbar. Hornee la masa durante 10 minutos a 180 °C hasta que quede dorada. Sírvalo frío.

APOTHEKE

INGREDIENTES

COÑAC O BRANDI
FERNET-BRANCA
CRÈME DE MENTHE VERTE
(LICOR DE MENTA VERDE)

ORÍGENES Y CURIOSIDADES

Este cóctel, cuyo nombre procede del término griego «parafarmacia», es la perfecta representación simbólica de la Unión Europea debido a su base alcohólica (el tradicional coñac francés), al Fernet-Branca (un licor italiano) y a la *crème de menthe verte* (originaria de los Países Bajos).

PREPARACIÓN

Ponga 30 ml (2 cucharadas) de coñac o brandi en una probeta graduada y viértalos en una jarra de vidrio. Repita el procedimiento con 30 ml (2 cucharadas) de Fernet-Branca y la misma cantidad de *crème de menthe verte*. Añada cubitos de hielo y remueva con una cuchara de mango largo. Vierta la bebida en una copa previamente enfriada en el congelador mientras usa una cuchara para evitar que el hielo salga de la jarra.

SUGERENCIA DE USO

Un excelente cóctel digestivo cuyo consumo se recomienda sobre todo para la noche.

Pastel de rosquillas de la abuela Rosanna

FÁCIL

ingredientes para 6-8 personas
tiempo: 2 horas

3 tazas de harina
⅔ de taza de azúcar
½ taza de mantequilla
2 huevos
1 sobre de levadura en polvo
canela molida
1 manzana roja

Bata en un cuenco las yemas de huevo y el azúcar con el fin de obtener una crema suave y espumosa. Incorpore la harina tamizada y la mantequilla blanda sin dejar de remover con una cuchara de madera. Bata las claras hasta que queden firmes y añada el resto de la mezcla. Remueva con fuerza todos los ingredientes durante unos minutos hasta que vea unas pequeñas burbujas en dicha mezcla. Engrase y enharine un molde normal para tartas y vierta en él la masa. Hornee a 180 °C durante unos 45 minutos. Deje que se enfríe y sáquela del molde para colocarla en una fuente. Adórnela con rodajas de manzana roja sin pelar y espolvoree con canela.

BANANA BLISS

INGREDIENTES

COÑAC O BRANDI
CREMA DE PLÁTANO

ORÍGENES Y CURIOSIDADES

Creada en Florida a finales de la década de 1930, esta bebida no tardó en ser muy apreciada por su peculiar ligereza. Su nombre (que se puede traducir como «éxtasis platanero») parece deberse a que un cliente, tras probar este nuevo cóctel, dijo que lo había «llevado al éxtasis».

PREPARACIÓN

Ponga 50 ml (3 cucharadas y 1/3) de coñac o brandi en una probeta graduada y viértalos en un vaso bajo lleno de hielo. Repita el procedimiento con 40 ml (2 cucharadas y 3/4) de crema de plátano. Remueva la bebida con una cuchara de mango largo y sírvala.

SUGERENCIA DE USO

Un buen digestivo que gusta sobre todo a las mujeres.

Tarta de yogur y plátano

FÁCIL

ingredientes para 6-8 personas
tiempo: 1 hora y 30 minutos

2 tazas y 4/5 de harina
2/3 de taza de azúcar
130 g de yogur de plátano (en torno a ½ taza)
3 huevos
1 plátano (cortado en finas rodajas)
sal
aceite de oliva virgen extra
1 limón
mantequilla
azúcar glas

Bata en un cuenco el azúcar y las claras de huevo con el fin de obtener una crema suave y esponjosa. Siga mezclando y añada 4 cucharadas de aceite de oliva virgen extra, la harina tamizada y, por último, las claras de huevo que antes ha llevado a punto de nieve. Agregue las rodajas de plátano, una pizca de sal y la corteza rallada de 1 limón. Tras mezclarlo bien todo, ponga la preparación en un molde engrasado y hornéela a 180 °C durante unos 40 minutos. Sirva la tarta templada en una fuente y espolvoréela con abundante azúcar glas.

BETWEEN THE SHEETS

INGREDIENTES

BRANDI O COÑAC
RON BLANCO
COINTREAU
UNAS GOTAS DE ZUMO DE LIMÓN

ORÍGENES Y CURIOSIDADES

Between the sheets («entre las sábanas»), también conocido como «el cóctel de las parejas de hotel», es una bebida de acertado nombre que se les solía ofrecer a los amantes que frecuentaban los moteles.

PREPARACIÓN

Ponga 30 ml (2 cucharadas) de coñac o brandi en una probeta graduada y viértalos en una coctelera. Repita el procedimiento con 30 ml (2 cucharadas) de ron y la misma cantidad de Cointreau. Añada unas gotas de zumo de limón y algunos cubitos de hielo, agite con fuerza la coctelera durante unos segundos. Vierta la bebida en una copa previamente enfriada antes en el congelador y sírvala.

SUGERENCIA DE USO

Una fantástica bebida tanto para la tarde como para la noche. Es también recomendable para situaciones «picantes».

Pasión de *gianduja* (salsa de avellanas y chocolate con leche)

FÁCIL

ingredientes para 4 personas
tiempo: 30 minutos

12 fresones frescos
100 g de chocolate con leche
60 g de avellanas tostadas
$\frac{1}{3}$ de taza rasa de mantequilla
$\frac{1}{2}$ taza rasa (8 cucharadas) de azúcar
$\frac{2}{5}$ de taza de leche

Mezcle en una batidora el azúcar, las avellanas tostadas y el chocolate (triturado groseramente antes). Ponga los ingredientes en un cazo, añada mantequilla y remueva con fuerza. Agregue la leche y haga que hierva durante 3 minutos sin dejar de remover con una varilla pequeña. Sirva la crema de *gianduja* (la mezcla de avellanas y chocolate) en una salsera mientras aún está templada. Moje los fresones frescos enteros en la salsa antes de degustarlos.

BLACK FLY

INGREDIENTES

BRANDI O COÑAC
LICOR DE CAFÉ
LICOR DE ALBARICOQUE

ORÍGENES Y CURIOSIDADES

Se creó a finales de la década de 1990 en un concurso internacional de bármanes celebrado en el lago Como.

PREPARACIÓN

Ponga 40 ml (2 cucharadas y ¾) de brandi o coñac en una probeta graduada y viértalos en una coctelera. Repita el procedimiento con 20 ml (4 cucharaditas) de licor de café y 30 ml (2 cucharadas) de licor de albaricoque. Añada cubitos de hielo y remueva la bebida durante unos segundos. Viértala en una copa que haya enfriado antes en el congelador y sírvala.

SUGERENCIA DE USO

Este excelente digestivo se puede disfrutar a cualquier hora del día.

Postre de café bávaro

FÁCIL

ingredientes para 6-8 personas
tiempo: 1 hora + tiempo de enfriado (3 horas)

2 tazas y 1/8 de leche entera
1 taza (16 cucharadas) de azúcar
4 yemas de huevo
4 claras de huevo
1 bizcocho redondo (*pan di spagna*)
13 cucharaditas (15 g) de café instantáneo
2 tazas de nata fresca
5 láminas de gelatina

Bata en un cuenco el azúcar y las yemas de huevo con el fin de obtener una crema suave y esponjosa. Añada la leche y viértalo todo en una cazo. Cocine la mezcla a fuego medio hasta que no deje una película en la cuchara; no permita que llegue a hervir. Retire el cazo del fuego y agregue el café instantáneo y las láminas de gelatina, las cuales deberá haber remojado antes en agua fría durante 10 minutos y haber dejado escurrir. Monte la nata y bata las claras de huevo a punto de nieve. Una vez que la mezcla se haya enfriado, incorpore la nata montada primero y, a continuación, las claras de huevo batidas; al hacerlo, mezcle desde abajo para que los ingredientes no se queden en el fondo. Forre un cuenco de vidrio con tiras del bizcocho y añada la nata. Déjelo reposar en el frigorífico durante al menos 3 horas antes de servirlo. Adórnelo con copetes de nata montada con sabor a café.

BOMBAY

INGREDIENTES

COÑAC O BRANDI
VERMUT ROJO
VERMUT SECO
COINTREAU
PERNOD O RICARD

ORÍGENES Y CURIOSIDADES

Este cóctel lo creó en la década de 1920 un barman en honor a una pareja de clientes hindúes que se lo pidió en su bar.

PREPARACIÓN

Ponga 20 ml (4 cucharaditas) de coñac o brandi en una probeta graduada y viértalos en una coctelera. Repita el procedimiento con 30 ml (2 cucharadas) de vermut seco, 20 ml (4 cucharaditas) de vermut rojo, 20 ml (4 cucharaditas) de Cointreau y 5 ml (1 cucharadita) de Pernod o Ricard. Añada cubitos de hielo y agite con fuerza la coctelera durante unos segundos. Vierta la bebida en una copa previamente enfriada en el congelador y sírvala.

SUGERENCIA DE USO

Este excelente aperitivo va muy bien para la noche.

Volovanes de espárrago

FÁCIL

ingredientes para 4 personas
tiempo: 1 hora

8 volovanes precocinados
400 g de cabezas de espárrago
1 loncha de jamón de Praga (150 g)
2 cucharadas (⅛ de taza) de mantequilla
2 yemas de huevo
corteza de 1 limón
1 vaso de vino blanco seco
¾ de taza de besamel
sal
pimienta
perejil picado

Hierva los espárragos en agua salada durante 15 minutos. Mientras tanto, corte el jamón en dados. Ponga las claras de huevo en un cazo y añada vino blanco, mantequilla blanda, corteza de limón rallada, sal y pimienta. Escurra los espárragos, píquelos y agréguelos a la mezcla para, a continuación, seguir cocinándolos en un cazo al baño María con el fin de obtener una crema suave y esponjosa. Retire del fuego e incorpore la besamel y el jamón en dados. Coloque los volovanes en una bandeja de horno cubierta con papel para hornear y hornee a 180 °C durante 5 minutos. Use una manga pastelera para rellenar los volovanes con la crema de espárrago y sírvalos muy calientes. Adórnelos con perejil picado.

CANNES

INGREDIENTES

BRANDI O COÑAC
VERMUT SECO
CAMPARI
ZUMO DE NARANJA

ORÍGENES Y CURIOSIDADES

Este cóctel se servía en Francia en la década de 1960 en los eventos organizados para recibir a cineastas y actores en el Festival de Cine de Cannes.

PREPARACIÓN

Ponga 20 ml (4 cucharaditas) de coñac o brandi en una probeta graduada y viértalos en una coctelera. Repita el procedimiento con 30 ml (2 cucharadas) de vermut seco, 20 ml (4 cucharaditas) de Campari y la misma cantidad de zumo de naranja. Añada cubitos de hielo y agite con fuerza la coctelera durante unos segundos. Vierta la bebida en un vaso bajo lleno de hielo y sírvala después de adornarla con ½ rodaja de naranja, 2 cerezas y 2 pajitas cortas.

SUGERENCIA DE USO

Idóneo como aperitivo.

Cóctel de gambas

FÁCIL

ingredientes para 4 personas
tiempo: 45 minutos

600 g (unas 3 tazas) de gambas
20 cucharadas de mayonesa
4 cucharadas de kétchup
3 cucharadas y ⅓ de brandi
1 cucharada de salsa inglesa
6 hojas de lechuga
6 hojas de achicoria roja
pimienta
perejil picado

Lave bien las gambas, pélelas y quíteles el filamento negro que les recorre el lomo. Colóquelas en una cazuela con agua fría ligeramente salada y cuézalas durante 5 minutos. Retírelas del fuego y deje que se enfríen. Escurra las gambas y quíteles, con cuidado, la cabeza pero déjeles la cola. Ponga la mayonesa en un cuenco y añada salsa inglesa, brandi, kétchup y una pizca de pimienta. Mezcle la salsa con una cuchara durante un par de minutos. Lave y seque bien las hojas de lechuga y de achicoria roja para, a continuación, picarlas finamente. Tome 4 copas de helado y ponga en ellas primero las hojas de achicoria roja y después las de lechuga. Disponga las gambas en círculo alrededor de las copas de modo que las colas sobresalgan del borde. Cúbralas con abundante salsa de cóctel y adórnelas con perejil picado espolvoreado justo antes de servir.

CÓCTEL DE CHAMPÁN

INGREDIENTES

BRANDI O COÑAC
CHAMPÁN O VINO ESPUMOSO SECO
AZÚCAR
GRAND MARNIER

ORÍGENES Y CURIOSIDADES

Creado a modo de aperitivo a comienzos de la década de 1920 en Francia, no tardó en hacerse famoso y en ser uno de los cócteles con vino espumoso más célebres del mundo.

PREPARACIÓN

Ponga 1 terrón de azúcar en una copa previamente enfriada en el congelador y añada 20 ml (4 cucharaditas) de coñac o brandi y otros tantos de Grand Marnier medidos antes en una probeta graduada. Repita el procedimiento con 100 ml (20 cucharaditas) de champán o vino espumoso seco y utilice una cuchara de mango largo para mezclar con cuidado. A la hora de servir, adorne la copa con ½ rodaja de naranja y 1 cereza.

SUGERENCIA DE USO

Aunque esta sofisticada bebida se concibió para la hora del cóctel, va bien en cualquier momento del día.

Ostras

MEDIA

ingredientes para 4 personas
tiempo: 30 minutos

16 ostras
4 limones
pimienta blanca

Limpie con cuidado el exterior de las ostras, pero sobre todo no las ponga bajo el agua del grifo. Ábralas con un cuchillo; para ello, mantenga el lado cóncavo hacia abajo mientras hace palanca por el lado más flexible. Divídalas en dos mitades, saque las ostras de la concha y póngalas con cuidado de nuevo en una de dichas mitades. Extienda en una fuente un generoso lecho de hielo picado y, a continuación, coloque las ostras sobre él. Sírvalas de inmediato acompañadas de cuñas de limón y pimienta blanca de modo que los comensales puedan especiarlas al gusto.

CAFÉ FRANCÉS

INGREDIENTES

COÑAC	CAFÉ LARGO
AZÚCAR BLANCO O DE CAÑA	NATA

ORÍGENES Y CURIOSIDADES

Tras la creación del café irlandés, el patriotismo de los bármanes franceses los impulsó a crear su propia bebida caliente, en la que el tradicional whisky irlandés dio paso a un destilado propio: el coñac.

PREPARACIÓN

Ponga 50 ml (3 cucharadas y ⅓) de coñac en una probeta graduada y viértalos en una jarra lechera. Añada 1 café largo y 10 g (3 cucharaditas) de azúcar blanco. Lleve la bebida a ebullición y viértela en una taza termorresistente. Justo antes de servirla, añada 40 ml (2 cucharadas y ¾) de nata (antes medidos en una probeta graduada) con la punta de una cucharita para que, de este modo, no se mezcle con los otros ingredientes.

SUGERENCIA DE USO

Recomendable para la temporada de invierno: en sus excursiones por la montaña o en las pistas de esquí se beneficiará de la potente energía y las cualidades vigorizantes de esta fantástica bebida caliente.

Peras en vino tinto

FÁCIL

ingredientes para 4 personas
tiempo: 3 horas

4 peras grandes
2 tazas y ⅛ de vino tinto
1 rama de canela
6 clavos
½ taza rasa (8 cucharadas) de azúcar
corteza de naranja

Vierta el vino en un cazo hondo y mézclelo con la mitad del azúcar, la rama de canela y los clavos. Lleve a ebullición y espere a que el líquido se reduzca a la mitad. Mientras tanto, lave las peras, córtelas en cuartos y colóquelas en un recipiente grande. Cúbralas con el vino caliente, que deberá haber pasado antes por un colador fino. Deje que la fruta marine durante al menos 2 horas y dele la vuelta de vez en cuando. Diez minutos antes de servir, caramelice el resto del azúcar y añada 3 cucharadas de agua. Escurra los cuartos de pera y dispóngalos en 4 cuencos de postre. Decórelos con lloviznas de azúcar caramelizado y tiras de corteza de naranja del tamaño de fósforos.

FRENCH CONNECTION

INGREDIENTES

COÑAC O BRANDI
DISARONNO AMARETTO

ORÍGENES Y CURIOSIDADES

Esta bebida se creó en la década de 1950 en una convención nacional francesas de bármanes. Desde finales de la década de 1980 ya es un cóctel clásico.

PREPARACIÓN

Ponga 50 ml (3 cucharadas y ⅓) de coñac o brandi en una probeta graduada y viértalos en un vaso lleno de hielo. Repita el procedimiento con 40 ml (2 cucharadas y ¾) de Disaronno Amaretto. Remueva con una cuchara de mango largo y sirva el cóctel.

SUGERENCIA DE USO

Este excelente digestivo resulta apto para cualquier momento de la noche.

Plum cake francés

FÁCIL

ingredientes para 6-8 personas
tiempo: 1 hora y 30 minutos

150 g de pasas
1 taza y ⅕ de harina
3 cucharadas y ⅓ de coñac
⅗ de taza de azúcar
200 g de chocolate negro
4 huevos
1 sobre de levadura en polvo
3 cucharadas y ½ (¼ taza) de mantequilla
menta fresca
sal

Sumerja las pasas en brandi en un cazo y cocine a fuego lento asegurándose de que la fruta no absorba la totalidad del líquido. Bata en un cuenco las yemas de huevo y el azúcar con una varilla hasta que la mezcla quede suave y esponjosa. Derrita el chocolate al baño María y añádale mantequilla y algunas hojas de menta picadas. Mezcle la crema de chocolate con los huevos y, después, con la harina tamizada. Por último, agregue las pasas y las claras de huevo para, a continuación, batir de forma continuada hasta el punto de nieve. Forre un molde normal de *plum cake* con papel para hornear y vierta en él la mezcla. Hornee a 180 °C durante unos 40 minutos. Sírvalo frío y adornado con copetes de nata montada con sabor a menta y hojas de menta fresca.

HORSE'S NECK

INGREDIENTES

BRANDI O COÑAC
GINGER ALE

ORÍGENES Y CURIOSIDADES

Esta bebida, cuyo nombre puede traducirse como «cuello de caballo», evoca las crines de este animal. Se creó en los hipódromos británicos en la década de 1950.

PREPARACIÓN

Ponga 40 ml (2 cucharadas y ¾) de brandi o coñac en una probeta graduada y viértalos en un vaso alto lleno de hielo. Añada Ginger Ale hasta llegar casi al borde y adorne el cóctel con ½ rodaja de naranja y 2 pajitas largas.

SUGERENCIA DE USO

Se trata de un excelente trago largo que resulta adecuado a cualquier hora del día.

Rodajas de naranja al Cointreau

FÁCIL

ingredientes para 4 personas
tiempo: 30 minutos

4 naranjas
¼ de taza de azúcar
Cointreau
azúcar glas
2 tazas y ⅛ de agua

Lave y pele las naranjas frescas y asegúrese de quitarle la piel blanca a la corteza. Corte la corteza en tiras finas y hiérvalas durante 10 minutos en una cacerola con agua. Vierta en un cazo el azúcar y el Cointreau. Añada una cucharada de agua y hierva a fuego fuerte hasta que quede almibarado. Corte las naranjas en rodajas y póngalas con cuidado en 4 ensaladeras individuales. Agregue una cucharadita de la corteza de naranja escurrida y cúbrala con abundante sirope de Cointreau. Espolvoree las rodajas con azúcar glas justo antes de servirlas.

SIDECAR

INGREDIENTES

COÑAC O BRANDI
COINTREAU
ZUMO DE LIMÓN

ORÍGENES Y CURIOSIDADES

Es casi seguro que este cóctel se creó durante la década de 1920 en el parisino Harry's Bar gracias a la creatividad de un conductor de sidecar. El barman del restaurante siguió las indicaciones originales del cliente al pie de la letra y bautizó la bebida en su honor.

PREPARACIÓN

Ponga 50 ml (3 cucharadas y ⅓) de brandi o coñac en una probeta graduada y viértalos en una coctelera. Repita el procedimiento con 30 ml (2 cucharadas) de Cointreau y 10 ml (2 cucharaditas) de zumo de limón. Añada cubitos de hielo y agítelo todo durante unos segundos. Vierta el cóctel en una copa previamente enfriada en el congelador y sírvala.

SUGERENCIA DE USO

Este magnífico digestivo resulta apto para cualquier momento de la noche.

Suflé de ricota y limón

FÁCIL

ingredientes para 4 personas
tiempo: 1 hora

4 huevos
100 g de ricota
¼ de taza de fécula de patata
3 cucharadas de azúcar
mantequilla
2 limones

Disuelva la fécula en 6 cucharadas de agua y, tras haberla mezclado hasta que quede uniforme, viértala en una cacerola grande. Mezcle con las yemas de huevo, el zumo y la corteza de limón y el azúcar. Deje que cueza a fuego medio hasta que el resultado sea suave y cremoso. Retire del fuego la cacerola y añada la ricota desmenuzada. Mezcle con fuerza y deje que se enfríe todo. Agregue las claras de huevo previamente montadas a punto de nieve y mezcle de nuevo con suavidad para lograr un textura uniforme. Unte unos ramequines con mantequilla y vierta la mezcla hasta los bordes. Coloque dichos ramequines en una cacerola al baño María y hornee durante 25 minutos a 160 °C. Sírvalos templados.

STINGER

INGREDIENTES

COÑAC O BRANDI
CRÈME DE MENTHE BLANCHE
(MENTA BLANCA)

ORÍGENES Y CURIOSIDADES

Creado en Gran Bretaña a comienzos de la década de 1910, este cóctel particularmente fuerte gozó de gran popularidad durante los años de la ley seca, ya que la menta servía para enmascarar muy bien el alcohol.

PREPARACIÓN

Ponga 55 ml (11 cucharaditas) de coñac o brandi en una probeta graduada y viértalos en una coctelera para, después, hacer la misma operación con 35 ml (2 cucharadas + 1 cucharadita) de *crème de menthe blanche*. Añada cubitos de hielo y agite con fuerza la coctelera durante unos segundos. Vierta la bebida en una copa previamente enfriada en el congelador y sirva.

SUGERENCIA DE USO

Se considera uno de los mejores cócteles digestivos del mundo.

Postre de delicia de menta

FÁCIL

ingredientes para 6-8 personas
tiempo: 1 hora y 30 minutos

1 taza y 7/8 de harina
1 envase de pudin de menta preparado
4 cucharadas de cacao azucarado
maicena
½ taza rasa (8 cucharadas) de azúcar
1 cucharada de aceite de girasol
2 huevos
levadura en polvo
sal
1 vaso de leche para suavizar la masa
gotas de colorante alimentario verde
mantequilla
azúcar glas

Use una varilla para batir en un cuenco los huevos, una pizca de sal y el azúcar hasta que la mezcla quede suave y espumosa. Utilice otro cuenco para tamizar la harina, la levadura en polvo y el preparado de pudin. Remueva la mezcla y vaya añadiendo poco a poco harina, aceite y leche en el primer cuenco hasta que la masa quede fluida. Agregue unas gotas del colorante y remueva por última vez. Coloque la masa en un molde para hornear con un diámetro de 24 cm engrasado con mantequilla y hornee durante unos 30 minutos a 180 °C. Sáquela del horno y déjela reposar en una bandeja. En un cuenco, bata el cacao con una pizca de maicena y 4 cucharadas de leche y prepare una crema. Lleve los ingredientes a ebullición en una cacerola y deje que se enfríen. Llene una manga pastelera pequeña (con una boquilla fina) con la crema de chocolate y rellene la tarta; para ello, inyecte en puntos dispersos. Antes de servir el postre, espolvoréelo con abundante azúcar glas.

SUPER VIN BRÛLÉ

INGREDIENTES

VINO TINTO
BRANDI O COÑAC
AZÚCAR BLANCO O DE CAÑA
CORTEZA DE LIMÓN
CORTEZA DE NARANJA
CLAVO
CANELA EN RAMA

ORÍGENES Y CURIOSIDADES

Parece ser que este refrescante y terapéutico cóctel, que es posible que sea uno de los más antiguos que hay, lo servían los monjes de la Edad Media en los monasterios.

PREPARACIÓN

Ponga 100 ml (20 cucharaditas) de vino tinto en una probeta graduada y viértalos en una jarra lechera. Repita el procedimiento con 50 ml (3 cucharadas y ⅓) de brandi o coñac. Añada 10 g (3 cucharaditas) de azúcar, 2 cortezas de limón, 2 cortezas de naranja, 5 clavos y 1 cucharadita (2,5 g) de canela en rama. Llévelo todo a ebullición mientras remueve de vez en cuando. Sírvalo en una taza termorresistente.

SUGERENCIA DE USO

Esta magnífica bebida sirve para entrar en calor y está recomendada para cuando se tiene la gripe.

Tarta de castañas

FÁCIL

ingredientes para 6-8 personas
tiempo: 1 hora

2 tazas y ¼ de harina de castaña
50 g de pasas (en torno a ⅓ de taza)
40 g de nueces
40 g de piñones
aceite de oliva virgen extra
sal
romero
mantequilla
harina

Tamice con cuidado la harina de castaña y póngala en un cuenco grande. Añada la cantidad exacta de 2 tazas y ⅛ de agua. Remuévalo todo con energía hasta lograr una mezcla bastante fluida y sin grumos. Mezcle 2 cucharadas de aceite de oliva virgen extra y las pasas –las cuales han de remojarse y ablandarse antes en agua templada– y una pizca de sal. Engrase y enharine un molde para tartas y vierta en él la masa. Espolvoree con nueces picadas, piñones enteros, algunas hojas de romero y un chorrito de aceite. Hornee la tarta durante unos 30 minutos a 180 °C. Puede servirla tanto fría como caliente.

THE BEST

INGREDIENTES

BRANDI O COÑAC
LICOR DE CAFÉ
COINTREAU

ORÍGENES Y CURIOSIDADES

Este cóctel se presentó en el prestigioso hotel La Concorde en Lausana a mediados de la década de 1980 en una competición europea entre quinientos bármanes. Obtuvo el segundo premio.

PREPARACIÓN

Ponga 40 ml (2 cucharadas y ¾) de brandi o coñac en una probeta graduada y viértalos en una coctelera. Repita el procedimiento con 30 ml (2 cucharadas) de licor de café y 20 ml (4 cucharaditas) de Cointreau. Añada cubitos de hielo y remueva durante unos segundos. Vierta el cóctel en un vaso bajo lleno de hielo y sírvalo.

SUGERENCIA DE USO

Esta bebida, perfecta para después de la cena, resulta especialmente adecuada a modo de digestivo.

Tarta de pudin de arroz

FÁCIL

ingredientes para 6-8 personas
tiempo: 2 horas

½ taza de arroz
40 g de piñones
40 g de pasas (en torno a ¼ taza colmada)
3 tazas y ¼ de leche
¼ de taza (4 cucharadas) de azúcar
canela molida
1 sobre de vainilla
2 clavos
sal
mantequilla
harina

Remoje las pasas en agua templada para ablandarlas y después escúrralas bien. Vierta leche en una cacerola y llévela a ebullición a fuego medio. Mezcle el arroz, una pizca de sal, la vainilla y los clavos sin dejar de remover. Pasados 5 minutos, añada el azúcar, los piñones y las pasas antes remojadas y ya escurridas. Siga cocinando a fuego medio durante 20 minutos; retire la cacerola del fuego cuando el arroz esté al dente. Unte con mantequilla un molde para tartas, cúbralo con harina y vierta la mezcla hasta que quede al nivel de la superficie. Por último, hornee la tarta durante 30 minutos a 180 °C. Sírvala fría y espolvoréela con canela.

CÓCTELES A BASE DE WHISKY

Tanto Escocia como Irlanda declaran ser la cuna de esta popular bebida espiritosa cuya historia es un tanto conflictiva. Escocia pone de relieve la importancia de su destilación con malta, mientras que Irlanda se centra en las técnicas de destilación importadas del este por parte de los seguidores de san Patricio.

En 1172, las tropas inglesas de Enrique II invadieron Irlanda, donde descubrieron un aguardiente al que dieron en llamar «whisky», hecho que hizo que el término original gaélico *uisge* cayera en desuso. No pasó mucho tiempo hasta que llegaron a Escocia algunos monjes irlandeses con muestras de este producto y los instrumentos necesarios para su obtención. Gracias a los avances en la tecnología de la destilación, la calidad de la bebida también mejoró y aumentó la demanda, lo que hizo que en 1579 tuviera que promulgarse una ley para limitar la producción de whisky.

En 1707, con la unión política entre Escocia e Inglaterra, la demanda de whisky creció rápidamente, por lo que no tardaron en aparecer los impuestos. De ahí que muchas destilerías escocesas comenzasen a producir whisky en la clandestinidad. Esta práctica se prolongó a lo largo del siglo XVIII, hasta que en 1823 el rey Jorge IV promulgó la Excise Act («ley de impuestos especiales»), con la que se puso fin a la destilación ilegal. En 1908, tras casi un siglo de mejoras tecnológicas y agrícolas, la comisión real decidió aplicar el término *whisky* escocés a todos los licores que procediesen de la región de Escocia. Los fabricantes de whisky escocés se reunieron en 1877 para fundar la Distillers Company Limited, que comercializó el destilado en los mercados mundiales.

Hoy en día, la producción de este licor, la cual se da en todos los rincones del mundo, la encabezan cinco países productores (Escocia, Irlanda, Estados Unidos, Canadá y Japón), cada uno de los cuales ofrece una amplia gama de calidades, características y técnicas organolépticas.

La producción del whisky se divide en cinco fases: la preparación del grano, también conocida como «malteado», seguida de la maceración y la fermentación, fase esta que incluye la destilación y el envejecimiento. Después llega el momento del filtrado y la dilución. Un elemento clave es el agua, que ha de ser pura.

WHISKY ESCOCÉS

Según la Unión Europea, el whisky escocés es un destilado que se produce en Escocia a partir de cereales. Dicho destilado se divide principalmente en dos familias: el de malta simple, que se obtiene de la destilación de una cebada en concreto llamada «holística», y el de mezcla, que se elabora mediante la destilación de varios cereales. El proceso más meticuloso y tradicional se limita a la familia de malta simple. Escocia se divide en distintas áreas de producción: Highlands, Lowlands, Islay, Spay Side Cambpelltown, etc. Todos los de malta simple cuentan con propiedades organolépticas que se encuentran muy determinadas por los procedimientos y las materias primas que se utilizan en su producción. Estrictamente destilados en alambiques de sistema discontinuo, se someten a dos destilaciones: durante la primera se obtienen los que se conocen como «vinos bajos», con un contenido alcohólico del 25 %. A estos vinos bajos se les eliminan las cabezas y las colas, como corresponde, y, a continuación se someten a una segunda destilación con la cola (el corazón y la cola), lo cual hace que el contenido alcohólico del destilado oscile entre el 72 y el 75 %. En esta segunda fase, se realizan recortes de la cabeza y la cola con el fin de extraer y envejecer solo el corazón durante un mínimo de tres años.

Las barricas de madera que se utilizan para el envejecimiento del whisky escocés dependen de la destilería (las mejores son las de roble americano), aunque lo más frecuente es que sean barricas anteriormente usadas para envejecer otros licores o vinos fortificados (oporto, jerez, madeira, etc.). Esto es para asegurar que el producto final tenga sus propias peculiaridades.

WHISKY IRLANDÉS

El whisky irlandés difiere del escocés en algunos procesos importantes. Para la producción del whisky irlandés, los granos no se secan con una fuente de calor alimentada con turba, sino con otros materiales. En este caso, el proceso de destilación puede ser continuo (*patent still*) o discontinuo (*pot still*); además, en el caso de la destilación discontinua se extrae desde el primer lote, no se redestila con el corazón en el segundo lote, pero se destila de nuevo por separado. Por último, la capacidad de los alambiques que se usan en la producción del whisky irlandés es superior a la de los de la producción del escocés.

WHISKY ESTADOUNIDENSE

Las principales materias primas que se usan en la producción del whisky estadounidense son el maíz y los granos que no se han sometido al proceso de malteado. La fermentación se lleva a cabo mediante la adición de levaduras seleccionadas. El proceso de destilación por el que se opta es el continuo (*patent still*). El envejecimiento puede ir de los cuatro a los doce años y se realiza en barricas de roble americano. Existen varios tipos de whisky estadounidense:

Bourbon, que se elabora a base granos, como los de maíz al 51 %, de cebada malteada y de centeno. Se envejece en barricas de roble americano nuevas.

El *whisky Tennessee* se diferencia del bourbon por una serie de operaciones adicionales, tales como la llamada *sour mash*, que es la recuperación de la «mezcla agria» de la levadura agotada que desencadena una fermentación y un filtrado nuevos a través del sabor ahumado del carbón de arce. Después se envejece en barricas nuevas.

Whisky de centeno, es la única variante de bourbon con, al menos, un 51 % de centeno.

Whisky canadiense, se produce con una mezcla de granos que se trituran y fermentan con levaduras seleccionadas. Se destila dos veces y se envejece en barricas de roble durante tres años; antes de embotellarse, se corta con alcohol agrícola.

WHISKY JAPONÉS

Para elaborar el whisky japonés se llevan a cabo los mismos procedimientos de producción que con el escocés. La única diferencia real es la cebada.

El whisky suele degustarse en vasos con forma de tulipán y cuello corto, ya que sirven para retener el aroma el mayor tiempo posible. Sin embargo, es habitual verlo servido en vasos anchos (llamados *old-fashioned*) junto a otro vaso con agua helada con objeto de realzar el sabor. El whisky se toma a menudo con refrescos o en tragos largos de sabores frescos, tales como en el clásico whiskey sour. También va muy bien con cremas, zumos y cafés.

WHISKY-COLA (HIGH BALL)

INGREDIENTES

WHISKY ESTADOUNIDENSE
REFRESCO DE COLA

ORÍGENES Y CURIOSIDADES

Esta bebida se creó en Estados Unidos hacia la década de 1920, después de que un barman comenzase a reemplazar la soda por refresco de cola con el fin de hacer el entonces famoso whisky and soda menos seco. Este nuevo cóctel tuvo un éxito instantáneo gracias al boca a boca entre los bebedores más jóvenes.

PREPARACIÓN

Ponga 50 ml (3 cucharadas y ⅓) de whisky en una probeta graduada y viértalos en un vaso alto lleno de hielo. Añada refresco de cola hasta el borde y, después, remueva con una cuchara de mango largo. A la hora de servir, adorne el cóctel con 1 rodaja de limón y 2 pajitas largas.

SUGERENCIA DE USO

Esta bebida, adorada por la juventud, es buena en cualquier momento del día.

Postre americano

FÁCIL

ingredientes para 6-8 personas
tiempo: 1 hora y 30 minutos

210 g de chocolate negro
3 huevos
½ taza de mantequilla
⅞ de taza de azúcar
150 g de almendras molidas (en torno a 1 taza y ⅝)
50 g de pasas (en torno a ⅓ de taza)
½ taza de harina
3 cucharadas de café amargo
sal
2 chupitos de whisky estadounidense
azúcar glas

Use un cuenco para remojar las pasas en whisky, para ablandarlas, durante 10 minutos. Derrita el chocolate y el café en un cazo al baño María hasta que obtenga un líquido cremoso. Retire el cazo del fuego y añada la mantequilla ya blanda y déjelo enfriar. Bata en un cuenco el azúcar y las yemas de huevo con el fin de obtener una mezcla suave y esponjosa. Añada esta crema al café y mezcle. Agréguele poco a poco a este preparado harina tamizada, una pizca de sal, almendras molidas y claras de huevo batidas a punto de nieve para, a continuación, remover bien desde abajo para que los ingredientes no se queden en el fondo. Vierta la mezcla en un molde para tartas untado con mantequilla y enharinado. Hornee a 180 °C durante unos 40 minutos. Saque la tarta del horno y deje que repose durante 10 minutos. Antes de servirla, espolvoréela con abundante azúcar glas.

DAY DREAM

INGREDIENTES

WHISKY ESTADOUNIDENSE
CRÈME DE MENTHE VERTE (LICOR DE MENTA VERDE)
UN BÍTER ITALIANO (SE RECOMIENDA RABARBARO ZUCCA)

ORÍGENES Y CURIOSIDADES

Esta bebida hizo su debut en el prestigioso concurso nacional Moët & Chandon celebrado durante 1994 en el Hilton Hotel de Milán. Obtuvo el primer premio.

PREPARACIÓN

Ponga 50 ml (3 cucharadas y ⅓) de whisky en una probeta graduada y viértalos en una coctelera. Repita el procedimiento con 25 ml (5 cucharaditas) de *crème de menthe verte* y 15 ml (1 cucharada) de Rabarbaro Zucca. Añada cubitos de hielo y agite la coctelera con fuerza durante unos segundos. Vierta el cóctel en un vaso bajo lleno de hielo y sírvalo.

SUGERENCIA DE USO

Esta bebida de increíbles propiedades digestivas va bien a cualquier hora de la noche.

Muffins de chocolate

FÁCIL

ingredientes para 6-8 personas
tiempo: 2 horas

4 tazas de harina
¼ de taza + 1 cucharada y ½ de azúcar
60 g de virutas de chocolate (en torno a ⅓ de taza)
2 huevos
1 taza de leche
aceite de oliva virgen extra
1 sobre de levadura en polvo
sal

Tamice un poco de harina sobre una superficie de trabajo grande. Añada azúcar a un cuenco y haga una primera mezcla. Agregue la levadura en polvo y una pizca de sal, vuelva a mezclar los ingredientes y, a continuación, póngalos en un montoncito. Rompa los huevos en un cuenco grande y bátalos con una varilla. Mézclelos con la leche y 5 cucharadas de aceite de oliva virgen extra. Vierta este preparado sobre el montoncito y remueva con fuerza hasta lograr una mezcla suave. Para terminar, incorpore las virutas de chocolate y mezcle una última vez. Unte con mantequilla unos moldes de *muffin* clásico y llénelos hasta los ⅔ con la mezcla. Hornee los *muffins* a 180 °C durante unos 20 minutos hasta que hayan aumentado de volumen y estén dorados. Apague el horno y déjelos reposar durante 5 minutos con la puerta entreabierta. Sáquelos del horno y deje que se enfríen antes de servirlos.

GODFATHER

INGREDIENTES

WHISKY
DISARONNO AMARETTO

ORÍGENES Y CURIOSIDADES

Parece ser que el nombre de esta bebida, la cual se creó en la década de 1960, se debe a la exclamación del entusiasmado cliente de un bar tras haberla probado (*godfather* puede significar, en tono exclamativo, «colega» o «compadre»).

PREPARACIÓN

Ponga 60 ml (¼ de taza) de whisky en una probeta graduada y viértalos en un vaso bajo lleno de hielo. Repita el procedimiento con 30 ml (2 cucharadas) de Disaronno Amaretto. Remueva con una cuchara de mango largo y sirva.

SUGERENCIA DE USO

Es una bebida perfecta para después de cenar.

Galletas picantes

FÁCIL

ingredientes para 4 personas
tiempo: 1 hora

1 taza y ¼ (20 cucharadas) de azúcar de caña
1 taza y ⅛ + 1 cucharada y ½ de harina
¼ de taza (4 cucharadas) de mantequilla
1 limón
2 clavos
canela
jengibre
2 huevos
avellanas molidas
sal

Tamice la harina en un cuenco grande. Agregue el azúcar y la mantequilla y trabaje la mezcla hasta lograr una crema; después, añada la corteza de 1 limón, las especias a su gusto, una pizca de sal y las yemas de huevo; a continuación, use una cuchara para mezclarlo todo con fuerza. Bata las claras de huevo a punto de nieve e incorpórelas a la mezcla mientras remueve desde abajo para que, de este modo, los ingredientes no se queden en el fondo. Cubra una bandeja de horno con papel para hornear y ponga en ella muchas cucharadas de masa intentando darles forma circular. Espolvoree cada galleta con avellana molida y hornéelas a 160 °C durante unos 10 minutos. Sáquelas de horno, deje que se enfríen y espolvoréelas con abundante canela.

CAFÉ IRLANDÉS

INGREDIENTES

WHISKY IRLANDÉS
CAFÉ LARGO
AZÚCAR MORENO
NATA

ORÍGENES Y CURIOSIDADES

Se dice que ya en la década de 1950 los irlandeses servían este célebre cóctel con la intención de apaciguar las tiriteras de los clientes que frecuentaban el bar de la estación hidroacuática de Shannon. Uno de ellos, periodista del *San Francisco Chronicle*, le pidió la receta al barman Joe Sheridan, con lo que la bebida acabó por llegar a Estados Unidos.

PREPARACIÓN

Ponga 50 ml (3 cucharadas y ⅓) de whisky irlandés en una probeta graduada y viértalos en una jarra lechera. Añada 1 café largo y 12,5 g (3 cucharaditas) de azúcar moreno. Lleve a ebullición y vierta la bebida en una taza termorresistente. Justo antes de servirla, añada 40 ml (2 cucharadas y ¾) de nata (medida previamente en una probeta graduada) con la punta de una cucharita para que, de este modo, no se mezcle con los demás ingredientes.

SUGERENCIA DE USO

Un vigorizante y energético tónico que puede ayudar a lidiar con los períodos más fríos del año.

Scones

FÁCIL

ingredientes para 6-8 personas
tiempo: 1 hora y 15 minutos

2 tazas de harina
⅖ de taza de leche
80 g de pasas
¼ de taza (4 cucharadas) de mantequilla
½ sobre de levadura en polvo
1 cucharada de azúcar
sal
1 huevo
miel

Mezcle el azúcar y una pizca de sal con una cuchara. Ablande la mantequilla en trozos y añádala a un cuenco antes de agregar las pasas. Vuelva a mezclar. Use un tenedor para mezclarlos y batir con suavidad la leche y los otros ingredientes; después, amáselo todo con las manos para hacer una bola. Estire la masa en una superficie de trabajo enharinada hasta darle 1 cm de espesor. Use un cortagalletas redondo y enharinado para cortar los *scones* y, a continuación, póngalos en una bandeja de horno cubierta con papel para hornear. Pinte la superficie de estos postres irlandeses con huevo batido y hornee a 200 °C durante unos 15 minutos. Sáquelos del horno y deje que se enfríen antes de servirlos. Acompañe los *scones* con miel.

MANHATTAN

INGREDIENTES

WHISKY CANADIENSE
VERMUT ROJO
ANGOSTURA

ORÍGENES Y CURIOSIDADES

Según la leyenda, fue la madre de Winston Churchill quien sugirió la receta de esta famosa bebida con las indicaciones que le dio a uno de los bármanes del neoyoquino Manhattan Club en la década de 1920.

PREPARACIÓN

Ponga 60 ml (¼ de taza) de whisky canadiense en una probeta graduada y viértalos en una jarra de vidrio. Repita el procedimiento con 30 ml (2 cucharadas) de vermut rojo. Añada unas gotas de angostura y cubitos de hielo. Mézclelo todo con una cuchara de mango largo. Vierta la bebida en una copa previamente enfriada en el congelador mientras con una cuchara evita que el hielo salga de la jarra. Sírvala adornada con 1 cereza.

SUGERENCIA DE USO

Esta bebida, que es uno de los mejores aperitivos, va muy bien para cualquier momento de la noche.

Tallarines verdes del chef

FÁCIL

ingredientes para 4 personas
tiempo: 1 hora

360 g de tallarines verdes con albahaca
1 taza + 3 cucharadas y ½ de besamel
3 cucharadas de pesto genovés
150 g de colas de gambas
1 chalota
brandi
6 tomates pequeños
8 hojas de albahaca
sal
pimienta
aceite de oliva virgen extra

Lave y seque las gambas; quíteles la cáscara y el nervio negro que les recorre el lomo. Lave los tomates y córtelos en dados. Limpie la chalota y píquela muy finamente. Limpie la albahaca y córtela en tiras. Cueza la pasta en abundante agua salada. Mientras tanto, saltee la chalota en una cazuela grande con 3 cucharadas de aceite de oliva virgen extra. Cuando haya adquirido un tono marrón dorado, añada las gambas y cocínelas a fuego medio sin dejar de remover. Agregue un vaso de brandi para flambearlo todo. Cuando la llama se apague, incorpore la besamel y la mitad de la albahaca. Salpimiente y remate con el pesto. Siga cocinando durante 1 minuto y retire la salsa del fuego. Escurra la pasta cocinada al dente e incorpórela directamente en la salsa. Sirva en un plato bonito y adorne con la albahaca restante y dados de tomate fresco.

MARY ANN

INGREDIENTES

WHISKY CANADIENSE
DISARONNO AMARETTO
SOUTHERN COMFORT

ORÍGENES Y CURIOSIDADES

Según los entendidos, esta bebida la creó específicamente un barman canadiense para una tal Mary Ann, quien, al regresar de una cena excelente, le confesó que le dolía el estómago. El efecto digestivo del recién creado cóctel resultó una agradable sorpresa.

PREPARACIÓN

Ponga 40 ml (2 cucharadas y ¾) de whisky canadiense en una probeta graduada y viértalos en una coctelera. Repita el procedimiento con 20 ml (4 cucharaditas) de Disaronno Amaretto y 30 ml (2 cucharadas) de Southern Comfort. Añada cubitos de hielo y agite la coctelera con fuerza durante unos segundos. Vierta en una copa previamente enfriada en el congelador y sirva tras adornar con 1 cereza.

SUGERENCIA DE USO

Este maravilloso cóctel digestivo está recomendado para la noche.

Manzanas blanqueadas

FÁCIL

ingredientes para 4 personas
tiempo: 30 minutos

6 manzanas reineta
3 cucharadas de azúcar moreno
½ taza + 1 cucharadita (8 cucharadas y ½) de mantequilla
canela
nata montada
zumo de 1 limón

Lave y pele las manzanas y quíteles el corazón. Córtelas en rodajas de aproximadamente 1,5 cm de grosor y remójelas en un cuenco con agua fría y zumo de limón. Derrita la mantequilla en una cacerola y moje en ella las manzanas (una vez que las haya escurrido y secado con papel de cocina). Coloque las manzanas en una placa caliente y cocínelas durante 5 minutos; deles la vuelta a la mitad del proceso. Ponga las manzanas en una fuente y espolvoréelas con azúcar moreno y un poco de canela. Sírvalas calientes y adornadas con nata montada.

MINT JULEP

INGREDIENTES

WHISKY ESTADOUNIDENSE
AZÚCAR
SODA O AGUA MINERAL CON GAS
HOJAS DE MENTA FRESCA

ORÍGENES Y CURIOSIDADES

Esta bebida surgió originalmente a principios de la década de 1900 en el derbi de Kentucky (la famosa carrera de caballos que se celebra todos los años a principios de mayo en dicha ciudad de Estados Unidos). El mint julep no tardó en convertirse en uno de los cócteles más consumidos en los estados sureños antes de acabar conquistando al resto del mundo.

PREPARACIÓN

Ponga algunas hojas de menta fresca en un vaso bajo. Combine 10 g (3 cucharaditas) de azúcar blanco, 10 ml (2 cucharaditas) de whisky estadounidense y 20 ml (4 cucharaditas) de soda o agua mineral previamente medidos en una probeta graduada. Remueva con una cuchara de mango largo mientras intenta aplastar las hojas de menta contra los lados del vaso. Rellene con hielo (picado a ser posible) y remate con 50 ml (3 cucharadas y ⅓) de whisky (medidos antes en una probeta graduada). Vuelva a remover la bebida con la cuchara durante unos segundos y sirva adornada con 2 pajitas cortas.

SUGERENCIA DE USO

Se trata de una magnífica bebida que se puede disfrutar en cualquier momento de la noche.

Triángulos de menta

FÁCIL

ingredientes para 4 personas
tiempo: 1 hora

1 taza y ½ (24 cucharadas + 1 cucharadita) de harina
1 taza de mantequilla
⅔ de taza de azúcar
1 taza de harina de maíz
2 huevos
25 g de menta fresca
sirope de menta
piñones
azúcar glas

Lave bien las hojas de menta y píquelas finamente o tritúrelas con una batidora. Bata con una cuchara la mantequilla en un cuenco grande hasta que se quede cremosa. Sin dejar de mezclar, añada el azúcar, la harina tamizada, los huevos y unas gotas de sirope de menta. Por último, agregue la menta picada y mezcle bien todos los ingredientes con objeto de obtener una pasta suave. Extienda la masa con un rodillo sobre una superficie de trabajo enharinada. Corte las galletas con un cortagalletas triangular o con un cuchillo y póngalas en una bandeja de horno cubierta con papel para hornear. Pinte la superficie con la yema de huevo batida y espolvoree con piñones. Hornee a 180 °C durante unos 20 minutos hasta que los triángulos se doren. Sáquelas del horno y sírvalas después de espolvorearlas con azúcar glas.

OLD FASHIONED

INGREDIENTES

WHISKY
ANGOSTURA
SODA O AGUA MINERAL CON GAS
AZÚCAR

ORÍGENES Y CURIOSIDADES

Esta bebida, creada a comienzos de la década de 1990, recibe su nombre del tipo de vaso en el que se servía. Su principal defensor parece que fue el coronel James E. Pepper.

PREPARACIÓN

Coloque 1 terrón de azúcar en el centro de un vaso bajo y mójelo con unas gotas de angostura. Ponga 30 ml (2 cucharadas) de soda o agua mineral con gas en una probeta graduada y añádalos al vaso. Rellene con hielo y agregue 60 ml (¼ taza) de whisky antes medidos en una probeta graduada. Remueva suavemente con una cuchara de mango largo y sirva después de haber adornado con 2 cerezas, ½ rodaja de naranja y 2 pajitas cortas.

SUGERENCIA DE USO

Esta bebida se puede disfrutar a cualquier hora del día y va bien incluso a modo de aperitivo.

Vieiras a la parisina

FÁCIL

ingredientes para 4 personas
tiempo: 45 minutos

8 vieiras
⅓ de taza + (5 cucharadas y ½) de mantequilla
pan rallado
1 vaso de vino blanco
sal
pimienta
perejil

Lave las vieiras con abundante agua del grifo. Póngalas en una cacerola a fuego medio con el vino blanco y 2 cucharadas de agua para que, de este modo, se abran. Una vez que se hayan abierto, sáquelas de la concha y procure quitarles las vísceras, la bolsa negra y demás impurezas. Vuelva a lavar 4 conchas y ponga en cada una 2 vieiras cortadas en 4. Pique finamente el perejil y un poco de ajo pelado. Derrita la mantequilla en una cacerola y dore el perejil picado y el ajo para, a continuación, añadir una cucharada de la mezcla sobre cada una de las raciones de vieiras. Cubra las conchas con pan rallado y con el resto de la mantequilla en pequeños rizos. Salpimiente y hornee a 180 °C hasta que las vieiras estén un poco doradas. Sírvalas calientes.

OLD PALE

INGREDIENTES

WHISKY ESTADOUNIDENSE
VERMUT SECO
CAMPARI

ORÍGENES Y CURIOSIDADES

Este aperitivo lo creó un barman estadounidense en la década de 1950 y no tardó en hacerse conocido en todo el mundo. Del gusto de actores como Richard Burton, se bautizó con el nombre de old pale («antiguo pálido») a causa de su transparencia y ausencia de residuos e impurezas.

PREPARACIÓN

Ponga 30 ml (2 cucharadas) de whisky en una probeta graduada y viértalos en una coctelera. Repita el procedimiento con 30 ml (2 cucharadas) de vermut seco y la misma cantidad de Campari. Añada cubitos de hielo y remueva con una cuchara de mango largo. Vierta la bebida en una copa previamente enfriada en el congelador mientras con una cuchara evita que el hielo salga de la jarra. Sírvala adornada con 1 cereza.

SUGERENCIA DE USO

Es un aperitivo clásico.

Carpaccio con brotes de soja

FÁCIL

ingredientes para 4 personas
tiempo: 30 minutos + tiempo de enfriado (30 minutos)

24 lonchas finas de cadera de ternera
½ pimiento de bola amarillo
½ pimiento de bola rojo
4 rábanos
1 calabacín
1 tallo de apio
100 g de brotes de soja en conserva
escamas de queso grana padano
2 limones
aceite de oliva virgen extra
sal y pimienta

Unte ligeramente una fuente grande con aceite de oliva virgen extra y ponga en ella la carne de *carpaccio* intentando que no se solape. Lave todas las verduras y use un pelapatatas para rallar bastantes escamas de padano con cuidado de que no se desmenucen. Pique finamente los pimientos y póngalos todos en un cuenco. Mezcle el calabacín cortado en tiras del tamaño de un fósforo, los rábanos y el apio cortados en dados y la soja bien escurrida. Añada el zumo de limón, la sal y la pimienta y, después, mézclelo todo con cuidado. Espolvoree de modo uniforme las verduras sobre la carne y aderécelo todo con aceite de oliva virgen extra. Deje que repose en el frigorífico durante 30 minutos y, justo antes de servir, cubra el *carpaccio* con las escamas de grana padano.

ROB ROY

INGREDIENTES

WHISKY
VERMUT ROJO
ANGOSTURA

ORÍGENES Y CURIOSIDADES

Se dice que este cóctel lo creó un barman de Escocia durante la década de 1930 en Manhattan y lo bautizó como homenaje a su amado patriota escocés.

PREPARACIÓN

Ponga 60 ml (¼ de taza) de whisky escocés en una probeta graduada y viértalos en una jarra de vidrio. Repita el procedimiento con 30 ml (2 cucharadas) de vermut rojo. Agregue unas gotas de angostura y cubitos de hielo; después, mézclelo todo con una cuchara de mango largo. Vierta la bebida en una copa de cóctel previamente enfriada en el congelador y sírvala tras adornarla con 1 cereza.

SUGERENCIA DE USO

Este excelente aperitivo está recomendado para la noche.

Tartar de atún

MEDIA

ingredientes para 4 personas
tiempo: 30 minutos + tiempo de enfriado (1 hora)

400 g de filetes de atún fresco
2 tomates pequeños
4 hojas de lechuga grandes
1 chalota
apio
zumo de 1 limón
sal
pimienta
aceite de oliva virgen extra

Lave y pique finamente o triture en una batidora la chalota y un pequeño tallo de apio. Corte los filetes de atún en dados muy pequeños sobre una tabla de cocina y después póngalos en un cuenco. Agregue las verduras picadas, así como sal y pimienta al gusto; añada después el zumo de limón y 4 cucharadas de aceite de oliva virgen extra. Use las manos para mezclarlo todo con suavidad; llene 4 moldes con el preparado y deje que repose en el frigorífico durante al menos 1 hora. Saque el tartar de atún de los moldes con cuidado y póngalo en platitos para servirlo a modo de aperitivo junto a un puñado de lechuga finamente picada y una cucharada de dados de tomate.

RUSTY NAIL

INGREDIENTES

WHISKY
LICOR DRAMBUIE

ORÍGENES Y CURIOSIDADES

Según algunas fuentes, este cóctel se creó en la década de 1960. El rusty nail («clavo oxidado») le debe su nombre a la costumbre inicial de añadirle semillas de clavo a la bebida.

PREPARACIÓN

Ponga 50 ml (3 cucharadas y 1/3) de whisky en una probeta graduada y viértalos en un vaso bajo lleno de hielo. Repita el procedimiento con 40 ml (2 cucharadas y 3/4) de licor Drambuie. Remueva unos segundos con una cuchara de mango largo y sirva.

SUGERENCIA DE USO

Como excelente digestivo que es, esta bebida está recomendada sobre todo para después de una abundante comida.

Tarta Margherita

FÁCIL

ingredientes para 6-8 personas
tiempo: 1 hora y 30 minutos

3/4 de taza + 1 cucharada de harina
4 huevos
7/8 de taza (14 cucharadas) de mantequilla
6/9 de taza de azúcar
2/3 de taza de fécula de patata
1 sobre de levadura en polvo
1 sobre de vainilla
sal
azúcar glas

Bata en un cuenco el azúcar y los huevos con el fin de obtener una crema suave y esponjosa. Desmenuce y ablande suavemente la mantequilla y añádala al cuenco. Sin dejar de mezclar, vaya agregando poco a poco la harina tamizada, la fécula, la levadura en polvo, la vainilla y una pizca de sal. Mezcle por última vez la masa y viértala en un molde cubierto con papel para hornear. Hornee durante 30 minutos a 180 °C y deje que se enfríe. Antes de servir, decore con abundante azúcar glas.

SAZERAC 2012

INGREDIENTES

WHISKY ESTADOUNIDENSE	ANGOSTURA
ABSENTA	AZÚCAR

ORÍGENES Y CURIOSIDADES

Un farmacéutico criollo de Nueva Orleans dio en 1830 con esta bebida, la cual suscitó gran entusiasmo entre los primeros que la probaron. El nombre del cóctel parece derivar de una marca de coñac que era muy popular por aquel entonces. El barman italiano Gianfranco di Niso ha propuesto un giro moderno a este clásico con una versión *on the rocks*.

PREPARACIÓN

Coloque 1 terrón de azúcar en el centro de un vaso bajo y mójelo con unas gotas de angostura para, después, triturarlo todo con un mortero. Añada 75 ml (5 cucharadas) de whisky y 15 ml (1 cucharada) de absenta previamente medidos en una probeta graduada. Llene el vaso de hielo y mézclelo todo con una cuchara de mango largo. Adorne el cóctel con una corteza de limón.

SUGERENCIA DE USO

Este eficaz digestivo va bien para cualquier momento de la noche.

Tarta negra al whisky

FÁCIL

ingredientes para 6-8 personas
tiempo: 2 horas

- 1 taza y 7/8 de harina
- 4/5 de taza de mantequilla
- 4/5 de taza de azúcar
- 280 g de chocolate negro (en torno a 1 taza y ½)
- 1 chupito de whisky
- 1 cucharada de extracto de vainilla
- 4 huevos
- sal
- azúcar glas

Tamice la harina en un cuenco grande. Use otro cuenco para batir la mantequilla con una cuchara hasta que se quede cremosa y añada poco a poco ¾ de taza de azúcar. Rompa los huevos e incorpore las yemas a la mantequilla para, a continuación, mezclarlas con una cuchara de madera. Triture el chocolate y derrítalo en una cacerola al baño María hasta que se quede suave y cremoso; a continuación, añada el whisky y la vainilla. Remueva el chocolate derretido con la mantequilla y las yemas de huevo y mézclelo todo bien. Agréguele harina a la mezcla. Bata las claras de huevo a punto de nieve con una pizca de sal y 1/6 de taza del azúcar que quede y, después, vaya incorporándolas a la mezcla. Vierta la preparación en un molde para tartas engrasado, hornee a 180 °C durante unos 45 minutos y compruebe que no se quema de vez en cuando. Retire la tarta del horno y deje que se enfríe. Sírvala en una fuente y espolvoréela con abundante azúcar glas.

WHISKY COBBLER

INGREDIENTES

WHISKY ESTADOUNIDENSE
SIROPE DE GRANADINA
GINGER ALE
FRUTA FRESCA DE TEMPORADA

ORÍGENES Y CURIOSIDADES

Al parecer, fue un zapatero (*cobbler*, como dicen en Inglaterra) quien sugirió la idea de este cóctel a un barman estadounidense, el cual creó después esta bebida en la década de 1940.

PREPARACIÓN

Ponga 50 ml (3 cucharadas y ⅓) de whisky en una probeta graduada y viértalos en un vaso alto. Repita el procedimiento con 20 ml (4 cucharaditas) de sirope de granadina y 80 ml (⅓ de taza) de Ginger Ale. Agregue 3 cucharadas de fruta fresca de temporada y llene el vaso casi hasta el borde con hielo picado. Remueva con una cuchara de mango largo y sirva la bebida después de adornarla con 1 palillo largo y 2 pajitas también largas.

SUGERENCIA DE USO

Se trata de un trago largo muy festivo y con poco alcohol que se puede disfrutar a cualquier hora del día.

Guirlache de almendras

MEDIA

ingredientes para 4 personas
tiempo: 2 horas

1 taza y ⅓ de azúcar
300 g (unas 3 tazas y ½) de almendras
mantequilla
½ limón

Dé un ligero hervor a las almendras en una cacerola honda. Escúrralas, quíteles piel y píquelas groseramente. Derrita una nuez de mantequilla en una cacerola y añada el azúcar. Sin dejar de mezclar con una cuchara, agregue las almendras y el zumo de limón. Cuando la mezcla se haya dorado, retírela del fuego, viértala en un molde para horno untado de mantequilla y, con una espátula, extiéndala de un modo uniforme. Deje que se enfríe por completo a temperatura ambiente. Sirva el guirlache cortado en cuadrados.

WHISKY SLING

INGREDIENTES

WHISKY ESTADOUNIDENSE
AZÚCAR BLANCO
ZUMO DE LIMÓN
SODA O AGUA CON GAS

ORÍGENES Y CURIOSIDADES

Tras la difusión del singapore sling, los bármanes intentaron idear una bebida similar con una bebida espiritosa nacional. En el proceso dieron con uno de los tragos largos más famosos del mundo.

PREPARACIÓN

Ponga 50 ml (3 cucharadas y ⅓) de whisky en una probeta graduada y viértalos en un vaso alto lleno de hielo. Repita el procedimiento con 30 ml (2 cucharadas) de zumo de limón. Combine 1 cucharada (10 g) de azúcar blanco y añada soda o agua mineral con gas hasta casi llegar al borde del vaso. Remuévalo todo durante unos segundos con una cuchara de mango largo y sirva la bebida después de adornarla con 2 cerezas, ½ rodaja de limón y 2 pajitas largas.

SUGERENCIA DE USO

Un trago largo que va bien a cualquier hora del día o de la noche.

Tarta de zanahoria

FÁCIL

ingredientes para 6-8 personas
tiempo: 1 hora y 30 minutos

1 taza y ⅕ de harina
1 sobre de levadura en polvo
nuez moscada molida
jengibre molido
canela molida
9/10 de taza de azúcar de caña
⅔ de taza de aceite de girasol
2 huevos
220 g de zanahoria rallada (en torno a 3 zanahorias y ½)
40 g de nueces peladas
4 cucharaditas de Cointreau
mantequilla y azúcar glas

Unte de mantequilla y enharine un molde. Pase las nueces y la zanahoria por la batidora. Tamice en un cuenco grande la harina, la levadura en polvo, la canela, el jengibre y la nuez moscada para, después, hacer una primera mezcla. Use otro cuenco para batir los huevos con el azúcar de caña hasta que la mezcla quede suave. Añada el aceite de girasol, el Cointreau y, poco a poco, agregue la mezcla con la harina tamizada sin dejar de remover. Viértalo todo en el molde engrasado y hornee a 180 °C durante unos 45 minutos. Saque la tarta de zanahoria del molde, póngala en una fuente y espolvoréela con abundante azúcar glas antes de servirla.

WHISKY SOUR

INGREDIENTES

WHISKY
ZUMO DE LIMÓN
SIROPE DE AZÚCAR

ORÍGENES Y CURIOSIDADES

Creada a comienzos de la década de 1900, esta bebida se convirtió al instante en el trago amargo por excelencia.

PREPARACIÓN

Ponga 40 ml (2 cucharadas y ¾) de whisky en una probeta graduada y viértalos en una coctelera. Repita el procedimiento con 30 ml (2 cucharadas) de zumo de limón y 20 ml (4 cucharaditas) de sirope de azúcar. Añada cubitos de hielo y agite con fuerza la coctelera durante unos segundos. Vierta la bebida en una copa de cóctel previamente enfriada en el congelador y sírvala tras adornar con 1 cereza.

SUGERENCIA DE USO

Esta bebida, como excelente digestivo que es, puede disfrutarse a cualquier hora de la noche.

Profiteroles

FÁCIL

ingredientes para 4 personas
tiempo: 1 hora + tiempo de enfriado (2 horas)

12 profiteroles grandes
3 tazas y ¼ de leche
⅔ de taza de azúcar
¾ de taza + 1 cucharada de harina
4 huevos grandes
corteza de 3 limones
1 sobre de vainilla
1 taza de nata
2 chupitos de *limoncello* (licor de limón)
fresas frescas

Lleve la leche con 1 sobre de vainilla a ebullición. Bata en un cuenco el azúcar y las yemas de huevo con el fin de obtener una mezcla espumosa. Añada la corteza de limón y la leche pasada por un colador; después, cocínelo todo en una cacerola al baño María sin dejar de remover para obtener una crema fluida y sin grumos. Retire la cacerola del fuego y deseche la corteza de limón. Deje que se enfríe, incorpore el *limoncello* y la nata ya montada. Use un cuchillo para abrir la base de los profiteroles y rellenarlos de crema con una manga pastelera de boquilla pequeña y sin filo. Coloque en una bandeja los profiteroles en forma de pirámide y báñelos con todo el relleno de crema que quede. Déjelos reposar en el frigorífico durante al menos 2 horas. Justo antes de servirlos, decórelos con fresas frescas y copetes de nata montada.

CÓCTELES A BASE DE TEQUILA

El tequila tiene un antepasado: el pulque. Sus orígenes se remontan a la época de los aztecas, los cuales extraían una bebida dulce a partir de la planta tropical del agave. Esta bebida se utilizaba en las ceremonias religiosas.

El sistema de producción pasó de generación en generación entre los indígenas mexicanos hasta la llegada de los conquistadores españoles, a principios del siglo XVI. Los colonos europeos se plantearon destilar la elevada concentración de azúcar del zumo de agave.

El resultado, sujeto a la destilación, de fuerte personalidad y distintivo sabor, recibió el nombre de «vino mezcal». Había nacido el tequila, cuyo nombre es posible que proceda del lugar donde se elaboró por primera vez.

Según otras fuentes, sin embargo, el nombre procede del volcán de Tequila, el cual domina los campos de agave azul del estado de Jalisco.

José Cuervo fue el primero que depositó su confianza en este nuevo destilado a finales del siglo XVIII, y su familia contribuyó a la difusión de este en México y, después, en el resto del planeta, con lo que se estableció como el primer productor en el mundo.

Con todo, hasta mediados del siglo pasado el tequila se producía sobre todo para el mercado interior de México, ya que su contenido alcohólico era muy elevado y el sabor resultaba muy fuerte. Al aumentar la distribución, los productores de tequila comenzaron a reducir la producción de agave y las proporciones de esta planta y de azúcar llegaron a cerca del 50 %. Esta mezcla de tequila resultó muy popular entre los consumidores estadounidenses y las ventas aumentaron, sobre todo en Estados Unidos

En 1977, tras muchas batallas legales, los productores mexicanos lograron obtener el reconocimiento oficial que certificaba que el producto solo se podía elaborar en territorio mexicano. En 1994 se creó el Consejo Regulador del Tequila (CRT) con objeto de supervisar el cumplimiento de los criterios expuestos en dicha especificación de la producción. Esta agencia se encarga de controlar muy de cerca las estrictas normas de la producción del tequila.

Para elaborar un tequila que el CRT considere producto cien por cien nacional, los productores han de usar agave azul procedente de solo cinco estados específicos, seguir un proceso de destilación doble, dar un producto con un contenido alcohólico de, al menos, el 35 % y exhibir un rótulo con el texto «Hecho en México». La producción del tequila se lleva a cabo a partir de *Agave tequilana Weber var. azul*, también conocida como «agave azul», la cual tarda unos diez años en madurar. Una vez que se corta la planta, no se puede volver a utilizar para una nueva producción.

El corazón de la planta, llamado «piña» por su particular forma, se cuece en un horno de vapor y se deja enfriar. Las piñas se reducen a pulpa y, a continuación, se lavan con agua para extraer el zumo de agave (llamado «aguamiel»). Tras la fermentación de dicho zumo, se obtiene un vino de agave de hacia el 10 % en volumen. Este vino se destila dos veces para lograr el tequila, el cual, llegado a este punto, puede refinarse o envejecerse. El envejecimiento en barricas de roble le aporta al destilado su suavidad y su tono ambarino. El contenido alcohólico del 40 % en volumen del tequila se consigue mediante la adición de agua. Hecho esto, estará listo para embotellarse y venderse.

Existen dos tipos de tequila:

100 %, obtenido con azúcar de agave azul

De mezcla, obtenido con el 51 % de azúcar de agave azul y otros azúcares

Existen cinco categorías oficiales que difieren en función de los años de envejecimiento en las barricas:

Plata, oro, reposado, añejo y extraañejo.

Respecto al uso del tequila en los cócteles, ha de tenerse en cuenta su distintivo sabor y su aroma acre. Sin embargo, abundan los cócteles famosos que se elaboran con tequila, tales como, entre muchos otros, el margarita, el tequila sunrise y el tequila bum bum, los cuales siempre han estado vinculados al territorio y a la cultura de México. El tequila también puede tomarse solo en chupitos con sal y limón: se trata de un destilado festivo que se disfruta mejor en compañía. Las variedades más oscuras (y, por lo tanto, con más años) se pueden servir, al igual que otros licores añejos, en copas redondas grandes.

El mezcal es un pariente cercano del tequila. Se trata de un destilado casero de agave que se elabora en todo México, aunque no está sometido a las restricciones legales del CRT ni cuenta con su protección. Su producción es significativamente menos costosa que la del tequila, y su consumo en México es mucho mayor que la de este. De hecho, se considera el destilado nacional. La característica distintiva del mezcal, aquella que lo ha hecho famoso en todo el mundo, es la presencia de un gusano en el fondo de las botellas.

Existen también variedades de mezcal añejo, el cual tiene hoy en día la consideración de destilado de primera calidad. La similitud que tiene con el tequila hace que se use en muchos cócteles, tales como el margarita con mezcal.

BLACK EGG

INGREDIENTES

TEQUILA
LICOR DE CAFÉ
YEMA DE HUEVO
NATA

ORÍGENES Y CURIOSIDADES

La creación de este cóctel se le atribuye a una mujer mexicana que solía preparar esta energética bebida para sus cuatro hijos antes de que se fueran a trabajar al campo.

PREPARACIÓN

Ponga 30 ml (2 cucharadas) de tequila en una probeta graduada y viértalos en una coctelera. Repita el procedimiento con 20 ml (4 cucharaditas) de licor de café y la misma cantidad de nata. Agregue 1 cucharada y ½ (20 g) de yema de huevo y unos cubitos; después, agite la coctelera durante unos segundos. Vierta la bebida en una copa previamente enfriada en el congelador y sírvala tras adornar con dos granos de café.

SUGERENCIA DE USO

Esta excelente bebida energética está recomendada para los días más desafiantes.

Tarta de moca

FÁCIL

ingredientes para 6-8 personas
tiempo: 1 hora y 30 minutos

1 taza y 7/8 de harina
2 tazas y 4/5 de azúcar glas
120 g de chocolate negro
1 sobre de levadura en polvo
sal
6 huevos
½ taza de agua
½ taza de aceite vegetal
2/5 de taza de café

Derrita el chocolate en una cacerola al baño María. Retírelo del fuego y, mientras lo remueve, añada el agua y el café. Incorpore las yemas de huevo y mézclelo bien todo con una varilla. Tamice en un cuenco la harina, la levadura en polvo y una pizca de sal y remueva bien hasta obtener una mezcla suave. Incorpore esta última mezcla a la elaborada a base de chocolate y, sin dejar de remover desde abajo, agregue las claras a punto de nieve. Vierta la masa en un molde para tartas de moca sin untarlo con mantequilla. Hornee a 180 °C durante unos 45 minutos. Retire la tarta del horno y deje que se enfríe por completo. Saque del molde la tarta de moca, póngala en una fuente y espolvoréela con abundante azúcar glas antes de servirla.

BLOODY MARÍA

INGREDIENTES

TEQUILA
ZUMO DE TOMATE
ZUMO DE LIMÓN

ESPECIAS (SAL, PIMIENTA),
SALSA INGLESA Y TABASCO

ORÍGENES Y CURIOSIDADES

Se trata de una variante mexicana del celebérrimo cóctel británico Bloody Mary, al cual rinde homenaje y del que se diferencia en dos puntos: lleva tequila en lugar de vodka y se le añaden jalapeños.

PREPARACIÓN

Ponga 50 ml (3 cucharadas y ⅓) de tequila en una probeta graduada y vierta en ella 20 ml (4 cucharaditas) de zumo de limón y 90 ml (6 cucharadas) de zumo de tomate. Añada sal, pimienta, unos chorritos de salsa Tabasco e inglesa, jalapeños y algunos cubitos de hielo. Mezcle bien los ingredientes con una cuchara de mango largo y sirva la bebida adornada con 1 rodaja de aguacate, 1 rama de apio (opcional) y 2 pajitas largas.

SUGERENCIA DE USO

Perfecta para cualquier hora del cóctel, esta bebida va bien en cualquier momento de la noche.

Jalapeños

FÁCIL

ingredientes para 4 personas
tiempo: 45 minutos

8 chiles jalapeños
60 g de queso crema
60 g de queso mexicano
8 rodajas de salchichas picantes
1 cebolla mediana
2 dientes de ajo
cilantro picado
zumo de 1 lima
sal
mantequilla
aceite de oliva virgen extra

Lave y abra los chiles a lo largo y quíteles las pepitas. Hornéelos durante 10 minutos a máxima potencia en un molde para horno untado con un poco de mantequilla; deje que se enfríen. Saltee en una sartén pequeña la cebolla picada con 1 cucharada de aceite de oliva virgen extra y, a continuación, añada las rodajas de salchicha. Póngalos en un cuenco grande y agregue el ajo picado, el cilantro, el zumo de lima, el queso, la sal y la pimienta mientras lo mezcla todo bien con el fin de lograr un suave relleno. Rellene los jalapeños y vuelva a hornearlos a fuego fuerte hasta que el queso comience a dorarse. Sírvalos muy calientes.

BLUE MARGARITA

INGREDIENTES

TEQUILA
CURAÇAO AZUL
COINTREAU

ZUMO DE LIMA
O DE LIMÓN
SAL

ORÍGENES Y CURIOSIDADES

Esta bebida se creó a raíz del éxito del margarita. Su color rinde homenaje al hermoso mar que baña Acapulco.

PREPARACIÓN

Ponga 40 ml (2 cucharadas y ¾) de tequila en una probeta graduada y viértalos en una coctelera. Repita el procedimiento con 20 ml (2 cucharaditas) de curaçao azul, 10 ml (4 cucharaditas) de Cointreau y 20 ml (4 cucharaditas) de zumo de lima o de limón. Añada cubitos de hielo y agite la coctelera durante unos segundos. Saque una copa del congelador, moje la boca de esta con medio limón y, a continuación, pásela por un plato con sal. Vierta la bebida en la copa y sírvala.

SUGERENCIA DE USO

Esta bebida, que es adecuada para cualquier hora de la noche, ha ido ganando popularidad como aperitivo.

Fusilli al estilo Acapulco

FÁCIL

ingredientes para 4 personas
tiempo: 1 hora

360 g de *fusilli*
2 pimientos de bola amarillos
200 g de frijoles negros (en torno a 1 taza)
1 diente de ajo
zumo de limón
sal
pimienta
aceite de oliva virgen extra
salvia

Con el fin de que se ablanden, deje los frijoles negros en abundante agua fría durante al menos 10 horas antes de prepararlos. Después, cuézalos en una cazuela durante 40 minutos y añada el ajo molido y la salvia groseramente picada. Escúrralos y resérvelos tras haber retirado las especias. Mientras tanto, lave los pimientos y córtelos en pequeños dados. Cueza la pasta en abundante agua salada. Escúrrala cuando esté al dente y póngala de inmediato bajo el agua del grifo para que se enfríe. Ponga la pasta en un cuenco y agregue los pimientos y los frijoles. Aliñe con 4 cucharadas de aceite de oliva virgen extra, sal, pimienta y zumo de limón. Mezcle con suavidad hasta que todo quede distribuido de un modo uniforme y después sirva.

CAIPIRITA

INGREDIENTES

TEQUILA BLANCO
AZÚCAR BLANCO O DE CAÑA
LIMA

ORÍGENES Y CURIOSIDADES

Esta bebida, creada hace poco en México a raíz del éxito de la caipiriña brasileña, despertó de inmediato el entusiasmo de los bebedores más jóvenes, que en gran medida contribuyeron a su difusión en todo el mundo.

PREPARACIÓN

Ponga ½ lima cortada en dados en un vaso bajo y añada 10 g (3 cucharaditas) de azúcar. Use un mortero para triturarlo todo hasta que se reduzca a pulpa. Agregue entre 50 y 60 ml (10-12 cucharaditas) de tequila antes medidos en la probeta graduada y llene el vaso casi hasta el borde con hielo picado. Use una cuchara de mango largo para remover durante unos segundos y sirva la bebida adornada con 2 pajitas cortas.

SUGERENCIA DE USO

Es una fantástica bebida para cualquier momento del día.

Burritos

FÁCIL

ingredientes para 4 personas
tiempo: 1 hora

8 tortillas mexicanas precocinadas
50 g de beicon en rodajas
1 cebolla
1 pollo asado
400 de salsa para tacos precocinada
70 g de setas
120 g de queso edam rallado
sal
pimienta
aceite de oliva virgen extra

Precaliente el horno a 180 °C. Deshuese, quite la piel del pollo y después corte la carne en tiras deshilachadas. Lave las setas y córtelas en finas láminas. Pele y pique finamente la cebolla y saltéela en una sartén grande con aceite de oliva virgen extra. Añada el beicon y, pasado 1 minuto, agregue las setas. Transcurridos 5 minutos, incorpore el pollo y la salsa para tacos mientras lo remueve todo y lo cocina durante otros 5 minutos. Mientras tanto, cubra las tortillas con papel de aluminio y caliéntelas en el horno. Una vez calientes, sáquelas del horno y rellénelas con la mezcla de pollo. Espolvoree con queso rallado y cierre las tortillas. Sírvalas muy calientes acompañadas de salsa para tacos a temperatura ambiente.

CAIPIRITA AÑEJO

INGREDIENTES

TEQUILA AÑEJO
AZÚCAR MORENO O DE CAÑA
NARANJA

ORÍGENES Y CURIOSIDADES

Creado no hace mucho a raíz del tremendo éxito de la familia de cócteles elaborados con hielo picado, el caipirita añejo se ha extendido por todo el mundo. Es popular entre las mujeres, sobre todo.

PREPARACIÓN

Ponga 50 g de naranja cortada en dados en un vaso bajo y añada 10 g (3 cucharaditas) de azúcar de caña. Tritúrelo todo con ayuda de un mortero hasta obtener una pasta. Eche entre 50 y 60 ml (10-12 cucharaditas) de tequila en una probeta graduada y viértalos en el vaso para, a continuación, llenar de hielo picado casi hasta el borde. Remueva la bebida con una cuchara de mango largo para mezclar mejor los ingredientes y sírvala adornada con 2 pajitas cortas.

SUGERENCIA DE USO

Se trata de una bebida que se puede disfrutar en cualquier momento de la noche.

Aceitunas con naranja

FÁCIL

ingredientes para 4 personas
tiempo: 30 minutos

5 naranjas
24 aceitunas negras
24 aceitunas verdes
aceite de oliva virgen extra
sal y pimienta
semillas de sésamo

Pele 600 g de naranjas frescas y corte la pulpa en dados grandes. Pele y corte finamente las demás naranjas. Ponga en un cuenco las naranjas y las aceitunas lavadas y deshuesadas. Mézclelo todo con cuidado y añada 1 cucharada de aceite de oliva virgen extra, así como sal y pimienta al gusto. Forre con rodajas de naranja 4 ensaladeras individuales previamente enfriadas en el congelador; después, deposite 1 cucharada de aceitunas y ensalada de naranja en el centro de cada taza. Espolvoree con las semillas de sésamo y sirva.

GRAN MARGARITA

INGREDIENTES

TEQUILA AÑEJO
GRAND MARNIER
ZUMO DE LIMA O DE LIMÓN

ORÍGENES Y CURIOSIDADES

Tras la creación del cóctel margarita, algunos bármanes mexicanos decidieron crear una versión más delicada. El excelente resultado de esta búsqueda es el gran margarita, una bebida amada por las mujeres, sobre todo.

PREPARACIÓN

Ponga 40 ml (2 cucharadas y ¾) de tequila añejo en una probeta graduada y viértalos en una coctelera. Repita el procedimiento con 30 ml (2 cucharadas) de Grand Marnier y 20 ml (4 cucharaditas) de zumo de limón. Añada cubitos de hielo y agite con fuerza la coctelera durante unos segundos. Saque una copa del congelador y moje la boca con medio limón. Después, pase dicho borde por un plato con sal. Vierta la bebida en la copa y sírvala.

SUGERENCIA DE USO

Se trata de una bebida que se puede disfrutar en cualquier momento de la noche.

Mezcla de frutas al horno

FÁCIL

ingredientes para 4 personas
tiempo: 1 hora

300 g de albaricoques
300 g de cerezas
4 yemas de huevo
2 tazas y ⅛ de leche
⅓ de taza de fécula de patata
1 taza (20 cucharadas) de azúcar
2 cucharadas de Grand Marnier
70 g de almendras en escamas (en torno a ⅞ de taza)

Bata en un cuenco grande las yemas de huevo y ⅞ de taza (40 cucharaditas) de azúcar con el fin de obtener una mezcla espumosa. Añada poco a poco la fécula de patata tamizada y, sin dejar de mezclar, agregue la leche. Vierta la mezcla en una cacerola y cocine a fuego medio sin dejar que la crema se cuaje. Retire la cacerola del fuego e incorpore el licor; a continuación, ponga la crema en una cazuela para que se enfríe. Lave los albaricoques, ábralos en vertical y quíteles el hueso. Tras lavar las cerezas con agua, sáqueles el hueso también. Eche lo que quede de azúcar y ⅔ de taza de agua en un cuenco grande y déjelo cocer hasta que el almíbar no deje ninguna película en la cuchara. Agregue los albaricoques y las cerezas y siga cociendo durante 5 minutos a fuego fuerte. Escurra la fruta con una espumadera y dispóngala como decoración sobre la crema de la cazuela; asegúrese de que la parte convexa de la fruta quede hacia arriba. Deje que el almíbar se reduzca más y repártalo con generosidad sobre la fruta. Espolvoree con almendras en escamas para rematar. Hornee a 180 °C durante unos minutos de modo que la cazuela quede justo debajo del gratinador hasta que la superficie del postre comience a dorarse.

MERCEDES

INGREDIENTES

TEQUILA
APEROL
ZUMO DE FRESA
ZUMO DE POMELO

ORÍGENES Y CURIOSIDADES

Es una bebida que creó un barman de Acapulco en honor a Mercedes, una bella muchacha mexicana que frecuentaba las playas del lugar.

PREPARACIÓN

Ponga 20 ml (4 cucharaditas) de tequila en una probeta graduada y viértalos en un vaso alto lleno de hielo. Repita el procedimiento con 70 ml (4 cucharadas + 2 cucharaditas) de Aperol, 40 ml (2 cucharadas y ¾) de zumo de pomelo y 30 ml (2 cucharadas) de puré o zumo de fresa. Remueva durante unos segundos con una cuchara de mango largo y sirva la bebida después de adornarla con ½ rodaja de naranja, 2 fresas y 2 pajitas largas.

SUGERENCIA DE USO

Este excelente trago largo está recomendado como aperitivo antes de una comida mexicana.

Paella mexicana

MEDIA

ingredientes para 4 personas
tiempo: 1 hora

2 tazas de arroz
2 pechugas de pollo
150 g de carne de cerdo
150 g de gambas hervidas
200 g de salchichas picantes
1 pimiento de bola de cada color
150 g de guisantes frescos
100 g de cebolla
2 dientes de ajo y aceite de oliva
2 guindillas picantes
2 sobres de azafrán
4 tazas y ¼ de caldo de verduras
sal y pimienta

Hierva 4 tazas y ¼ de caldo de verduras de modo que lo tenga a mano en todo momento durante la preparación. Caliente en una cacerola 2 cucharadas de aceite de oliva virgen extra y dore los 2 dientes de ajo machados y la cebolla cortada en finas rodajas. Añada el pollo cortado en dados y el cerdo finamente desmenuzado. Cocínelo todo a fuego medio. Fría en una cazuela grande el arroz con aceite de oliva virgen extra. Agregue el pollo, el cerdo y los trozos de salchicha. Sin dejar de remover con una cuchara de madera, incorpore los guisantes, así como los pimientos y las guindillas, que antes deberá haber limpiado y cortado en tiras. Disuelva el azafrán en una taza de agua y añádala con los demás ingredientes para seguir cocinándolos. Incorpore poco a poco el caldo de verduras caliente. Cuando el arroz esté casi listo, añada las gambas peladas y, antes de servir la paella en una cazuela de barro grande, deje que se enfríe durante un par de minutos.

CAFÉ MEXICANO

INGREDIENTES

TEQUILA
LICOR DE CAFÉ
CAFÉ LARGO
AZÚCAR BLANCO O DE CAÑA
NATA

ORÍGENES Y CURIOSIDADES

Es una variante mexicana de la bebida caliente más famosa del mundo: el café irlandés.

PREPARACIÓN

Ponga 40 ml (2 cucharadas y ¾) de tequila en una probeta graduada y viértalos en una jarra lechera. Repita el procedimiento con 20 ml (4 cucharaditas) de licor de café. Añada 1 café largo y 10 g (3 cucharaditas) de azúcar blanco. Lleve la mezcla a ebullición mientras remueve con frecuencia. Viértala en una taza termorresistente y, justo antes de servir, añada 40 ml (8 cucharaditas) de nata (previamente medida en una probeta graduada) con la punta de una cucharita para que, de este modo, no se mezclen con los demás ingredientes.

SUGERENCIA DE USO

Esta bebida caliente de decidido sabor es perfecta para los días más fríos del año.

Tarta de pera y chocolate

FÁCIL

ingredientes para 6-8 personas
tiempo: 1 hora y 15 minutos

1 taza y ⅞ de harina
½ taza (9 cucharadas) de azúcar
½ taza de mantequilla
3 huevos
3 peras medianas
1 sobre de levadura en polvo
80 g de chocolate negro
canela molida

Bata los huevos y el azúcar en un cuenco grande hasta que la mezcla quede suave y espumosa. Ablande unos trozos de mantequilla y añádalos al cuenco sin dejar de mezclar. Agregue poco a poco la harina tamizada y la levadura en polvo. Cuando la masa sea suave y esté bien mezclada, incorpore el chocolate finamente triturado y las peras ya lavadas y cortadas en dados. Remueva bien por última vez y vierta la preparación en un molde para tartas previamente untado de mantequilla y enharinado. Hornee a 160 °C durante unos 30 minutos. Sirva la tarta fría o templada y decórela con rodajas de pera en forma de abanico y con canela espolvoreada.

MEZCALIBUR

INGREDIENTES

MEZCAL
LICOR DE MENTA VERDE
LICOR MARASCHINO
ZUMO DE PIÑA

ORÍGENES Y CURIOSIDADES

Se trata de un cóctel que creó en la década de 1950 un barman de Acapulco.

PREPARACIÓN

Ponga 40 ml (2 cucharadas y ¾) de mezcal en una probeta graduada y viértalos en una coctelera transparente. Repita el procedimiento con 20 ml (4 cucharaditas) de licor de menta verde, 10 ml (2 cucharaditas) de licor Maraschino y 90 ml (6 cucharadas) de zumo de piña. Añada cubitos de hielo y agite con fuerza la coctelera durante unos segundos. Vierta la bebida en un vaso alto lleno de hielo y sírvala después de adornarla con ½ rodaja de piña, ½ rodaja de naranja, 1 ramita de menta fresca y 2 pajitas largas.

SUGERENCIA DE USO

Un trago largo cuyo consumo está particularmente recomendado para los días más calurosos del verano.

Especialidad de piña y aguacate

FÁCIL

ingredientes para 4 personas
tiempo: 30 minutos

1 aguacate grande
150 g de maíz (en torno a 1 taza)
200 g de piña
½ pimiento de bola rojo
perejil picado
3 cucharadas de aceite de oliva virgen extra
1 cucharada de vinagre
1 cucharada de mostaza
1 cucharada de azúcar
zumo de 1 limón
sal
pimienta
hojas de escarola

Lave y abra el aguacate. Quítele el hueso, pélelo con cuidado y corte la carne en dados grandes. Con el fin de que no se ponga marrón, déjelo reposar bien bañado con zumo de limón en un cuenco. Cúbralo con papel de aluminio y guárdelo en el frigorífico. Lave y seque la escarola y córtela en trozos grandes. Lave el pimiento de bola y córtelo en tiras del tamaño de un fósforo. Limpie la piña y córtela en pequeñas cuñas. Use un tenedor y un cuenco para mezclar el vinagre, la mostaza, ½ cucharada de azúcar y la sal y la pimienta al gusto y, de este modo, obtener un aderezo denso y suave. Agregue el aceite de oliva virgen extra, el azúcar sobrante y el perejil. Disponga un lecho de escarola en una fuente. Añada los trozo de piña y el maíz bien escurrido. Agregue el aguacate escurrido y, justo antes de servir, espolvoréelo todo bien con el aderezo. Decore con las tiras de pimiento rojo.

ORANGE JAM CAIPIRITA

INGREDIENTES

TEQUILA
AZÚCAR BLANCO O DE CAÑA
LIMA
MERMELADA DE NARANJA
AZÚCAR LÍQUIDO

ORÍGENES Y CURIOSIDADES

Una bebida que creó hace poco Dario Comini, uno de los mejores bármanes del mundo, en Milán. Ha ganado mucha popularidad entre los más jóvenes bebedores.

PREPARACIÓN

Ponga ½ lima cortada en dados en una jarra de cristal y añada 10 g (3 cucharaditas) de azúcar blanco. Tritúrelo todo con ayuda de un mortero hasta obtener una pasta. Agregue 15 ml de mermelada de naranja, entre 50 y 60 ml (10-12 cucharaditas) de tequila y 20 ml (4 cucharaditas) del azúcar líquido previamente medidos en una probeta graduada. Rellene la jarra con el hielo picado y use una cuchara de mango largo para remover con fuerza durante unos segundos. A la hora de servir la bebida, adórnela con 2 pajitas cortas.

SUGERENCIA DE USO

Esta joven copa se puede degustar a cualquier hora de la noche.

Piruletas

MEDIA

ingredientes para 4 personas
tiempo: 2 horas

1 taza (16 cucharadas) de azúcar
80 g de sirope de fruta
2/5 de taza de agua
aceite de almendras

Incorpore en una cacerola todos los ingredientes fríos y mézclelos bien con una varilla. Cocínelos a fuego lento hasta que el azúcar se disuelva por completo. Deje de remover hasta que el azúcar vuelva a solidificarse de nuevo. Unte una bandeja de horno con el aceite de almendra y con una cuchara distribuya la mezcla con el fin de que las piruletas tengan un diámetro de unos 4 cm. Antes de que la mezcla comience a solidificarse, ponga un palito de piruleta en el centro de cada disco. Deje que se enfríen y, justo antes de servir, utilice un cuchillo para sacar las piruletas de la bandeja con suavidad.

PEPITO COLLINS

INGREDIENTES

TEQUILA	SIROPE DE AZÚCAR (ALMÍBAR)
ZUMO DE LIMÓN	SODA O AGUA CON GAS

ORÍGENES Y CURIOSIDADES

Esta bebida se creó en California durante la década de 1950 a partir de la mezcla conocida con el nombre de Reuben. Una vez que la fama del tequila hubo aumentado, el pepito collins fue extendiéndose por el mundo.

PREPARACIÓN

Ponga 50 ml (3 cucharadas y ⅓) de tequila en una probeta graduada y viértalos en un vaso alto lleno de hielo. Repita el procedimiento con 30 ml (2 cucharadas) de zumo de limón, 20 ml (4 cucharadas) de sirope de azúcar y 60 ml (¼ de taza) de soda o agua con gas. Use una cuchara de mango largo para remover con suavidad durante unos segundos y sirva la bebida después de adornarla con ½ rodaja de limón, 2 cerezas y 2 pajitas largas.

SUGERENCIA DE USO

Un excelente y refrescante trago largo que se puede servir a cualquier hora del día.

Borrachitos de albaricoque

FÁCIL

ingredientes para 4 personas
tiempo: 30 minutos

400 g de albaricoques en almíbar
2 huevos
½ taza rasa (8 cucharadas) de azúcar
2 cucharadas de tequila
40 g de cerezas confitadas
4 cucharadas de nata montada

Bata los huevos enteros y el azúcar en un cuenco hasta que la mezcla quede suave y esponjosa. Añada el tequila y la nata montada sin azúcar. Cree un lecho de nata en 4 cuencos de postre previamente enfriados en el congelador y, a continuación, ponga los albaricoques semiescurridos encima. Agregue 1 cucharadita de cerezas en cada cuenco y remate con otra de nata. Una vez hecho esto, sirva de inmediato.

TEQUILA BUM BUM

INGREDIENTES

TEQUILA
BEBIDA GASEOSA TRANSPARENTE
(AGUA CON GAS, TÓNICA, AGUA CARBONATADA, ETC.)

ORÍGENES Y CURIOSIDADES

Este cóctel se creó hacia mediados de la década de 1980 como última bebida de la noche. También se conoció como la «copa de buenas noches».

PREPARACIÓN

Ponga 30 ml (2 cucharadas) de tequila en una probeta graduada y viértalos en un vaso de chupito con el fondo grueso. Repita el procedimiento con 30 ml (2 cucharadas) de bebida gaseosa transparente. Cubra el vaso con papel de cocina (con bastante fuerza) y golpéelo 2 o 3 veces sobre una superficie dura. Sirva.

SUGERENCIA DE USO

Magnífica bebida para después de la cena o a última hora de la noche.

Bizcochitos de grasa

FÁCIL

ingredientes para 4 personas
tiempo: 1 hora y 30 minutos

4 tazas de harina
sal
5 tazas y ¼ de agua templada
15 g (2 cucharaditas) de levadura fresca
125 g de manteca

Haga un montoncito con la harina tamizada sobre una superficie de trabajo y, a continuación, añada una pizca de sal, la manteca y la levadura fresca, antes habrá mezclado con agua templada. Amase los ingredientes con las manos con el fin de obtener una bola homogénea y con una superficie suave. Enharine una superficie de trabajo y estire la masa con un rodillo para formar un rectángulo; después, dóblelo sobre sí mismo un par de veces. Estire una última vez y use un cortagalletas redondo con el ancho aproximado de un vaso para cortar las galletas. Pinche la superficie de las galletas con un tenedor y póngalas separadas sobre una bandeja de horno cubierta con papel para hornear. Hornee a 180 °C durante 15 minutos. Una vez que las galletas se hayan dorado por los bordes, sáquelas del horno para que, cuando se enfríen, sigan estando blandas.

TEQUILA PUERTO VALLARTA

INGREDIENTES

TEQUILA
ZUMO DE NARANJA
ZUMO DE LIMA
SIROPE DE GRANADINA

ORÍGENES Y CURIOSIDADES

Cuando los productores de Hollywood descubrieron el paraíso de la bahía de Mismaloya, decidieron «invadir» el cercano pueblecito mexicano de pescadores, donde construyeron una auténtica ciudad cinematográfica en toda regla. Fue un barman local el que concibió esta bebida en honor a las estrellas de cine que comenzaban a frecuentar los locales, cóctel que bautizó en honor a la ciudad que los acogió.

PREPARACIÓN

Ponga 50 ml (3 cucharadas y ⅓) de tequila en una probeta graduada y viértalos en un vaso alto. Repita el procedimiento con 80 ml (⅓ de taza) de zumo de naranja, 20 ml (4 cucharaditas) de zumo de lima y 10 ml (2 cucharaditas) de sirope de granadina. Remueva con una cuchara de mango largo y sirva la bebida después de haber adornado el vaso con ½ rodaja de lima, 2 cerezas y 2 pajitas cortas.

SUGERENCIA DE USO

Esta refrescante bebida resulta perfecta a cualquier hora del día.

Guacamole

FÁCIL

ingredientes para 4 personas
tiempo: 30 minutos

1 aguacate maduro
zumo de 1 lima
aceite de oliva virgen extra
sal y pimienta negra

Pele el aguacate, ábralo y quítele el hueso. Córtelo en dados, póngalo en un mortero y tritúrelo con zumo de lima. Añada un chorrito de aceite de oliva virgen extra y sal y pimienta negra generosamente espolvoreadas (recién molida a ser posible). Mezcle por última vez y cubra el guacamole con plástico de cocina transparente hasta que sea hora de servirlo: con esto, se retrasa su oxidación el máximo posible. El guacamole es perfecto para acompañar nachos, tortillas y carnes y pescados a la parrilla.

TEQUILA SUNRISE

INGREDIENTES

TEQUILA
ZUMO DE NARANJA
SIROPE DE GRANADINA

ORÍGENES Y CURIOSIDADES

Creado en México durante la década de 1950, este «cóctel de bienvenida» se les servía a los turistas que llegaban a las florecientes ciudades de Cancún y Acapulco.

PREPARACIÓN

Ponga 50 ml (3 cucharadas y ⅓) de tequila en una probeta graduada y viértalos en un vaso alto lleno de hielo. Repita el procedimiento con 90 ml (6 cucharadas) de zumo de naranja. Remueva con una cuchara de mango largo. Eche 20 ml (4 cucharaditas) de sirope de granadina previamente medidos en una probeta graduada y deje que los ingredientes vayan bajando poco a poco hasta llegar el fondo de vaso, con lo que obtendrá el mismo efecto que la salida del sol (*sunrise*) que le da nombre a este cóctel. A la hora de servir, adorne con ½ rodaja de naranja y 2 pajitas largas.

SUGERENCIA DE USO

Se trata de uno de los tragos largos más vistosos y recomendables para las épocas de mucho calor.

Flan de vainilla

FÁCIL

ingredientes para 4 personas
tiempo: 1 hora + tiempo de enfriado (3 horas)

2 tazas y ⅛ de leche entera
⅔ de taza de azúcar
2 yemas de huevo
1 sobre de vainilla
corteza de 1 limón
corteza de 1 naranja
1 cucharada de maicena
1 rama de canela
caramelo líquido
escamas o virutas de chocolate blanco

Bata en un cuenco grande las yemas de huevo, el azúcar, la vainilla, la maicena y ⅖ de taza de leche hasta que la mezcla quede suave. Vierta en una cacerola la leche restante, la rama de canela, la corteza de naranja y la de limón y, a continuación, llévelo todo a ebullición. Retire la preparación del fuego y pase poco a poco por un colador la leche condimentada para verterla sobre el huevo y la mezcla de azúcar sin dejar de remover. Vuelva a poner esta mezcla al fuego y siga cocinando sin dejar de remover para, de este modo, evitar que se pegue o se formen grumos. Un instante antes de llegar al punto de bullición, retire la cacerola del fuego y vierta la mezcla en 4 moldes de pudin. Coloque el flan en el refrigerador y deje que repose durante 3 horas. Sáquelo del molde, sírvalo y adórnelo con un chorrito de caramelo líquido y chocolate blanco espolvoreado.

TORO LOCO

INGREDIENTES

MEZCAL
LICOR DE CAFÉ

ORÍGENES Y CURIOSIDADES

Esta bebida clásica sudamericana que se degusta tras la cena es especialmente famosa en Francia, nación que ostenta dos récords en Europa: el mayor consumo de mezcal y la mayor cantidad de establecimientos mexicanos.

PREPARACIÓN

Ponga 40 ml (2 cucharadas y ¾) de mezcal en una probeta graduada y viértalos en un vaso bajo lleno de hielo. Repita el procedimiento con 50 ml (3 cucharadas y ⅓) de licor de café. Remueva con una cuchara de mango largo y sirva la bebida adornada con 2 pajitas cortas.

SUGERENCIA DE USO

Un excelente digestivo que gusta sobre todo a los hombres.

Pudin de finales de septiembre

FÁCIL

ingredientes para 6-8 personas
tiempo: 1 hora + tiempo de enfriado (2 horas)

130 g de nueces peladas (en torno a 32)
½ de taza de harina
mantequilla
2 cucharadas de pan rallado
5 huevos
½ taza rasa (8 cucharadas) de azúcar
caramelo líquido

Bata en un cuenco grande las claras de huevo a punto de nieve junto a ¼ de taza (4 cucharadas) de azúcar. Use otro cuenco para batir las yemas de huevo y el azúcar restante hasta obtener una mezcla suave y esponjosa. Añada poco a poco la harina tamizada sin dejar de mezclar. Agregue las nueces previamente trituradas en la batidora y, por último, las claras de huevo batidas. Mezcle por última vez desde abajo para que las claras no queden en el fondo. Vierta la mezcla en 4 ramequines grandes que haya untado con mantequilla y espolvoreado con pan rallado de un modo uniforme. Tape con papel de aluminio y hornee en una cacerola al baño María durante unos 35 minutos a 180 °C. Saque el pudin del horno y deje que se enfríe. Justo antes de servirlo, sáquelo del molde y decórelo con caramelo líquido.

CÓCTELES A BASE DE GRAPA O PISCO

La grapa, según una de las muchas leyendas en torno a su origen, la inventó un legionario romano que robó un destilador en Egipto y, una vez en Italia, lo utilizó para destilar el vino de su viñedo en Friuli. También existe la versión que asocia la primera producción de grapa a los borgoñones, la tribu germánica que destilaba bagazo.

Sea como fuere, la grapa, como suele ser el caso de los destilados, se utilizó primero con fines medicinales antes de pasar a ser una mera bebida. Desde el siglo XVII en adelante, la producción y el consumo de las bebidas espiritosas se dispararon gracias a la aparición del primer rectificador deflegmador. Esta nueva tecnología ayudó en gran medida al desarrollo de los alambiques, con lo que se obtuvieron bebidas espiritosas más puras. Por aquel entonces, la grapa era, en realidad, el resultado de una destilación del vino, ya que la destilación del bagazo era aún muy territorial y se reservaba a las clases bajas. A partir de las uvas, los agricultores podían obtener una fuerte y refrescante bebida, aunque era el único licor que en aquella época se obtenía directamente a partir de materiales sólidos, lo que hacía de dicha bebida un producto alcohólico tosco.

El auténtico origen de la grapa tal y como la conocemos data de entre finales del siglo XVIII y comienzos del XIX. Durante aquellos años, hubo escasez en el suministro vinícola, por lo que se aprovechó un subproducto procedente de la producción del vino con objeto de elaborar una bebida espiritosa que ayudase de algún modo a cubrir la demanda.

Aunque los destilados han pasado por un período un tanto «clandestino», los primeros licores y destilados populares ya se elaboraban en el siglo XIX. Hoy en día, la grapa es muy conocida en todo el mundo, y las nuevas tecnologías y las uvas nativas están contribuyendo a reclutar admiradores.

La grapa elaborada en Italia constituye una destilación directa del orujo de uva con la adición del sedimento natural del vino (las lías). Dicha destilación tiene lugar tras una cuidadosa selección de las materias primas. Las uvas, a continuación, se fermentan y destilan en alambiques de destilación discontinua (al vapor o al baño María) y se eliminan las cabezas y las colas.

La grapa suele madurar en madera durante al menos 6 meses, período que en ciertos casos es de años. Por ley, el contenido alcohólico de la grapa no puede ser superior al 86 % en volumen, aunque existe la opinión generalizada de que las mejores grapas se extraen con el 75 % en volumen, aproximadamente. En cualquier caso, el contenido de alcohol se puede reducir mediante la adición de agua.

En Italia, la grapa se produce en las siguientes regiones: Piamonte, Lombardía, Trentino, Alto Adige, Veneto, Friuli, Toscana y Sicilia. En Francia se elabora el marc de champagne, que es una grapa que se obtiene a partir del bagazo (u orujo) que se usa para hacer el champán.

La grapa se sirve tras la cena, en vasos con forma de tulipán, aunque cada vid cuenta con su correspondiente vaso con el fin de realzar su fragancia y su sabor. La grapa también va muy bien con el café y otras bebidas calientes, mientras que la grapa menos intensa y de menor graduación puede servir como base para cócteles y tragos largos.

PISCO

El pisco es el equivalente al brandi en Sudamérica. Se trata de un destilado que se elabora a partir de zumo de uva fermentado y se produce en grandes cantidades en Chile, Perú y México. De hecho, los dos primeros países se han estado disputando la paternidad de esta bebida espiritosa durante años con diatribas que recuerdan a las que sostienen Irlanda y Escocia con relación al whisky.

Incluso la propia palabra «pisco» está sujeta a debates: puede que proceda del quechua, el cual fue en otros tiempos común en Perú, y que significase «pajarito»; aunque también puede derivar de los tradicionales recipientes de arcilla de los indígenas (*piskos*), en los cuales vendían el destilado los españoles. Pisco es, a su vez, el nombre de un río y de una población costera cercana a Ica (Perú), en la que se encuentra la primera prueba del destilado.

La vid llegó a Sudamérica a mediados del siglo XVI. La primera constancia escrita del destilado data de 1613 y se encuentra en el testamento de Pedro Manuel, quien legó cierta cantidad de pisco y los alambiques necesarios para producirlo. No cabe duda de que estos últimos, presumiblemente de tipo discontinuo, procedían de España.

La corona española, ante la presión de los vinicultores europeos, aumentó los impuestos sobre el vino peruano para impedir la importación y la bajada de los precios en el mercado, lo que provocó una acumulación del vino procedente de la colonia sudamericana. La única solución pasó por desviar el vino a otros mercados y añadir incentivos a la destilación, lo cual condujo a una amplia distribución del pisco entre la población.

Este destilado acabaría por convertirse en la elección de trabajadores y marineros, y, gracias a su bajo coste, su fama se extendió con rapidez.

En la actualidad, casi todos los fabricantes poseen sus propios viñedos y cuentan con maquinaria moderna para la producción del vino. Con todo, en algunos casos se siguen prensando las uvas con los pies en una pileta baja amurallada. El vino obtenido se almacena en tinajas con una capacidad de 300 o 400 litros para que dé comienzo la fermentación, tras la cual se procede a realizar la destilación.

Tal como exige la normativa, el pisco se envejece un mínimo de tres meses en depósitos de acero inoxidable o de vidrio, con lo que el destilado tiene tiempo de reposar, mezclarse y combinar de un modo adecuado sus desafiantes características. Los productos de primera calidad se envejecen en madera durante un período de tiempo que depende de la preferencia del fabricante. El ciertos países se permite añadir caramelo, ya que suaviza el destilado e incrementa el efecto óptico de envejecimiento (aunque este no se percibe en el paladar).

En el caso del pisco chileno, la uva que se utiliza difiere: casi todas son variedades de moscatel, desde Canelli hasta Frontignan. A su vez, para la destilación industrial se siguen usando columnas de destilación. La clasificación del pisco chileno se basa en el volumen del producto.

No es frecuente oír a mucha gente, a no ser que se trate de un cliente sudamericano, pedir un pisco en un bar de Europa. Sin embargo, esta bebida sirve de base para bastantes cócteles famosos, tales como el pisco sour, el cual está elaborado con zumo de limón y azúcar. Este cóctel lo concibió el barman estadounidense Victor Morris en un bar limeño.

ALBA ALPINA

INGREDIENTES

GRAPA BLANCA
LICOR DE MENTA BLANCO
ZUMO DE LIMÓN

ORÍGENES Y CURIOSIDADES

Según cuenta la leyenda, la creación de esta bebida se produjo en el valle de Aosta, cuando una noche un huésped de un hotel de Courmayeur pidió algo que le ayudase a hacer la digestión y dormir. Cuando el barman sirvió la bebida, fuera ya estaba alboreando. De ahí el nombre de la bebida, el cual sirvió para introducir este nuevo cóctel a todo el mundo.

PREPARACIÓN

Ponga 40 ml (2 cucharadas y ¾) de grapa en una probeta graduada y viértalos en una coctelera. Repita el procedimiento con 40 ml (2 cucharadas) de licor de menta y 10 ml (2 cucharaditas) de zumo de limón. Añada cubitos de hielo y agite la coctelera con fuerza durante unos segundos. Vierta la bebida en una copa previamente enfriada en el congelador y sírvala tras aderezarla con entre 4 y 5 clavos.

SUGERENCIA DE USO

Un excelente cóctel digestivo.

Galletas aromáticas con forma de abeto

FÁCIL

ingredientes para 4 personas
tiempo: 2 horas

2 tazas y ½ de harina
1 taza (16 cucharadas) de azúcar
3 huevos
sal
2 cucharaditas (½ cucharada) de mantequilla
¾ de cucharadita de levadura en polvo
2 ramitas de romero
2 ramitas de tomillo
azúcar glas

Tamice la harina y haga un montoncito con ella en una superficie de trabajo. Rompa los huevos sobre el centro de dicho montoncito y, a continuación, añada la levadura y la mantequilla, esta última ya cortada en cubitos y ablandada a temperatura ambiente. Mézclelo todo rápidamente con las manos hasta que la masa quede blanda y suave al tacto. Haga una bola grande, póngala en un plato, tápela con un paño húmedo y déjela reposar en el frigorífico durante 1 hora. Mientras tanto, tome las hojas de romero y de tomillo, lávelas con rapidez y use papel de cocina para secarlas con suavidad. A continuación, píquelas finamente. Extienda la mezcla sobre la superficie de trabajo y después amase a conciencia hasta que el romero y el tomillo queden bien incorporados. Estire la masa con un rodillo sobre la superficie de trabajo hasta lograr un grosor de 1 cm. Utilice un cortagalletas con forma de abeto para cortar la masa y use una espátula para colocarla en una bandeja de horno forrada con papel para hornear. Hornee a 180 °C durante unos 20 minutos. Sirva las galletas calientes y espolvoréelas con azúcar glas al gusto.

CAIPIGRAPPA

INGREDIENTES

GRAPA BLANCA
LIMA
AZÚCAR BLANCO O DE CAÑA

ORÍGENES Y CURIOSIDADES

Se dice que esta innovadora variante de la célebre caipiriña la creó a finales de la década de 1990 un barman de la región del Trentino Alto, al norte de Italia.

PREPARACIÓN

Ponga ½ lima cortada en dados en un vaso bajo y añada 10 g (3 cucharaditas) de azúcar blanco. Tritúrelo todo con un mortero hasta que se forme una pasta. Llene el vaso con hielo picado y vierta en él entre 50 y 60 ml (10-12 cucharaditas) de grapa previamente medidos en una probeta graduada. Mezcle bien con una cuchara de mango largo y sirva la bebida adornada con 2 pajitas cortas.

SUGERENCIA DE USO

Es un eficaz digestivo que se puede disfrutar en cualquier momento de la noche.

Galletas al estilo Bérgamo

FÁCIL

ingredientes para 4 personas
tiempo: 45 minutos

1 taza y ⅕ (19 cucharadas) de harina de maíz
1 chupito de grapa Bérgamo
7 cucharadas de mantequilla
40 g de avellanas tostadas
¼ taza + 1 cucharada y ½ de azúcar
2 yemas de huevo

Ablande en un cuenco la mantequilla y el azúcar con una cuchara hasta obtener una pasta suave. Añada la harina y las yemas de huevo sin dejar de remover. Agregue las avellanas tostadas finamente picadas y la grapa. Con las manos, haga bolas con la masa y dispóngalas en una bandeja de horno cubierta con papel para hornear. A continuación, aplaste las bolas con un tenedor para, de este modo, obtener galletas con la superficie estriada. Hornee a 180 °C y sírvalas.

GASOLINA

INGREDIENTES

PISCO
CURAÇAO AZUL
ZUMO DE LIMÓN
PURÉ DE FRESA
SIROPE DE AZÚCAR (ALMÍBAR)

ORÍGENES Y CURIOSIDADES

Se dice que esta peculiar bebida la creó durante la década de 1960 un barman peruano que trabajaba en una gasolinera, el cual, un buen día, decidió inventar un cóctel que tuviera el mismo color que la gasolina. El resultado acabó por ser muy popular en Lima.

PREPARACIÓN

Ponga 30 ml (2 cucharadas) de pisco en una probeta graduada y viértalos en una coctelera. Repita el procedimiento con 30 ml (2 cucharadas) de curaçao azul, 20 ml (4 cucharaditas) de zumo de limón, 10 ml (2 cucharaditas) de sirope de azúcar y 70 ml (4 cucharadas y ½) del puré de fresa. Añada cubitos de hielo y agite con fuerza la coctelera durante unos segundos. Vierta la bebida en un vaso alto lleno de hielo y sírvala después de adornarla con 2 pajitas largas.

SUGERENCIA DE USO

Una bebida recomendable para cualquier hora de la noche.

Cestas de hojaldre con fresas

MEDIA

ingredientes para 4 personas
tiempo: 1 hora + tiempo de enfriado (30 minutos)

220 g de hojaldre precocinado
160 g de fresas frescas (en torno a 1 taza)
1 taza y ⅔ de nata fresca
40 g de virutas de chocolate negro (en torno a ¼ de taza)
harina
azúcar glas
cacao en polvo

Enharine una superficie de trabajo y extienda la masa de hojaldre hasta darle forma cuadrada. Corte la masa en cuatro partes y aproveche lo que sobre para convertir los cuadrados en cestitas; para ello, use el reverso de un cazo sopero clásico a modo de molde. Coloque las cestitas en una cazuela cubierta de papel para hornear y hornee durante 10 minutos a 180 °C. Monte la nata con 2 cucharadas de azúcar glas. Añada las virutas de chocolate a la nata y rellene las cestitas casi hasta el borde con la mezcla resultante. Lave las fresas y córtelas por la mitad. Ponga una cucharada grande de fresas sobre la nata y deje que las cestas reposen en el frigorífico durante 30 minutos antes de servirlas. Decórelas con cacao en polvo ligeramente espolvoreado.

GRIGIO-VERDE

INGREDIENTES

GRAPA BLANCA
LICOR DE MENTA VERDE

ORÍGENES Y CURIOSIDADES

En sus orígenes, esta bebida la consumían los *alpini*, los soldados montañeses de elite del ejército italiano durante la primera guerra mundial. Estos soldados, cuyo uniforme es verde grisáceo (*grigio-verde*, en italiano), solían mezclar grapa y licor de menta, lo que dio lugar a una fantástica unión de sabores.

PREPARACIÓN

Ponga 50 ml (3 cucharadas y ⅓) de grapa en una probeta graduada y viértalos en un vaso bajo lleno de hielo. Repita el procedimiento con 40 ml (2 cucharadas y ¾) de licor de menta verde. Mezcle con una cuchara de mango largo y sirva la bebida adornada con 1 ramita de menta fresca y 2 pajitas cortas.

SUGERENCIA DE USO

Es un buen digestivo que se puede disfrutar en cualquier momento de la noche.

Buñuelos dulces a la grapa

MEDIA

ingredientes para 4 personas
tiempo: 2 horas

3 tazas y ⅕ de harina
½ taza rasa (8 cucharadas) de azúcar
3 cucharadas de mantequilla
3 huevos
2 cucharadas grandes de grapa blanca
corteza de 1 limón
sal
azúcar glas
aceite para freír

Tamice la harina y haga un montoncito con ella en una superficie de trabajo. Añada en el centro la mantequilla ya cortada y blanda, el azúcar, los huevos, la grapa, la corteza de limón y una pizca de sal. Con las manos, amase bien los ingredientes hasta que queden suaves y un poco elásticos. Haga una bola grande y póngala en un plato para, a continuación, taparla con un paño húmedo y dejarla reposar en el frigorífico durante 30 minutos. Enharine la superficie de trabajo y extienda bien la masa hasta que quede fina. Use un cuchillo para hacer tiras de unos 10 cm de ancho y, después, rectángulos regulares con pequeños cortes paralelos en el centro. Fría los buñuelos en abundante aceite caliente y, una vez dorados, escúrralos con una espumadera y póngalos en una bandeja cubierta con papel de cocina. Deje que se enfríen y, justo antes de servirlos, espolvoréelos con un generoso baño de azúcar glas.

GROLLA VALDOSTANA

INGREDIENTES

GRAPA BLANCA
LICOR GENEPY (OPCIONAL)
VINO TINTO
CAFÉ
AZÚCAR BLANCO O DE CAÑA
CLAVO
CORTEZA DE LIMÓN Y DE NARANJA
BAYAS DE ENEBRO
PONCHE DE NARANJA O COINTREAU

ORÍGENES Y CURIOSIDADES

Los orígenes de este cóctel son ancestrales. Al parecer, el grolla valdostana ya era muy apreciado durante la Edad Media, época en la que sus ingredientes se servían en un recipiente tradicional de madera con diferentes boquillas llamado *grolla*, del cual bebían los comensales pasándolo de unos a otros.

PREPARACIÓN

Ponga 20 ml (4 cucharaditas) de grapa en una probeta graduada y viértalos en una jarra lechera. Repita el procedimiento con 30 ml (2 cucharadas) de vino tinto, 20 ml (4 cucharaditas) de licor Genepy y la misma cantidad de ponche de naranja o de Cointreau. Añada 1 café, 10 g (3 cucharaditas) de azúcar blanco, 4 o 5 clavos, 2 o 3 cortezas de limón y de naranja y 5 o 6 bayas de enebro. Lleve la mezcla a ebullición. Viértala en una taza termorresistente y sírvala.

SUGERENCIA DE USO

Es una bebida muy adecuada para las noches invernales en compañía de amigos y familiares.

Sbrisolona (mantecado de almendra)

MEDIA

ingredientes para 6-8 personas
tiempo: 2 horas y 30 minutos

1 taza y ⅔ de harina blanca
1 taza y ⅓ de harina de maíz tamizada
200 g de almendras picadas (en torno a 2 tazas y ⅓)
1 taza (16 cucharadas) de azúcar
100 g de manteca
1 taza rasa (7 cucharadas) de mantequilla
3 yemas de huevo
corteza rallada de 1 limón
2 cucharadas de licor de mandarina

Tamice la harina blanca en un cuenco grande; después, añada la harina de maíz, el azúcar y las almendras picadas y mézclelo todo bien con una cuchara de madera. Agregue la corteza de limón y las yemas de huevo al centro de la mezcla. Sin dejar de remover, incorpore la manteca y la mantequilla ya ablandadas a temperatura ambiente. Mezcle todos los ingredientes rápido para evitar que la masa quede demasiado suave y lograr que se formen grumos de unos 2 cm de diámetro. Vierta, a continuación, dicha masa en una bandeja de horno untada con mantequilla para formar una capa irregular de unos 2 cm de espesor. Hornee a 180 °C durante unos 50 minutos. Espolvoree con azúcar blanco justo antes de servir.

ITALIA-CHILE

INGREDIENTES

APEROL
CAMPARI
PISCO
ZUMO DE PIÑA

ORÍGENES Y CURIOSIDADES

Esta bebida se creó en 1998 en un bar sudamericano de Francia (país que albergó la XVI Copa Mundial de la FIFA) para celebrar el encuentro entre las selecciones de Italia y Chile. En un espacio abarrotado de forofos de ambos equipos, el barman inventó el Italia-Chile como homenaje a su entusiasmo.

PREPARACIÓN

Ponga 20 ml (4 cucharaditas) de pisco en una probeta graduada y viértalos en una coctelera. Repita el procedimiento con 30 ml (2 cucharadas) de Aperol, otros tantos de Campari y la misma cantidad de zumo de piña. Añada cubitos de hielo y agite la coctelera con fuerza durante unos segundos. Vierta la bebida en un vaso bajo lleno de hielo y sírvala adornada con ½ rodaja de naranja, ½ rodaja de piña, 2 cerezas y 2 pajitas cortas.

SUGERENCIA DE USO

Este excelente aperitivo va bien a cualquier hora del día.

Estofado de pollo y cítricos

FÁCIL

ingredientes para 4 personas
tiempo: 45 minutos

4 pechugas de pollo
1 vaso de vino blanco
3 vasos de zumo de naranja
2 vasos de zumo de mandarina
1 vaso de zumo de limón
harina
mantequilla
sal
pimienta
2 tazas de arroz basmati

Exprima todos los cítricos y vierta los zumos en una jarra; de ser necesario, quite las semillas o impurezas. Limpie las pechugas de pollo y córtelas en dados (como para un estofado clásico). Salpimiente el pollo y rebócelo con abundante harina blanca. Mientras tanto, cueza el arroz en agua no muy salada. Use una sartén grande con un poco de mantequilla para freír el pollo sin dejar de darle vueltas; de este modo, quedará dorado de un modo uniforme. Rocíe con vino blanco y, cuando este se haya evaporado, añada el zumo de los cítricos tras haberlo pasado por un colador. Acabe de cocinar el pollo a fuego fuerte de modo que los jugos se reduzcan y quede una salsa un poco espesa. Escurra el arroz y dispóngalo en una fuente. Ponga sobre dicho arroz el pollo con la salsa de cítricos y sirva el plato caliente. Por último, adórnelo con espirales de corteza de naranja, mandarina y limón.

CAFÉ ITALIANO

INGREDIENTES

GRAPA BLANCA
AZÚCAR BLANCO O DE CAÑA
CAFÉ LARGO
NATA

ORÍGENES Y CURIOSIDADES

Esta bebida, que es otra variante del cóctel caliente más famoso del mundo, el café irlandés, al parecer se creó durante la década de 1970 en la región italiana de Trentino-Alto Adigio, cuando los bármanes de la zona comenzaron a reemplazar el whisky irlandés destilado con una especialidad italiana: la grapa.

PREPARACIÓN

Ponga 40 ml (2 cucharadas y ¾) de grapa en una probeta graduada y viértalos en una jarra lechera. Añada 10 g (3 cucharadas) de azúcar blanco y 1 café largo para, a continuación, llevarlo a ebullición mientras remueve de vez en cuando. Viértalo en una taza termorresistente y, justo antes de servir, agregue 40 ml (8 cucharaditas) de nata (previamente medidos en una probeta graduada) con una cucharita para que, de este modo, no se mezcle con los demás ingredientes.

SUGERENCIA DE USO

Esta refrescante bebida está recomendada para los días en los que hace mucho frío fuera.

Panettone relleno

FÁCIL

ingredientes para 4 personas
tiempo: 4 horas

1 *panettone*
3 huevos
300 g de mascarpone (queso crema italiano)
2 cucharadas de grapa
3 cucharadas de azúcar
bayas variadas
nata montada
azúcar glas

Bata en un cuenco grande las yemas de huevo y el azúcar con el fin de obtener una crema suave. Sin dejar de remover con una cuchara de madera, añada la grapa y, poco a poco, el mascarpone. Deje que esta crema repose en el frigorífico durante 2 horas. Corte el *panettone* horizontalmente en tres partes del mismo grosor y rellénelo con abundante mascarpone. De nuevo, déjelo reposar en el frigorífico durante 1 hora y, justo antes de servirlo, decórelo con bayas frescas y nata montada al gusto. Por último, espolvoréelo con azúcar glas.

TÉ HELADO ITALIANO

INGREDIENTES

GRAPA
VODKA
RON BLANCO SECO
GINEBRA
ZUMO DE LIMA O DE LIMÓN
REFRESCO DE COLA

ORÍGENES Y CURIOSIDADES

Se trata de la respuesta italiana de finales de la década de 1990 al legendario long island ice tea.

PREPARACIÓN

Ponga 20 ml (4 cucharaditas) de grapa en una probeta graduada y viértalos en una coctelera. Repita el procedimiento con 20 ml (4 cucharaditas) de vodka, otro tanto de ron y la misma cantidad de zumo de limón y ginebra. Agite la coctelera con fuerza durante unos segundos y vierta la mezcla en un vaso alto lleno de hielo. Añada refresco de cola hasta llegar casi al borde y adorne con 1 rodaja de limón, 2 cerezas y 2 pajitas largas.

SUGERENCIA DE USO

Este trago largo triunfa entre los jóvenes. Es una bebida que se puede tomar con moderación a cualquier hora de la noche.

Salami de chocolate

FÁCIL

ingredientes para 6-8 personas
tiempo: 1 hora + tiempo de enfriado (3 horas)

150 g de galletas duras
1/3 de taza de mantequilla
100 g de chocolate negro
1 cucharada de ron
1 huevo
1/4 de taza (4 cucharadas) de azúcar

Deje que la mantequilla se ablande a temperatura ambiente antes de comenzar la preparación. Desmenuce las galletas con las manos en un cuenco grande. Derrita el chocolate al baño María en una cacerola mientras remueve con una cuchara de madera para evitar que se formen grumos. Retire el chocolate del fuego y deje que se enfríe. Ponga la mantequilla en un cuenco grande y trabájela con una espátula hasta que se haga una crema. Añada el azúcar, el huevo, el ron y el chocolate, el cual ya debería estar frío para entonces. Mezcle bien los ingredientes en un cuenco y agregue las galletas. Remueva con suavidad hasta que la masa quede suave. Distribuya despacio la mezcla en una hoja de papel para hornear en sentido horizontal desde el centro. Enrolle el papel para crear la forma cilíndrica alargada clásica de salami y envuélvalo con una hoja de papel de aluminio, la cual servirá para aplicarle más presión al «salami». Déjelo reposar en el frigorífico durante unas 3 horas antes de cortarlo en rodajas. Sírvalo.

MOJITO DIGESTIVO

INGREDIENTES

GRAPA BLANCA
AMARO BRAULIO
AMARO RAMAZZOTTI (U OTRO BÍTER ITALIANO)
LIMA
MENTA FRESCA
AZÚCAR BLANCO O DE CAÑA
SODA O AGUA CON GAS

ORÍGENES Y CURIOSIDADES

El mojito digestivo, que es una versión del mojito clásico, se presentó en 2007 en el concurso internacional Metamorfosi Mojito de Rimini, organizado por la revista italiana *Bargiornale*.

PREPARACIÓN

Ponga ½ lima cortada en pequeños dados en un vaso alto y añada 10 g (3 cucharaditas) de azúcar blanco. Tritúrelo todo con un mortero hasta que se forme una pasta. Agregue unas hojas de menta fresca y aplástelas con suavidad en el fondo. Llene el vaso con hielo picado e incorpore 20 ml (4 cucharaditas) de Amaro Braulio, otro tanto de grapa blanca y la misma cantidad de Amaro Ramazzotti previamente medidos en una probeta graduada. Llene hasta el borde con soda o agua mineral con gas y remueva con una cuchara de mango largo para que los ingredientes se mezclen mejor. Sirva la bebida adornada con 1 tallo de menta y 2 pajitas largas.

SUGERENCIA DE USO

Una excelente bebida digestiva.

Diamantes de amapola

FÁCIL

ingredientes para 4 personas
tiempo: 2 horas

- 1/8 de taza (2 cucharadas) de mantequilla
- 2/3 de taza de harina
- ¼ de taza de fécula de patata
- ¼ de taza (4 cucharadas) de azúcar
- 1 cucharadita de levadura en polvo
- corteza de 1 limón
- 1 cucharada de semillas de amapola
- 1 huevo
- 1 cucharada de miel
- azúcar glas

Tamice en un cuenco la harina, la fécula y la levadura en polvo. Mezcle las semillas de amapola y la corteza de limón. Use otro cuenco para ablandar la mantequilla y bátala junto al huevo y el azúcar hasta que quede cremosa. Añada la miel y remueva bien hasta que la mezcla quede suave. Incorpore la crema al primer cuenco y use un tenedor trinchador para mezclar con fuerza. Viértalo todo en una superficie de trabajo enharinada y amase con las manos durante unos minutos. Extienda la masa para obtener una capa de en torno a 1,5 cm de espesor. Corte las galletas con un cortagalletas con forma de diamante y, a continuación, póngalas en una bandeja de horno cubierta con papel para hornear. Hornee a 180 °C durante unos 15 minutos. Retire las galletas del fuego y deje que se enfríen. Justo antes de servir, espolvoree los diamantes con azúcar glas y algunas semillas de amapola.

MOJITO ITALIANO

INGREDIENTES

GRAPA BLANCA
LIMA
MENTA FRESCA
AZÚCAR BLANCO O DE CAÑA
SODA O AGUA CON GAS

ORÍGENES Y CURIOSIDADES

Esta versión puramente italiana del tradicional cóctel cubano se presentó en 2007, durante la misma competición en la que tuvo lugar el debut del mojito digestivo.

PREPARACIÓN

Ponga ½ lima cortada en pequeños dados en un vaso alto y añada 10 g (3 cucharaditas) de azúcar blanco. Tritúrelo todo con un mortero hasta que se forme una pasta. Agregue unas hojas de menta fresca y aplástelas con suavidad en el fondo. Llene el vaso con hielo picado y vierta en él 50 ml (3 cucharadas y ⅓) de grapa previamente medidos en una probeta graduada. Llene el vaso casi hasta el borde con soda o agua mineral con gas y remueva con una cuchara de mango largo para que los ingredientes se mezclen mejor. Sirva la bebida adornada con 1 tallo de menta y 2 pajitas largas.

SUGERENCIA DE USO

Se trata de una magnífica bebida que se puede disfrutar en cualquier momento de la noche.

Struffoli (rosquillas napolitanas)

MEDIA

ingredientes para 4 personas
tiempo: 2 horas y 30 minutos

2 tazas y ½ de harina
2 huevos
1 yema de huevo
1 cucharada de azúcar
3 cucharadas de mantequilla
1 cucharada de *limoncello* (licor de limón)
sal
corteza rallada de ½ limón
aceite para freír
180 g de miel
50 g de virutas de colores
50 g de fruta confitada

Tamice la harina y haga un montoncito con ella en una superficie de trabajo. Añada en el centro los huevos, el azúcar, la mantequilla ablandada, la corteza del limón, el licor de limón y una pizca de sal. Amase bien con las manos hasta que la masa quede suave y firme. Haga una bola, cúbrala con un paño húmedo y déjela reposar en el frigorífico durante 45 minutos. Vuelva a amasar durante unos minutos y divida la mezcla en bolas pequeñas. Extiéndalas para hacer varas y córtelas en trozos pequeños y, sin solaparlos, colóquelos en una superficie enharinada. Fría de una tanda una pequeña cantidad de *struffoli* con abundante aceite caliente. Cuando estén hinchados y dorados, escúrralos con una espumadera y póngalos en una bandeja cubierta con papel de cocina. Caliente la miel en una cacerola e incorpore los *struffoli* para, a continuación, remover hasta que la miel se haya absorbido bien. Agregue ⅔ de las virutas y otros ⅔ de fruta confitada finamente picada y mezcle por última vez. Retire los *struffoli* del fuego y colóquelos en una fuente para, después, cubrirlos con las virutas y la fruta confitada sobrantes. Déjelos enfriar y sírvalos.

PISCOLA

INGREDIENTES

PISCO
REFRESCO DE COLA

ORÍGENES Y CURIOSIDADES

Es la respuesta de Chile al clásico cubalibre; para su elaboración, el ron se sustituye por la bebida nacional chilena: el pisco.

PREPARACIÓN

Ponga 110 ml (7 cucharadas y ¼) de refresco de cola en una probeta graduada y viértalos en un vaso alto lleno de hielo. Agregue 50 ml (3 cucharadas y ⅓) de pisco con la punta de la cuchara de modo que no se mezclen con la cola y dé la impresión de estar flotando. Sirva la bebida adornada con 2 pajitas largas.

SUGERENCIA DE USO

Es una bebida que se recomienda para los días muy calurosos.

Pastel de choclo

FÁCIL

ingredientes para 4 personas
tiempo: 1 hora

300 g de ternera picada
2 dientes de ajo
12 aceitunas negras sin hueso
2 huevos cocidos
1 cucharada de pasas sultanas
200 g de maíz
4 patas de pollo cocidas
1 cucharadita de comino en polvo
4 hojas de albahaca
1 cebolla
aceite de oliva virgen extra y mantequilla
sal y pimienta

Saltee en una cacerola el ajo y la cebolla picados con 2 cucharadas de aceite de oliva virgen extra. Añada la ternera picada, sal y pimienta y cocine a fuego lento. Cuando la carne esté casi hecha, agregue el comino. Mezcle el maíz con la albahaca y cocínelos en una cazuela con 1 cucharada de aceite de oliva virgen extra. Unte con mantequilla una bandeja de horno alta y distribuya en ella la carne, las patas de pollo, las pasas (antes remojadas en agua templada), las aceitunas y los huevos cocidos cortados en cuñas. Cúbralo todo con el maíz y hornee a 220 °C hasta que la superficie se dore.

PISCO COLLINS

INGREDIENTES

PISCO
SIROPE DE AZÚCAR (ALMÍBAR)
ZUMO DE LIMÓN
SODA O AGUA CON GAS

ORÍGENES Y CURIOSIDADES

La familia de los cócteles collins no podía permitirse no incluir en su lista de ingredientes este clásico chileno-peruano: el pisco.

PREPARACIÓN

Ponga 50 ml (3 cucharadas y ⅓) de pisco en una probeta graduada y viértalos en una coctelera. Repita el procedimiento con 30 ml (2 cucharadas) de zumo de limón y 20 ml (4 cucharaditas) de sirope de azúcar. Añada cubitos de hielo y agite con fuerza la coctelera durante unos segundos. Vierta la bebida en un vaso alto lleno de hielo y añada soda o agua mineral con gas hasta llegar casi al borde. Remueva con una cuchara de mango largo y sírvalo adornado con ½ rodaja de limón, 2 cerezas y 2 pajitas largas.

SUGERENCIA DE USO

Es una bebida con una notable capacidad para apaciguar la sed.

Arroz con leche a la peruana

FÁCIL

ingredientes para 4 personas
tiempo: 1 hora

2 tazas y ½ de leche entera
1 taza rasa y ⅓ de leche condensada
1 taza y ¼ de agua
1 taza rasa de arroz
en torno a ⅔ de taza de pasas (envasadas)
sal
2 ramas de canela
vainilla
mantequilla

Vierta la leche entera y el agua en una cacerola grande y lleve la mezcla a ebullición a fuego lento. Añada el arroz y la canela, cueza durante otros 25 minutos y remueva de vez en cuando hasta que el arroz se ponga blando. Con una cuchara, saque la canela de la cacerola y agregue la leche condensada, una pizca de sal, un toque de vainilla y las pasas (previamente remojadas en un tazón de agua templada). Sin dejar de remover, siga cocinando a fuego lento durante unos 10 minutos, hasta que casi todo el caldo se haya absorbido y el arroz tenga una textura cremosa y consistente semejante a la de un pudin. Retire el arroz del fuego y remuévalo con 2 nueces de mantequilla y canela espolvoreada. Sírvalo muy caliente.

PISCO PASSION

INGREDIENTES

PISCO
ZUMO DE LIMÓN
SIROPE DE MARACUYÁ O DE FRUTA DE LA PASIÓN
FRUTA DE LA PASIÓN

ORÍGENES Y CURIOSIDADES

La fruta de la pasión sudamericana siempre ha contado con el aprecio de los bármanes. Hacia la década de 1990, un barman de Londres (hogar del vodka sour y de numerosos locales sudamericanos) decidió combinar esta fruta (la cual se considera afrodisíaca) con el por aquel entonces poco conocido pisco, con lo que creó uno de los cócteles más sensuales del mundo.

PREPARACIÓN

Ponga 40 ml (2 cucharadas y ¾) de pisco en una probeta graduada y viértalos en una coctelera. Repita el procedimiento con 30 ml (2 cucharadas) de zumo de limón y 20 ml (4 cucharaditas) de sirope de maracuyá o de fruta de la pasión. Añada algunos cubitos de hielo y la pulpa de ½ fruta de la pasión para, a continuación, agitarlo todo durante unos segundos. Vierta la bebida en una copa de cóctel previamente enfriada en el congelador y sírvala con la fruta de la pasión.

SUGERENCIA DE USO

Esta bebida se disfruta mejor con buena compañía y también se puede recomendar como digestivo.

Mousse de maracuyá

FÁCIL

ingredientes para 4 personas
tiempo: 30 minutos + tiempo de enfriado (10 horas)

- 7/8 de taza de leche condensada
- 7/8 de taza de zumo de maracuyá concentrado
- gelatina
- 7/8 de taza de nata para cocinar
- 100 g de pulpa de maracuyá
- 1 cesta de grosellas frescas

Mezcle en un cuenco el zumo y la pulpa de la fruta con 1 cucharada de gelatina previamente disuelta en 3 cucharadas de agua en una cacerola al baño María. Utilice una varilla para montar la nata con fuerza en otro cuenco. Añada la mezcla de leche condensada y maracuyá para, a continuación, seguir mezclándolo todo sin parar y con suavidad. Cuando la mezcla esté suave, viértala en 4 cuencos para postre. Déjelos enfriar en el frigorífico durante al menos 10 horas. Sírvalos fríos y adórnelos con ramitas de grosella.

PISCO SOUR

INGREDIENTES

PISCO
ZUMO DE LIMÓN
SIROPE DE AZÚCAR (ALMÍBAR)

ORÍGENES Y CURIOSIDADES

Chile y Perú se disputan la autoría de este cóctel, cuya creación tuvo lugar en la década de 1920. Los bebedores de ambos países celebran religiosamente el primer sábado de febrero como fecha consagrada al día del pisco sour.

PREPARACIÓN

Ponga 50 ml (3 cucharadas y ⅓) de pisco en una probeta graduada y viértalos en una coctelera. Repita el procedimiento con 25 ml (5 cucharaditas) de zumo de limón y 15 ml (1 cucharada) de sirope de azúcar. Añada cubitos de hielo y agite la coctelera con fuerza durante unos segundos. Vierta la bebida en una copa previamente enfriada en el congelador y sirva.

SUGERENCIA DE USO

Es un excelente digestivo que se puede disfrutar en cualquier momento de la noche.

Suspiro a la limeña

FÁCIL

ingredientes para 4 personas
tiempo: 1 hora

⅔ de copa + 1 cucharadita de leche condensada

⅔ de copa + 1 cucharadita de leche evaporada

4 yemas de huevo

1 cucharadita de canela en polvo

½ taza + 2 cucharadas de azúcar

1 chupito de pisco (alcohol fuerte peruano a base de uvas)

Vierta los dos tipos de leche en un cuenco grande. Añada la canela y cocine a fuego lento con el fin de obtener un puré un poco espeso. Retire la preparación del fuego, agregue las yemas de huevo y mézclelo bien todo con una varilla. Deje que la mezcla se enfríe por completo y, a continuación, viértala en 4 cuencos de postre. Remate cada ración con una cucharada de almíbar elaborado calentando azúcar y pisco en una cacerola.

PISCO SUNRISE

INGREDIENTES

PISCO
ZUMO DE NARANJA
SIROPE DE GRANADINA

ORÍGENES Y CURIOSIDADES

Para elaborar esta bebida, los bármanes peruanos se inspiraron en la del tequila sunrise, en la cual, como es obvio, el tequila deja paso al pisco.

PREPARACIÓN

Ponga 50 ml (3 cucharadas y ⅓) de pisco en una probeta graduada y viértalos en un vaso alto lleno de hielo. Repita el procedimiento con 90 ml (6 cucharadas) de zumo de naranja y remueva durante unos segundos con una cuchara de mango largo. Incorpore 20 ml (4 cucharaditas) de sirope de granadina en la probeta graduada con la punta de una cuchara y deje que vaya bajando poco a poco hasta llegar al fondo del vaso, con lo que obtendrá el mismo efecto que la salida del sol (*sunrise*) que le da nombre a este cóctel. Sírvalo adornado con 2 rodajas de naranja y 2 cerezas.

SUGERENCIA DE USO

Una bebida genial para cualquier momento del día, sobre todo si hace calor.

Ensalada campera chilena

FÁCIL

ingredientes para 4 personas
tiempo: 30 minutos + tiempo de enfriamiento (30 minutos)

200 g de garbanzos en conserva (en torno a 1 taza)
2 cebollas rojas
2 huevos cocidos
300 g de mozarela
1 limón
aceite de oliva virgen extra
sal
pimienta
lechuga picada
perejil picado

Pele la cebolla, quítele los extremos, córtela finamente y póngala en una ensaladera. Añada la mozarela ya escurrida, estrujada y cortada en dados medianos. Corte los huevos cocidos en cuñas y resérvelos. Escurra bien los garbanzos y mézclelos con la ensalada. Aderece con zumo de limón, sal, pimienta y abundante aceite de oliva virgen extra. Mezcle con suavidad todos los ingredientes y sírvalos en una fuente cubierta con un lecho de lechuga ya lavada, escurrida y finamente picada. Deje reposar la ensalada en el frigorífico durante 30 minutos y, antes de servirla, adórnela con cuñas de huevo y perejil picado.

CÓCTELES CON BATIDORA

La batidora que se usa en el ámbito profesional del bar posee unas características técnicas de las que carece la versión doméstica, aunque, con un poco de esfuerzo y algunos pequeños trucos, será capaz de conseguir magníficos cócteles granizados, batidas, batidos, licuados y excelentes premezclas.

Cócteles granizados

Las bebidas granizadas se suelen servir en vasos grandes decorados con imaginación y adornados con fruta fresca y pajitas. Muchas recetas de cócteles famosos se pueden adaptar para elaborar bebidas granizadas. Esta práctica ha ido ganando popularidad con el tiempo, sobre todo en la época estival.

Por lo general, los cócteles granizados son cremosos y se elaboran con batidora de vaso. La textura de estas bebidas ha de ser como la de la nieve fina, y las pajitas han de poder quedar verticales.

Con el fin de que los cócteles granizados no se queden aguados, debe prestar atención a la calidad y a la cantidad de hielo que use.

Un pequeño truco para determinar la cantidad de hielo que se debe añadir a la batidora consiste en llenar de hielo picado el vaso en el que se vaya a servir el cóctel y usarlo a modo de medida.

Otro consejo que ha de tenerse en cuenta es que se pueden obtener buenos resultados si se usa la misma batidora para preparar varias bebidas.

Los cócteles granizados más famosos son la piña colada, el daiquiri, el daiquiri de plátano y el margarita de fresa; aunque, como el mundo de los cócteles granizados aún está en pañales, no cabe duda de que con el tiempo surgirá una variedad mucho mayor.

A la hora de elaborar un cóctel granizado, los ingredientes se deben poner en la batidora en el siguiente orden: elementos sólidos, bebidas no alcohólicas, licores y bebidas espiritosas y, por último, el hielo picado:

1. Use la batidora a la velocidad más baja para mezclar los ingredientes sólidos y líquidos y el hielo (durante 3 segundos).
2. Aumente la velocidad para triturar el hielo y combinarlo con los otros ingredientes (3 segundos).
3. Vuelva a poner la velocidad baja para que todo se mezcle a la perfección (durante otros 3 segundos).

Batidas

Las batidas son cócteles al estilo de la colada que se preparan frescos y ligeros; además, tienen que elaborarse con fruta fresca (que no congelada) y deben mantener una cierta cremosidad, lo que las diferencia de las bebidas similares al margarita o al daiquiri.

La mágica combinación de cachaza, fruta fresca, hielo y, a veces, una pequeña cantidad de leche condensada da lugar a una bebida dulce que equilibra a la perfección la contundencia de la cachaza, con lo que se logra un agradable y sorprendentemente sabroso resultado.

La batida tiene su origen en las calles y playas de Brasil, donde las tendencias culturales más populares de los barrios periféricos transfieren a toda la ciudad una ola de contrastes de colores y estilos. En los *carrinhos* de batidas, muy comunes hoy en día, auténticos artistas del cóctel hacen de la mera mezcla de licuados de sencillas y normales frutas tropicales algo nuevo y original.

Los bármanes de este tipo de puestos callejeros han creado numerosas recetas populares mediante la combinación de fruta fresca y un toque de la exótica cachaza. Las coloridas y aromáticas batidas triunfaron al instante y no tardaron en invadir las calles de Brasil, desde Río a São Paulo y Bahía.

En la década de 1950, solo en Río de Janeiro había unos mil vendedores ambulantes de batidas. El estado de la cachaza y de las batidas de Brasil es la principal preocupación de la Academia da Cachaça, en Río de Janeiro, donde se pueden degustar más de dos mil marcas diferentes, además de muchas otras bebidas que a menudo se pasan por alto y que utilizan este ingrediente como base.

Batidos (*frappè*)

Los batidos se elaboran con leche (que siempre debe ser semidesnatada y estar muy fría), azúcar, aromatizantes y un poco de hielo.

Para hacer un batido clásico, debe verter 70 cl de leche semidesnatada, 20 cl del sirope que quiera (por ejemplo, de cereza negra o de menta), azúcar y hielo picado en una batidora. Mézclelo todo a la máxima potencia durante 1 o 2 minutos hasta que quede visiblemente mezclado y espeso; después, eche el batido en una vaso alto con pajitas largas. Quite todo el hielo que sobre y sirva la bebida.

Licuados

El ingrediente básico para los licuados es la fruta fresca.

Los licuados se elaboran con frutas muy acuosas, tales como la sandía, el melón, la piña, el melocotón, etc. Se preparan con hielo picado, azúcar y agua; todos estos ingredientes se colocan en el vaso de la batidora y la mezcla se sirve en vasos altos con una pajita y sin decoración alguna.

Los licuados que se hacen con pulpa de fruta fresca, tales como plátanos, manzanas, peras, etc., se preparan mediante la mezcla de hielo picado, fruta, azúcar y un poco de leche con agua (con una proporción de 1 a 1). Este tipo de licuados se sirven en vasos con pajitas grandes de fantasía.

El cada vez más popular concepto de bienestar ha llevado a algunos profesionales a introducir incluso verduras (ricas en vitaminas y fibra) en el arsenal de los ingredientes de los licuados.

Premezclas

Las premezclas son preparados que facilitan la elaboración de cócteles que necesitan batidora. Ayudan a acelerar el trabajo y mantienen la calidad de los cócteles.

Un ejemplo de premezcla es la mezcla de fresa: se trata de un excepcional licuado de fresa que, usado en pequeñas cantidades, le da un color y un sabor equilibrados a cócteles como el caipiroska de fresa.

AMARETTO COLADA

INGREDIENTES

DISARONNO AMARETTO	RON BLANCO
ZUMO DE PIÑA	SIROPE DE COCO O LECHE

ORÍGENES Y CURIOSIDADES

Se trata de una bebida muy presente en Centroamérica. Recibe su nombre del licor italiano Disaronno Amaretto, el cual da al cóctel un agradable sabor.

PREPARACIÓN

Ponga 20 ml (4 cucharaditas) de ron en una probeta graduada y viértalos en una batidora de vaso. Repita el procedimiento con 40 ml (2 cucharadas y ¾) de Disaronno Amaretto, 70 ml (4 cucharadas + 2 cucharaditas) de zumo de piña y 30 ml (2 cucharadas) de sirope de coco o leche. Añada ½ vaso bajo de hielo picado y bata durante 15-20 segundos. Vierta la bebida en un vaso alto y sírvala después adornada con ½ rodaja de piña, 2 cerezas y 2 pajitas largas.

SUGERENCIA DE USO

Este trago largo es especialmente adecuado para la tarde.

Salsa Melba con melocotón

FÁCIL

ingredientes para 4 personas
tiempo: 2 horas y 30 minutos

4 melocotones
400 g de frambuesas
1 taza y ⅓ de azúcar
1 cucharada de fécula de patata
zumo de 1 limón
1 envase de aromatizante de vainilla
helado de nata

Lave las frambuesas y mézclelas en la batidora para, a continuación, pasarlas por un colador mientras les quita todas las impurezas. Póngalas en una cacerola con 3 cucharadas de azúcar y cocínelas a fuego lento. Añada la fécula de patata y el zumo de limón mientras con una cuchara remueve con fuerza. Cuando la salsa de frambuesa se haya espesado, retírela del fuego. Caliente 4 tazas y ¼ de agua en una cazuela. Incorpore el resto del azúcar y unas gotas de la esencia de vainilla. Cuando se haya evaporado la mitad del agua, sumerja los melocotones (ya lavados, cortados por la mitad y sin hueso) y cocínelos durante 8 minutos a fuego medio. Retire los melocotones del fuego y deje que se enfríen directamente en el almíbar. Justo antes de servirlos, ponga en cada taza medio melocotón con el lado cóncavo hacia arriba. Llénelo con una buena bola de helado y ciérrelo con la otra mitad de melocotón. Por último, mételo todo en la salsa de frambuesa.

DAIQUIRI DE PLÁTANO HELADO

INGREDIENTES

RON BLANCO
ZUMO DE LIMÓN
AZÚCAR LÍQUIDO
PLÁTANO FRESCO

ORÍGENES Y CURIOSIDADES

Esta bebida se creó en la Cuba de la década de 1950 y supone un enriquecimiento del daiquiri clásico con un sinfín de variedades de fruta fresca. Junto al de la fresa, el del plátano parece ser el sabor más apreciado por el público en general.

PREPARACIÓN

Ponga 50 ml (3 cucharadas y ⅓) de ron en una probeta graduada y viértalos en una batidora de vaso. Repita el procedimiento con 25 ml (5 cucharaditas) de azúcar líquido y 15 ml (1 cucharada) de zumo de limón. Añada ½ plátano fresco cortado en rodajas, 1 vaso bajo de hielo picado y bata durante 15-20 segundos. Vierta la bebida en un vaso bajo y sírvala adornada con el otro ½ plátano y 2 pajitas cortas.

SUGERENCIA DE USO

Es una refrescante bebida que puede animar cualquier día de verano.

Flambeado de plátano

FÁCIL

ingredientes para 4 personas
tiempo: 30 minutos

4 plátanos
4 cucharadas de azúcar
1 chupito de ron
1 cucharada y ½ de mantequilla

Pele los plátanos con cuidado de no romperlos. Rebócelos en una cazuela untada con mantequilla durante 2 minutos y espolvoréelo todo con 3 cucharadas de azúcar. Cuando los plátanos estén caramelizados, añada el ron ya mezclado con el azúcar restante. Retire los plátanos del fuego de inmediato y colóquelos con cuidado en una bandeja para, a continuación, flambearlos antes de servirlos.

BATIDA DE CAFÉ

INGREDIENTES

CACHAZA
LICOR DE CAFÉ
CAFÉ LARGO
AZÚCAR LÍQUIDO
AZÚCAR DE CAÑA

ORÍGENES Y CURIOSIDADES

Fueron, por supuesto, los bármanes brasileños los que dieron con la unión de las dos bebidas nacionales: el café y la cachaza. La popularidad de esta nueva bebida es tal que puede adquirirse ya envasado en botella en supermercados de toda Europa.

PREPARACIÓN

Ponga 40 ml (2 cucharadas y ¾) de cachaza en una probeta graduada y viértalos en una batidora de vaso. Repita el procedimiento con 20 ml (4 cucharaditas) de licor de café y 20 ml (4 cucharaditas) de azúcar líquido. Añada 1 café largo a temperatura ambiente, 12,5 g (3 cucharaditas) de azúcar de caña, ½ vaso alto de hielo picado y bata durante 15-20 segundos. Viértalo todo en el vaso y sírvalo adornado con 2 pajitas largas y café molido espolvoreado.

SUGERENCIA DE USO

Está recomendado para todos aquellos que quieran pasar la noche despiertos.

Pudin brasileño

FÁCIL

ingredientes para 4 personas
tiempo: 45 minutos + tiempo de enfriado (3 horas)

4 cucharadas de mantequilla
¼ de taza (4 cucharadas) de harina
⅓ de taza (5 cucharadas) de azúcar
1 taza de nata fresca
⅖ de taza de leche
⅖ de taza de café
2 cucharadas de Kahlúa (licor de café)

Derrita la mantequilla en una cacerola y, sin dejar de remover, añada el azúcar y deje que se caramelice. Retire la cacerola del fuego y disuelva con el café y el licor. Trabaje la harina y la leche en un cuenco. Agregue la mezcla de azúcar y café para, a continuación, remover con fuerza con una varilla. Por último, agregue la nata y mezcle por última vez. Deje que la crema resultante se reduzca a fuego lento. Retire del fuego y siga removiendo durante un par de minutos. Viértala en 4 cuencos y déjela reposar en el frigorífico durante al menos 3 horas. Sírvala adornada con chorritos de nata montada con sabor a café.

BATIDA DE COCO

INGREDIENTES

CACHAZA
AZÚCAR MORENO
AZÚCAR LÍQUIDO
SIROPE O CREMA DE COCO
COCO FRESCO

ORÍGENES Y CURIOSIDADES

Entre la familia de las batidas, esta bebida ha demostrado ser tan popular que se vende ya envasada en supermercados de toda Europa. Con todo, en su Brasil natal se prepara siempre con productos frescos.

PREPARACIÓN

Ponga 40 ml (2 cucharadas y ¾) de cachaza en una probeta graduada y viértalos en una batidora de vaso. Repita el procedimiento con 20 ml (4 cucharaditas) de azúcar líquido y 30 ml (2 cucharadas) de sirope o crema de coco. Añada 12,5 g (3 cucharaditas) de azúcar moreno, ½ vaso bajo de hielo picado y bata durante 15-20 segundos. Vierta la bebida en un vaso alto y sírvala adornada con un toque de coco fresco y 2 pajitas largas.

SUGERENCIA DE USO

Una deliciosa bebida que se puede degustar a todas horas.

Coco mimoso

FÁCIL

ingredientes para 4 personas
tiempo: 45 minutos

1 taza de harina de coco
½ taza de azúcar
2 claras de huevo
40 g de escamas o virutas de chocolate negro
coco en polvo

Bata las claras de huevo y el azúcar en un cuenco grande con una varilla hasta que la mezcla quede suave y cremosa. Sin dejar de remover, añada poco a poco la harina de coco. Agregue las virutas de chocolate y, a continuación, amáselo de modo que todo quede mezclado de forma homogénea. Con las manos, haga bolas con la masa y dispóngalas en una bandeja de horno cubierta con papel para hornear. Hornee durante 15 minutos a 200 °C. Sírvalas templadas y espolvoreadas con el coco en polvo.

BATIDA DE LIMÃO

INGREDIENTES

CACHAZA
ZUMO DE LIMA
AZÚCAR LÍQUIDO
AZÚCAR BLANCO O DE CAÑA

ORÍGENES Y CURIOSIDADES

Fueron los jóvenes brasileños los primeros que mezclaron la cachaza con fruta fresca, con lo que crearon bebidas muy refrescantes, como esta a base de lima.

PREPARACIÓN

Ponga 40 ml (2 cucharadas y ¾) de cachaza en una probeta graduada y viértalos en una batidora de vaso. Repita el procedimiento con 40 ml (2 cucharadas y ¾) de zumo de lima y 20 ml (4 cucharaditas) de azúcar líquido. Añada 12,5 g (3 cucharaditas) de azúcar moreno y ½ vaso alto de hielo picado. Bata durante 15-20 segundos y vierta la bebida en los vasos. A la hora de servirla, adórnela con 1 rodaja de lima y 2 pajitas largas.

SUGERENCIA DE USO

Una bebida particularmente fresca y refrescante.

Tortillas de menta

FÁCIL

ingredientes para 4 personas
tiempo: 1 hora

6 huevos
1 taza y ½ + 1 cucharada y ½ de queso parmesano rallado
12 hojas de menta fresca
sal y pimienta
aceite de oliva virgen extra
1 lima

Bata los huevos en un cuenco grande con una varilla. Agregue la sal, la pimienta y el queso rallado. Remueva bien hasta que la masa quede suave y no tenga grumos. Lave y pique finamente las hojas de menta. Añada la menta y bata más los huevos. Caliente un chorrito de aceite de oliva virgen extra en una sartén. Cuando esté muy caliente, vierta un cazo de la mezcla y distribúyalo de modo que cubra por completo la base de la sartén. Cocine a fuego lento y, cuando los huevos comiencen a solidificarse, dele la vuelta a la tortilla con una espátula. Acabe de cocinar a fuego muy lento y, a continuación coloque la tortilla sobre hojas de papel de cocina. Repita todos los pasos para elaborar 3 tortillas más. Sírvalas calientes y con una guarnición de pequeñas cuñas de lima.

BATIDA DE MORANGO

INGREDIENTES

CACHAZA
AZÚCAR BLANCO O DE CAÑA
FRESAS FRESCAS O SIROPE DE FRESA
AZÚCAR LÍQUIDO

ORÍGENES Y CURIOSIDADES

El origen de esta batida parece estar relacionado con los festivales tradicionales de Brasil, en los que los bebedores de más edad tomaban caipiriña, mientras que los más jóvenes optaron por combinar cachaza, azúcar de caña, frutas frescas y hielo, y por batir estos ingredientes hasta lograr una pasta. Con el uso más reciente de la batidora se obtiene el mismo resultado.

PREPARACIÓN

Ponga 40-50 ml (8-10 cucharaditas) de cachaza en una probeta graduada y viértalos en una batidora de vaso. Repita el procedimiento con 30 ml (2 cucharadas) de azúcar líquido. Añada 12,5 g (3 cucharaditas) de azúcar moreno, 5 fresas frescas y ½ vaso alto de hielo picado. Bata durante 15-20 segundos y vierta la bebida en los vasos. Sírvala adornada con fresas frescas y 2 pajitas largas.

SUGERENCIA DE USO

Es una fantástica bebida, adecuada para cualquier momento del día.

Ensalada dulce de *garganelli*

FÁCIL

ingredientes para 4 personas
tiempo: 1 hora

400 g de *garganelli*
80 g de fresas (en torno a ½ taza + 1 cucharadita)
80 g de melón en dados
zumo de 1 limón
3 cucharadas de azúcar líquido
100 g de palmitos
100 g de carne de cangrejo
nueces peladas
4 higos
arándanos

Cueza los *garganelli* en abundante agua sin sal. Escúrralos cuando estén al dente y póngalos de inmediato bajo el agua del grifo para que se enfríen. Vierta en un cuenco grande la mezcla de azúcar y zumo de limón. Incorpore todos los demás ingredientes poco a poco: las nueces enteras, los palmitos y la carne de cangrejo (todo escurrido y cortado en rodajas del mismo tamaño), el melón en dados y las fresas (lavadas y troceadas). Eche los *garganelli* aderezados en la ensalada y remueva todo con suavidad hasta que los ingredientes se distribuyan por igual. Sirva la ensalada en 4 cuencos rectangulares y adorne cada uno con 1 corazón de higo abierto y unos arándanos.

BLUE HAWAIAN COLADA

INGREDIENTES

RON BLANCO
CURAÇAO AZUL
ZUMO DE PIÑA
SIROPE O LECHE DE COCO

ORÍGENES Y CURIOSIDADES

Se cuenta que esta reinterpretación de la famosa piña colada la creó en la década de 1950 un barman de un restaurante con vistas al azul del océano (de ahí el *blue* de su nombre) en una paradisíaca playa hawaiana.

PREPARACIÓN

Ponga 30 ml (2 cucharadas) de ron y la misma cantidad de curaçao azul en una probeta graduada y viértalos en una batidora de vaso. Repita el procedimiento con 60 ml (¼ taza) de zumo de piña y 30 ml (2 cucharadas) de sirope o leche de coco. Añada ½ vaso bajo de hielo picado y bata durante 15-20 segundos; después, échelo todo en un vaso alto. Sirva la bebida adornada con ½ rodaja de piña, 2 cerezas y 2 pajitas largas.

SUGERENCIA DE USO

Una deliciosa bebida que resulta perfecta tanto para la tarde como para la noche.

Bolas de coco fresco

FÁCIL

ingredientes para 4 personas
tiempo: 45 minutos

250 g de ricota
¼ de taza (4 cucharadas) de azúcar
¼ de taza (4 cucharadas) de coco rallado fresco
80 g de piñones
azúcar glas

Precaliente el horno a 180 °C y tueste los piñones en una bandeja de horno cubierta con papel para hornear. Resérvelos. Use un cuenco grande para trabajar con una cuchara la pulpa del coco rallado, el azúcar y la ricota hasta obtener una mezcla homogénea. Con las manos, forme pequeñas bolas del tamaño de una nuez y rebócelas bien en los piñones tostados y ya triturados en una batidora. Ponga las bolas en un plato y déjelas reposar durante 2 horas en el frigorífico. Antes de servirlas, espolvoréelo todo con abundante azúcar glas.

BRAZIL COLADA

INGREDIENTES

CACHAZA
ZUMO DE PIÑA
SIROPE O LECHE DE COCO
AZÚCAR LÍQUIDO

ORÍGENES Y CURIOSIDADES

Es una de las versiones más apreciadas de la clásica piña colada caribeña. En este caso, se elabora con cachaza.

PREPARACIÓN

Ponga 50 ml (3 cucharadas y ⅓) de cachaza en una probeta graduada y viértalos en una batidora de vaso. Repita el procedimiento con 30 ml (2 cucharadas) de sirope o leche de coco, 20 ml (4 cucharaditas) de azúcar líquido y 60 ml (¼ de taza) de zumo de piña. Añada ½ vaso alto de hielo picado y bata durante 15-20 segundos. Vierta la bebida en vasos y sírvala después de adornarla con ½ rodaja de piña, 2 cerezas y 2 pajitas largas.

SUGERENCIA DE USO

Una bebida perfecta para animar cualquier momento del día.

Cocada

FÁCIL

ingredientes para 4 personas
tiempo: 1 hora y 15 minutos

1 coco pequeño
1 taza de leche entera
½ taza + 1 cucharada de azúcar
28,5 g de almendras laminadas (en torno a ⅜ de taza)
1 cucharada de batida de coco
2 cucharadas de nata fresca
2 yemas de huevo
mantequilla
canela molida

Haga unos agujeros en el coco para que salga la leche. Pártalo, quítele la capa marrón a la pulpa y lávela con agua del grifo. Triture el coco y viértalo en una cazuela grande. Agregue la leche, la nata y el licor de coco. Mezcle todos los ingredientes y cocínelos a fuego lento durante 20 minutos. Use un cuenco para batir las yemas de huevo con el azúcar hasta que queden cremosas, espumosas y suaves. Vierta la mezcla en la cacerola y siga cocinando y removiendo con fuerza hasta que se espese. Unte un plato para hornear con mantequilla y ponga en él la mezcla. Espolvoree con las almendras en láminas y la canela. Hornee a 200 °C durante 15 minutos y sírvalo templado.

FROZEN DAIQUIRI

INGREDIENTES

RON BLANCO
ZUMO DE LIMÓN
SIROPE DE LIMÓN
AZÚCAR LÍQUIDO

ORÍGENES Y CURIOSIDADES

Esta bebida es la versión granizada del daiquiri clásico. Concebida en la Floridita, el célebre bar de La Habana, fue uno de los cócteles favoritos de Ernest Hemingway e incluso se menciona en *De repente el último verano* (*Suddenly Last Summer*), el filme de 1959 dirigido por Joseph L. Mankiewicz y que cuenta con una de las últimas apariciones de Montgomery Clift.

PREPARACIÓN

Ponga 30 ml (2 cucharadas) de ron en una probeta graduada y viértalos en una batidora de vaso. Repita el procedimiento con 30 ml (2 cucharadas) de zumo de limón, 20 ml (4 cucharaditas) de sirope de limón y 10 ml (2 cucharaditas) de azúcar líquido. Añada 1 vaso alto de hielo picado y bata durante 15-20 segundos. Vierta la bebida en un vaso más bajo y adórnela con 1 rodaja de limón y 2 pajitas cortas.

SUGERENCIA DE USO

Un bebida muy refrescante y digestiva.

Crema de limón

FÁCIL

ingredientes para 4 personas
tiempo: 45 minutos + tiempo de enfriado (2 horas)

6 limones
4 huevos
⅞ de taza + 1 cucharada y ¼ de mantequilla
2 tazas de azúcar
grosellas

Parta la mantequilla y deje que se ablande a temperatura ambiente. Póngala en un cuenco con el azúcar y bata hasta conseguir una mezcla homogénea. Sin dejar de remover, añada los huevos y mezcle otra vez. Agregue el zumo de los limones y la piel rallada de 2 de ellos. Póngalo todo en una olla y cueza a fuego suave hasta que espese. Retire del fuego y bátalo todo bien. Vierta en la copa de cóctel y enfríe al menos 2 horas antes de servir. Decore con unas grosellas.

FROZEN PICK ME UP

INGREDIENTES

LICOR DE HUEVO
LICOR DE CHOCOLATE
LICOR DE CAFÉ

ORÍGENES Y CURIOSIDADES

Esta reciente creación del barman Gianfranco di Niso es una reinterpretación del tiramisú con el añadido de las bebidas alcohólicas.

PREPARACIÓN

Ponga 30 ml (2 cucharadas) de licor de huevo en una probeta graduada y, a continuación, viértalos en una batidora de vaso. Repita el procedimiento con 30 ml (2 cucharadas) de licor de chocolate y la misma cantidad de licor de café. Añada 1 vaso alto de hielo picado y bata durante 15-20 segundos. Sirva la bebida en un vaso bajo adornado con 2 pajitas cortas y cacao espolvoreado.

SUGERENCIA DE USO

Perfecta como bebida para después de la cena. Buen digestivo.

Pan de frutos secos

FÁCIL

ingredientes para 6-8 personas
tiempo: 1 hora + tiempo de enfriado (3 horas)

3 rebanadas de bizcocho
200 g de mascarpone (en torno a ¾ de taza)
2 huevos
¼ taza + 2 cucharadas y ½ de azúcar
60 g de frutos secos
1 café largo
nata montada
cacao en polvo

Use un cuenco para batir con una varilla las yemas de huevo con el azúcar hasta que queden cremosas, espumosas y suaves. Mezcle los frutos secos y el mascarpone con una batidora y remueva todos los ingredientes. Bata las claras de huevo a punto de nieve y mézclelas de nuevo para que no se levanten. Coloque las rebanadas de bizcocho sobre la superficie de trabajo y use un pincel para remojarlas con café. Extienda ⅓ de la nata en la primera rebanada y repita el procedimiento dos veces más para obtener 3 capas. Deje que el postre se enfríe en el frigorífico durante al menos 3 horas antes de servirlo. Espolvoree con cacao en polvo y decórelo al gusto con los frutos secos.

PIÑA COLADA

INGREDIENTES

RON BLANCO
ZUMO DE PIÑA
LECHE O SIROPE DE COCO

ORÍGENES Y CURIOSIDADES

La piña colada, fusión de coco, piña y ron, probablemente se creó durante la década de 1950 en Sudamérica, desde donde se extendió primero a Estados Unidos para después convertirse en uno de los tragos largos más populares del mundo.

PREPARACIÓN

Ponga 50 ml (3 cucharadas y ⅓) de ron en una probeta graduada y viértalos en una batidora de vaso. Repita el procedimiento con 80 ml (⅓ de taza) de zumo de piña y 30 ml (2 cucharadas) de leche o sirope de coco. Añada ½ vaso alto de hielo picado y bata durante 15-20 segundos. Vierta la bebida en vasos y sírvala adornada con ½ rodaja de piña, 2 cerezas y 2 pajitas largas.

SUGERENCIA DE USO

Se trata de un contundente trago largo que resulta adecuado a cualquier hora del día.

Empanada puertorriqueña

FÁCIL

ingredientes para 6-8 personas
tiempo: 2 horas

400 g de masa quebrada
100 g de crema pastelera (en torno a ½ taza)
1 piña madura
⅓ de taza (5 cucharadas) de azúcar de caña
4 cucharadas de margarina
1 chupito de ron
1 huevo
40 g de escamas o virutas de chocolate blanco

Lave la piña y quítele el corazón y la piel. Córtela en rodajas de aproximadamente 1 cm de grosor. Derrita la margarina con el azúcar en una cacerola baja y ancha. Cuando el almíbar comience a dorarse, sumerja en él la piña y deje que se caramelice a fuego lento durante unos 8 minutos mientras con un tenedor le da la vuelta con frecuencia. Rocíe con ron y deje que se flambee hasta que disminuya el fuego. Retire la piña del fuego y deje que repose. Extienda la masa sobre una superficie de trabajo enharinada y forre con ella una bandeja de horno baja (antes untada de margarina) para tartas y empanadas. Doble los bordes y pinche el fondo con un tenedor. Hornee a 180 °C durante 15 minutos. Saque la base del horno y rellénela con la crema pastelera. Corte por la mitad las rodajas de piña y dispóngalas de modo concéntrico sobre la crema para cubrirla por completo. Pinte los bordes de la empanada con el huevo batido y vuelva a meterla al horno. Deje que cueza durante 15 minutos a la misma temperatura. Saque la empanada del horno y deje que se enfríe. Poco antes de servirla, espolvoréela con escamas de chocolate blanco.

PINK COLADA

INGREDIENTES

RON BLANCO
ZUMO DE PIÑA
SIROPE O LECHE DE COCO
SIROPE DE GRANADINA

ORÍGENES Y CURIOSIDADES

El pink colada (así llamado como homenaje a los bebedores adultos más jóvenes, ya que *pink*, además del color, también puede significar «pimpollo») es la respuesta estadounidense a las coladas sudamericanas. Aunque básicamente consistía en diferentes rones, se le añadió una buena cantidad de leche (la cual se usa en muchos cócteles estadounidenses).

PREPARACIÓN

Ponga 40 ml (2 cucharadas y ¾) de ron blanco en una probeta graduada y viértalos en una batidora de vaso. Repita el procedimiento con 80 ml (⅓ de taza) de zumo de piña, 20 ml (4 cucharaditas) de sirope o leche de coco y la misma cantidad de sirope de granadina. Añada ½ vaso alto de hielo picado y bata durante 15-20 segundos. Vierta la bebida en vasos y sírvala después de adornarla con ½ rodaja de piña, 2 cerezas y 2 pajitas largas.

SUGERENCIA DE USO

Es una bebida con considerables propiedades energéticas.

Crema catalana

MEDIA

ingredientes para 4 personas
tiempo: 45 minutos + tiempo de enfriado (3 horas)

2 tazas y ⅛ de leche
⅓ de taza de maicena
½ taza rasa (8 cucharadas) de azúcar
5 yemas de huevo
nuez moscada
1 limón
azúcar moreno
½ rama de canela

Use un cuenco para disolver la maicena en 1 vaso de leche fría y remueva con una varilla. Vierta en una cacerola la leche restante junto con la mitad del azúcar, la canela y la corteza rallada de 1 limón. Llévelo todo a ebullición sin remover y retírelo del fuego. Bata en un cuenco el azúcar que quede y las yemas de huevo con una varilla hasta que la mezcla quede espumosa. Añada la maicena disuelta y mezcle todos los ingredientes. Agregue la leche caliente (pasada por un colador) y mezcle por última vez. Eche la mezcla en una cacerola y llévela a ebullición. Siga cocinando durante 1 minuto a fuego medio para obtener una crema suave. Retire la crema del fuego y viértala en el molde adecuado para la crema catalana. Déjela enfriar en el frigorífico durante al menos 3 horas. Justo antes de servirla, espolvoréela con azúcar moreno y hornéela de nuevo; asegúrese de que el azúcar no se caramelice por completo.

FROZEN STRAWBERRY DAIQUIRI

INGREDIENTES

RON BLANCO
ZUMO DE LIMA O DE LIMÓN
AZÚCAR LÍQUIDO
FRESAS FRESCAS
SIROPE DE FRESA

ORÍGENES Y CURIOSIDADES

Mientras el daiquiri clásico consolidaba su éxito mundial durante la década de 1950, algunos bármanes estadounidenses ideaban maneras de aligerar y refrescar la bebida a base de agregar frutas frescas (el de fresa es muy del gusto de las mujeres).

PREPARACIÓN

Ponga 40 ml (2 cucharadas y ¾) de ron en una probeta graduada y viértalos en una batidora de pie. Repita el procedimiento con 10 ml (2 cucharaditas) de azúcar líquido, 20 ml (4 cucharaditas) de zumo de lima o de limón y la misma cantidad de sirope de fresa. Añada 1 vaso alto de hielo picado y agregue 4-5 fresas frescas. Bata durante 15-20 segundos y vierta la bebida en los vasos. A la hora de servirla, adórnela con ½ fresa y 2 pajitas cortas.

SUGERENCIA DE USO

Una bebida muy refrescante que se puede disfrutar en cualquier momento del día.

Profiteroles de mora

FÁCIL

ingredientes para 4 personas
tiempo: 30 minutos

12 profiteroles (de tamaño medio)
140 g de moras frescas
1 taza de nata fresca
3 cucharadas de azúcar glas
hojas de menta
sirope de fresa

Bata en un cuenco la nata y 2 cucharadas de azúcar glas con una varilla. Retire la parte superior de los profiteroles con la ayuda de un cuchillo con filo de sierra. Use una manga pastelera para rellenarlos con nata montada por la mitad. Ponga 1 cucharada de moras y remate con la nata a lo largo de todo el borde. Cierre los profiteroles con delicadeza y póngalos en platos de postre. Déjelos en el refrigerador y, justo antes de servirlos, decore cada ración con hojas de menta fresca, 1 cucharada de sirope de fresa (en zigzag) y azúcar glas espolvoreado.

FROZEN STRAWBERRY MARGARITA

INGREDIENTES

TEQUILA CLARO
COINTREAU
ZUMO DE LIMÓN
SIROPE DE FRESA
FRESAS FRESCAS

ORÍGENES Y CURIOSIDADES

Cuando el margarita ya había consolidado su fama mundial en la década de 1950, algunos bármanes estadounidenses tuvieron la idea de añadirle fruta, con lo que crearon una bebida que fue y sigue siendo un éxito entre las mujeres.

PREPARACIÓN

Ponga 30 ml (2 cucharadas) de tequila en una probeta graduada y viértalos en una batidora de vaso. Repita el procedimiento con 20 ml (4 cucharaditas) de Cointreau, otros tantos de zumo de limón y la misma cantidad de sirope de fresa. Añada 4-5 fresas frescas y 1 vaso alto de hielo picado para, a continuación, batirlo todo durante 15-20 segundos. Vierta la bebida en un vaso bajo y adórnelo con algunas fresas y 2 pajitas cortas.

SUGERENCIA DE USO

Se trata de una bebida muy refrescante, recomendable para cualquier hora del día.

Ensalada de fresas

FÁCIL

ingredientes para 4 personas
tiempo: 1 hora

300 g de espárragos
200 g (sobre 1 taza y ⅓) de fresas
1 manojo de rúcula
1 pomelo rosa
zumo de 1 limón
4 cucharadas de aceite de oliva virgen extra
sal

Lave los espárragos y hiérvalos en abundante agua un poco salada. Mientras tanto, lave las fresas y trocéelas. Lave la rúcula y deje las hojas enteras. Pele el pomelo y córtelo en dados. Escurra los espárragos y córtelos por la mitad a lo largo. Use un cuenco pequeño para mezclar con un tenedor el aceite de oliva, el zumo de limón y una pizca de sal para obtener una salsa suave. Viértala en un cuenco y agregue las fresas, los espárragos, el pomelo y la rúcula. Remueva con suavidad y sirva.

VIRGIN COLADA

INGREDIENTES

ZUMO DE PIÑA
LECHE O SIROPE DE COCO
NATA

ORÍGENES Y CURIOSIDADES

Es una versión sin alcohol (y muy apreciada) de la célebre piña colada.

PREPARACIÓN

Ponga 100 ml (⅓ de copa + 3 cucharaditas) de zumo de piña en una probeta graduada y viértalos en una batidora de vaso. Repita el procedimiento con 20 ml (4 cucharaditas) de nata y 40 ml (2 cucharadas y ¾) de leche o sirope de coco. Añada ½ vaso alto de hielo picado y bata durante 15-20 segundos. Vierta la bebida en un vaso y sírvala después de adornarla con ½ rodaja de piña, 2 cerezas y 2 pajitas largas.

SUGERENCIA DE USO

Esta deliciosa bebida sin alcohol es también recomendable como parte del desayuno.

Sorbete tropical

MEDIA

ingredientes para 4 personas
tiempo: 3 horas y 30 minutos

1 taza y ⅔ de zumo de piña
1 taza y ⅔ de zumo de fruta de la pasión
2 plátanos en puré
2 tazas y ⅘ de azúcar glas
2 claras de huevo
1 fruta de la pasión

Triture en un cuenco el plátano con el azúcar. Añada poco a poco el zumo de las frutas y mezcle con suavidad hasta obtener una pasta suave y cremosa. Viértala en un cuenco bajo rectangular y déjela reposar en el frigorífico durante unos 60 minutos. Sáquela del frigorífico y agregue las claras de huevo (ya batidas a punto de nieve). Mezcle bien y vuelva a meter el sorbete en el frigorífico durante al menos 2 horas. Sírvalo en un vaso y adórnelo con rodajas de fruta de la pasión.

MOJITOS DEL MUNDO

Según cuenta una leyenda, la primera mezcla de menta y alcohol la llevaron a cabo los piratas del Caribe.

El drake, por ejemplo, es una mezcla bautizada en honor del célebre pirata y para cuya elaboración se mezcla tafia (un primitivo brandi de caña), lima y hierbabuena, la cual es un tipo de menta de tallo relativamente grande y jugoso que se considera un remedio para ciertas dolencias.

La invención del mojito se le atribuye al barman cubano Ángel Martínez, gerente del histórico establecimiento de La Habana llamado La Bodeguita del Medio, que era frecuentado por Ernest Hemingway, un gran admirador de este cóctel.

Son varias las teorías que intentan explicar el origen de la palabra «mojito». Según una de ellas, estaría relacionada con el término «mojo», un típico condimento cubano elaborado a base de ajo y cítricos y usado para marinar. Otra de las teorías relaciona el nombre de la bebida con la palabra «mojado». Una última hipótesis lleva la etimología del término al ámbito del vudú, en el cual mojo quiere decir «hechizo».

El mojito original nunca lleva mucho alcohol: a los cubanos les encanta tomarlo a todas horas del día, y el calor tropical no propicia los elevados contenidos alcohólicos. Así, este cóctel es, sobre todo, una bebida refrescante que se elabora con sencillos ingredientes locales.

Según la receta original, se prepara con lima, azúcar de caña refinado (es decir, azúcar blanco), agua con gas, ron blanco y, por supuesto, hierbabuena, la cual puede sustituirse por menta sin mayores inconvenientes.

Ponga las hojas de menta (entre 10 y 12 por lo general) en un vaso alto, exprima una lima sobre ella y añada 1 cucharada de azúcar de caña blanco. Use un mortero para ejercer una ligera presión y mezclarlo todo bien; al hacerlo, tenga cuidado de no romper las hojas, ya que si se desgarran saldrán aceites algo más fuertes que convertirán la bebida en un julepe. Llene

el vaso de hielo raspado (que no picado) y, a continuación, agregue el ron blanco (4 cl) y remátelo con soda o agua carbonatada. Se utiliza hielo raspado porque, aún hoy en día, muchos cubanos tienen, cerca de la barra, un gran bloque de hielo que van rompiendo con un cincel. Mezcle un poco la bebida con la pajita.

Como decoración, puede añadirle al hielo una rodaja de limón y menta.

Una ligera variante de esta receta es aquella en la que se usan dos tipos de ron: primero, uno claro envejecido entre uno y tres años, y después, uno ámbar de hasta siete años. Esta versión, aunque tiene un sabor más pronunciado, cuenta con el mismo alcohol que el mojito normal, ya que cuanto más añejo sea el ron más suave resulta.

Fuera de Cuba, el mojito se ha difundido en su «versión europea». Para elaborarla, se colocan rodajas de lima en el fondo del vaso con azúcar moreno. Después, todo se mezcla bien: los bármanes trituran con energía los ingredientes con un mortero para, a continuación, añadir la menta (aplastada con suavidad a los lados), el hielo picado y el ron blanco. Con este método, el cóctel resultante es técnicamente mint caipirissima y no un mojito. Sea como fuere, esta versión se ha hecho tan famosa fuera de Cuba que el uso del mortero y la fuerza, que no son necesarios en la receta original, se han convertido en el símbolo del mojito. De un modo similar, el mojito también se puede confundir con facilidad con el mint julep, un cóctel estadounidense elaborado a base de menta y whisky.

Existe también una versión sin alcohol del mojito, la cual suele llamarse «mojito virgen». Se prepara igual que el mojito europeo, pero con soda o Ginger Ale en lugar de ron.

La International Bartenders Association (IBA) seleccionó el mojito para usarlo en la anual World Cocktail Competition. En reconocimiento a su estatus y popularidad mundial, se encuentra en la categoría «Popular».

MOJITO DE MANZANA

INGREDIENTES

LICOR DE MANZANA VERDE
MENTA FRESCA
LIMA
AZÚCAR BLANCO O DE CAÑA
SODA O AGUA CON GAS

ORÍGENES Y CURIOSIDADES

Esta versión del mojito clásico se presentó en 2007 en el Metamorfosi Mojito, un importante concurso internacional celebrado en Rimini y organizado por la revista italiana *Bargiornale*.

PREPARACIÓN

Corte ½ lima en dados. Póngalos en un vaso alto y añada 10 g (3 cucharaditas) de azúcar blanco. Tritúrelo todo con un mortero hasta que se forme una pasta. Agregue hojas de menta fresca y aplástelas con suavidad contra los lados del vaso. Llene el vaso de hielo picado y vierta en él 50 ml (3 cucharadas y ⅓) de licor de manzana verde previamente medidos en una probeta graduada. Llene casi hasta el borde con soda o agua con gas y utilice una cuchara de mango largo para mezclar bien los ingredientes. A la hora de servir, adorne la bebida con 1 ramita de menta fresca y 2 pajitas largas.

SUGERENCIA DE USO

Se trata de una bebida que se puede disfrutar en cualquier momento de la noche.

Parfait de manzana verde

FÁCIL

ingredientes para 4 personas
tiempo: 45 minutos + tiempo de enfriado (3 horas)

1 taza + 1 cucharada y ½ de nata fresca
3 manzanas verdes
⅞ de taza de azúcar
2 claras de huevo
1 vaso de vino espumoso brut
1 rama de vainilla
nata montada

Lave, pele y saque el corazón de las manzanas; después, tritúrelas en la batidora. Viértalas en una cacerola y añada la vainilla, el azúcar y el vino espumoso. Tápelas y deje hervir a fuego lento durante 20 minutos. Retire del fuego y deje que se enfríe. Mientras tanto, monte la nata con las claras de huevo a punto de nieve. Agregue la nata y las claras a las manzanas y mezcle desde abajo. Eche la espuma resultante en 4 moldes (rectangulares a poder ser) y deje que repose en el frigorífico durante al menos 3 horas. Saque el *parfait* del molde y decórelo con manzana verde rallada y copetes de nata montada.

MOJITO DE ABSENTA

INGREDIENTES

ABSENTA
LIMA
MENTA FRESCA
AZÚCAR BLANCO O DE CAÑA
SODA O AGUA CON GAS

ORÍGENES Y CURIOSIDADES

Esta popular bebida se creó en el año 2000 para conmemorar el regreso de la absenta al mercado estadounidense tras un largo siglo de ausencia.

PREPARACIÓN

Corte ½ lima en pequeños dados, póngala en un vaso alto y añada 10 g (3 cucharaditas) de azúcar blanco. Tritúrelo todo con un mortero hasta que se forme una pasta. Agregue las hojas de menta fresca y presiónelas con suavidad contra el vidrio. Llene el vaso con hielo picado y vierta en él 40 ml (2 cucharadas y ¾) de absenta medidos en una probeta graduada. Añada soda o agua mineral con gas hasta casi llegar al borde del vaso. Remuévalo todo con una cuchara de mango largo para que los ingredientes se mezclen mejor. A la hora de servir la bebida, adórnela con 1 ramita de menta fresca y 2 pajitas largas.

SUGERENCIA DE USO

Una bebida excelente para cualquier hora de la noche. En la actualidad también ha ganado popularidad como aperitivo.

Palitos de anís

FÁCIL

ingredientes para 4 personas
tiempo: 1 hora

1 taza (16 cucharadas) de azúcar
1 taza y ⅔ de harina
200 g de semillas de anís
mantequilla
sal
3 huevos
½ cucharada de levadura en polvo
miel

Bata las claras de huevo y el azúcar en un cuenco con una varilla hasta que la mezcla quede suave y espumosa. Añada la harina tamizada, la levadura en polvo y una pizca de sal, y mézclelo todo bien hasta obtener una masa suave. Unte una bandeja de horno con mantequilla y extienda la masa; a continuación, espolvoree toda la superficie con las semillas de anís. Hornee durante 30 minutos a 180 °C. Saque la masa del horno y córtela en tiras de 1 cm de grosor y con una longitud de unos 7-8 cm. Sírvalas acompañadas de miel.

MOJITO AMARGO

INGREDIENTES

CAMPARI
NARANJA FRESCA
AZÚCAR BLANCO O DE CAÑA
VINO ESPUMOSO BRUT
MENTA FRESCA

ORÍGENES Y CURIOSIDADES

Esta variante del mojito clásico también se dio a conocer en el año 2007 durante el concurso Metamorfosi Mojito de Rimini, donde tuvo una gran acogida.

PREPARACIÓN

Corte ½ naranja en dados. Póngalos en un vaso alto y añada 10 g (3 cucharaditas) de azúcar blanco. Tritúrelo todo con un mortero hasta que se forme una pasta. Agregue hojas de menta fresca y aplástelas con suavidad contra los lados del vaso. Llene el vaso de hielo picado y vierta en él 40 ml (2 cucharadas y ¾) de Campari medidos en una probeta graduada. Llene el vaso casi hasta el borde con vino espumoso brut fresco y utilice una cuchara de mango largo para mezclar bien los ingredientes. A la hora de servir, adórnelo con 1 ramita de menta fresca y 2 pajitas largas.

SUGERENCIA DE USO

Excelente como aperitivo.

Nidos a la carbonara

DIFÍCIL

ingredientes para 4 personas
tiempo: 1 hora y 30 minutos

- 360 g de espaguetis
- 150 g de carrillera de cerdo o panceta en dados
- 1 taza (16 cucharadas) de queso parmesano rallado
- 1 taza (16 cucharadas) de queso pecorino rallado
- pimienta negra
- 3 yemas de huevo
- 2 huevos enteros
- aceite de oliva virgen extra
- mantequilla

Prepare en primer lugar los 4 nidos de queso parmesano en los que se servirán los espaguetis. Caliente en una sartén pequeña un poco de aceite de oliva virgen extra. Distribuya de un modo uniforme ¼ de taza (4 cucharadas) de queso parmesano y deje que se derrita durante 2 minutos. Cuando el queso se haya dorado, póngalo, con la ayuda de una espátula, boca abajo en un cuenco pequeño de vidrio pintado con aceite de girasol. Deje que se enfríe y dele forma a su gusto hasta hacer «cestas» o «nidos» de bordes irregulares. Hierva agua un poco salada. Mientras tanto, fría la panceta o la carrillera en una cacerola con 2 nueces de mantequilla. Cuando la carne esté crujiente, retírela del fuego y déjela reposar. Ponga los huevos en un cuenco grande. Agregue queso y pimienta al gusto y mézclelo todo con una varilla pequeña. Escurra los espaguetis cuando estén al dente e incorpórelos al cuenco para mezclarlos de inmediato con la carne y la mantequilla. Mézclelo todo rápido para que los huevos no lleguen a cuajar. Sirva la pasta muy caliente en las cestas de queso parmesano.

MOJITO NEGRO

INGREDIENTES

LICOR DE REGALIZ
LIMA
MENTA FRESCA
AZÚCAR BLANCO O DE CAÑA
SODA O AGUA CON GAS

ORÍGENES Y CURIOSIDADES

Esta versión del mojito clásico también se hizo pública durante el Metamorfosi Mojito de 2007 celebrado en Rimini, un concurso que demostró ser toda una fuente de ideas innovadoras.

PREPARACIÓN

Corte ½ lima en dados. Póngalos en un vaso alto y añada 10 g (3 cucharaditas) de azúcar blanco. Tritúrelo todo con un mortero hasta que se forme una pasta. Agregue las hojas de menta fresca y presiónelas con suavidad contra el vaso. Llene el vaso de hielo picado y vierta en él 50 ml (3 cucharadas y ⅓) de licor de regaliz medidos en una probeta graduada. Llene casi hasta el borde con soda o agua con gas y utilice una cuchara de mango largo para mezclar bien los ingredientes. A la hora de servir, adorne con 1 rueda de regaliz, 1 ramita de menta fresca y 2 pajitas largas.

SUGERENCIA DE USO

Una bebida recomendable para cualquier hora de la noche.

Galletas de salvia

FÁCIL

ingredientes para 4 personas
tiempo: 2 horas

1 taza y ⅕ de harina blanca
⅘ de taza de harina de trigo sarraceno
⅕ de taza + 2 cucharadas y ½ de leche
⅓ de taza de margarina
sal
½ sobre de levadura en polvo
salvia fresca

Lave 8 hojas de salvia y tritúrelas en la batidora o píquelas muy finamente. Tamice la harina en la superficie de trabajo y añada una pizca de sal y la levadura en polvo. Póngalo todo en un montoncito y deje caer sobre él la margarina blanda. Por último, agregue la salvia y la leche y mézclelo todo con las manos empezando por el centro hasta obtener una pasta suave. Forme una bola de masa y déjela reposar en el frigorífico durante 1 hora cubierta con un paño húmedo. Enharine la superficie de trabajo y use un rodillo para extender la masa hasta que tenga un grosor uniforme de 1 cm. Corte las galletas con la forma que prefiera y póngalas en un plato cubierto con papel para hornear. Hornee a 180 °C durante 15 minutos. Sírvalas templadas.

MOJITO JAMAICANO

INGREDIENTES

RON OSCURO
LIMA
AZÚCAR BLANCO O DE CAÑA
MENTA FRESCA
MACEDONIA DE FRUTA FRESCA
ZUMO DE LIMA O DE LIMÓN
SODA O AGUA CON GAS

ORÍGENES Y CURIOSIDADES

Al parecer, esta bebida se creó en un establecimiento jamaicano de Milán a finales de la década de 1990. A los ingredientes del mojito clásico se les añadieron las frutas características de la célebre olla jamaicana.

PREPARACIÓN

Ponga ½ lima cortada en dados en un vaso alto y añada 10 g (3 cucharaditas) de azúcar blanco. Tritúrelo todo con un mortero hasta que se forme una pasta. Agregue las hojas de menta fresca y presiónelas con suavidad contra el vidrio. Incorpore 1 cucharada de macedonia de fruta fresca, 40 ml (2 cucharadas y ¾) de ron y 20 ml (4 cucharaditas) de zumo de lima o de limón. Llene el vaso de hielo picado y agregue soda o agua mineral con gas hasta llegar casi al borde. Remuévalo todo con una cuchara de mango largo para que los ingredientes se mezclen mejor. A la hora de servir la bebida, adórnela con 2 cerezas y ½ rodaja de piña con un palillo largo que se pueda usar también para degustar la fruta.

SUGERENCIA DE USO

Es una bebida alegre y muy vistosa que se puede disfrutar a cualquier hora del día.

Tarta jamaicana

FÁCIL

ingredientes para 6-8 personas
tiempo: 1 hora y 30 minutos + tiempo de congelado (5 horas)

400 g de bizcocho (*pan di spagna*)
400 g de piña en almíbar
1 taza y ⅓ de azúcar
2 tazas de nata montada
1 sobre de vainilla
3 yemas de huevo
1 huevo entero
80 g de almendras tostadas (en torno a 1 taza)
2 cucharadas de curaçao azul
azúcar glas

Escurra la piña, córtela en dados y vierta el almíbar en un cuenco junto a 15 ml (1 cucharada) de curaçao azul. Ponga la piña cortada en un cuenco y déjela reposar durante 45 minutos con otra cucharada de licor y ¼ de taza (4 cucharadas) de azúcar. Corte el bizcocho en rebanadas de 1 cm de grosor y pinte la base del molde con el almíbar de piña. Use un cuenco para batir con una varilla los huevos y el azúcar restante hasta que queden cremosas y espumosas. Añada la nata montada, la vainilla, la piña en dados y unas cucharadas del almíbar de piña. Mezcle bien los ingredientes e introduzca la mezcla en el molde. Iguale dicha mezcla y extienda por encima rebanadas de bizcocho. Cubra el molde con el papel de aluminio y deje que la tarta repose en el congelador durante al menos 5 horas. Dele la vuelta al molde sobre una bandeja previamente enfriada en el congelador y espolvoree con abundantes almendras tostadas. Sirva y espolvoree con azúcar glas.

MOJITO DE ALBAHACA

INGREDIENTES

RON BLANCO
LIMA
HOJAS DE ALBAHACA FRESCA
AZÚCAR BLANCO O DE CAÑA
SODA O AGUA CON GAS

ORÍGENES Y CURIOSIDADES

Al igual que otras muchas variantes, este mojito se presentó en el concurso de 2007 Metamorfosi Mojito celebrado en Rimini. Fue, en efecto, una idea original la de sustituir la clásica menta por otra hierba: la albahaca.

PREPARACIÓN

Ponga ½ lima cortada en dados en un vaso alto y añada 10 g (3 cucharaditas) de azúcar blanco. Tritúrelo todo con un mortero hasta que se forme una pasta. Agregue las hojas de albahaca fresca y presiónelas con suavidad contra el vidrio. Llene el vaso con hielo picado y vierta en él 40 ml (2 cucharadas y ¾) de ron previamente medidos en una probeta graduada. Llene casi hasta el borde con soda o agua mineral. Remuévalo todo con una cuchara de mango largo para que los ingredientes se mezclen mejor. Sirva la bebida adornada con 1 tallo de albahaca fresca y 2 pajitas largas.

SUGERENCIA DE USO

Es una aromática bebida que va bien a cualquier hora.

Canapés a la genovesa

FÁCIL

ingredientes para 4 personas
tiempo: 45 minutos

1 rebanada de pan
300 g de colas de gambas frescas
6 cucharadas de pesto
sal y pimienta
aceite de oliva virgen extra
1 diente de ajo
brandi
4 tomates pequeños
albahaca

Corte la rebanada de pan en 8 partes de 3 cm de grosor. Áselas o tuéstelas por ambos lados y resérvelas. Lave el ajo y píquelo finamente. Quíteles a las gambas la cáscara y el filamento negro que les recorre el lomo. Saltee el ajo en una cacerola con 2 cucharadas de aceite de oliva virgen extra. Agregue las colas de gambas y cocínelas durante 3 minutos a fuego medio. Flambee con 1 chupito de brandi. Cuando las llamas bajen, agregue el pesto, la sal y la pimienta. Cocine durante 5 minutos y retire del fuego. Coloque los 8 canapés de pan y cubra ⅔ de ellos con pesto para, después, ponerlos en el gratinador del horno. Hornee a 100 °C durante 5 minutos y sirva los canapés muy calientes tras adornarlos con hojas de albahaca y dados de tomate.

MOJITO FIDEL

INGREDIENTES

RON BLANCO
LIMA
MENTA FRESCA
AZÚCAR BLANCO O DE CAÑA
CERVEZA *LAGER*

ORÍGENES Y CURIOSIDADES

El 26 de junio de 1953, un grupo de cubanos rebeldes dirigidos por Fidel Castro asaltó el cuartel de Moncada. La noche anterior, los revolucionarios habían celebrado el inminente ataque con unos mojitos que había preparado un soldado (el cual actuó como barman *de facto*). Cuando se quedaron sin soda, el improvisado barman decidió utilizar cerveza *lager*. A Fidel Castro le gustó la nueva bebida y la bautizó con su nombre.

PREPARACIÓN

Ponga 40 ml (2 cucharadas y ¾) de ron en una probeta graduada y viértalos en un vaso alto. Repita el procedimiento con 30 ml (2 cucharadas) de zumo de lima recién exprimido. Incorpore 10 g (3 cucharaditas) de azúcar blanco, unas hojas de menta fresca y mézclelo todo con una cuchara de mango largo. Llene el vaso de hielo con cerveza casi hasta el borde. Mezcle por última vez y, a la hora de servir, adorne la bebida con 1 ramita de menta fresca y 2 pajitas largas.

SUGERENCIA DE USO

Esta bebida, que se puede disfrutar en cualquier momento de la noche, es también recomendable como aperitivo.

Alitas de pollo a la parrilla

FÁCIL

ingredientes para 4 personas
tiempo: 45 minutos

8 alitas de pollo
pan rallado
2 huevos
harina blanca
sal y pimienta
aceite de cacahuete
pimentón dulce en polvo
salsa barbacoa

Use unas tijeras para trinchar aves para cortar las alitas en dos por la articulación; quíteles la piel. Bata en un cuenco los huevos con una pizca de sal, la pimienta y el pimentón dulce. Tamice la harina en un plato hondo y añada el pan rallado. Reboce las alitas de una en una, primero en la harina, después en el huevo y, por último, en el pan rallado; procure quitar el pan sobrante. Llene hasta la mitad una sartén grande con aceite de cacahuete. Cuando esté caliente, fría las alitas empanadas en pequeñas tandas mientras les da la vuelta cada 2 minutos para que estén un total de 10 minutos cocinándose. Escúrralas con una espumadera y póngalas sobre dos hojas de papel de cocina. Sírvalas calientes y acompañadas de salsa barbacoa.

MOJITO REAL

INGREDIENTES

RON BLANCO
LIMA
MENTA FRESCA
VINO ESPUMOSO BRUT
AZÚCAR BLANCO O DE CAÑA

ORÍGENES Y CURIOSIDADES

También presentado en 2007 en el concurso Metamorfosi Mojito de Rimini, este mojito se ha convertido en una de las variantes más populares de esta bebida.

PREPARACIÓN

Ponga ½ lima cortada en dados en un vaso alto y añada 10 g (3 cucharaditas) de azúcar blanco. Tritúrelo todo con un mortero hasta que se forme una pasta. Agregue las hojas de menta fresca y presiónelas con suavidad contra el vidrio. Llene el vaso con hielo picado y vierta en él 40 ml (2 cucharadas y ¾) de ron previamente medidos en una probeta graduada. Llene casi hasta el borde con vino espumoso brut y utilice una cuchara de mango largo para mezclar bien los ingredientes. A la hora de servir la bebida, adórnela con 1 ramita de menta fresca, ½ rodaja de naranja y 2 pajitas largas.

SUGERENCIA DE USO

Esta bebida, que se puede disfrutar en cualquier momento de la noche, también se ha puesto de moda como aperitivo.

Spätzle verde tirolés

FÁCIL

ingredientes para 4 personas
tiempo: 45 minutos

360 g de *spätzle* verdes
80 g de beicon en lonchas gruesas
1 cucharada de aceite de oliva virgen extra
1 chupito de grapa blanca
¾ de taza de nata para cocinar
romero
sal y pimienta
queso parmesano rallado

Corte el beicon en tiras y saltéelo en una sartén grande con 1 cucharada de aceite de oliva virgen extra. Cubra con grapa y deje que hierva para, a continuación, cocinarlo todo a fuego lento durante 3 minutos. Añada la nata y deje que la salsa se reduzca a fuego medio durante 5 minutos. Incorpore el romero finamente picado, la sal y la pimienta después de retirar la sartén del fuego. Cueza la pasta en abundante agua salada. Escúrrala y agréguela directamente a la salsa; sazone después con un buen puñado de queso parmesano rallado. Sírvala adornada con ramitas de romero.

MOJITO VIRGEN

INGREDIENTES

LIMA	AZÚCAR BLANCO O DE CAÑA
MENTA FRESCA	REFRESCO DE LIMÓN O GINGER ALE

ORÍGENES Y CURIOSIDADES

Esta versión sin alcohol del mojito clásico se presentó durante el año 2006 en L'altra Faccia del Mojito («la otra cara del mojito»), una importante competición nacional celebrada en Rimini y organizada por la revista italiana *Bargiornale*.

PREPARACIÓN

Ponga ½ lima cortada en dados en un vaso alto y añada 10 g (3 cucharaditas) de azúcar blanco. Tritúrelo todo con un mortero hasta que se forme una pasta. Agregue las hojas de menta fresca y presiónelas con suavidad contra el vidrio. Llene el vaso de hielo y añada refresco de limón o Ginger Ale hasta llegar casi al borde. Remuévalo todo con una cuchara de mango largo para que los ingredientes se mezclen bien. A la hora de servir, adorne la bebida con 1 ramita de menta fresca y 2 pajitas largas.

SUGERENCIA DE USO

Es una refrescante bebida que se puede disfrutar a cualquier hora de la noche y que, además, resulta apta para los más jóvenes.

Panna cotta de jengibre

FÁCIL

ingredientes para 4 personas
tiempo: 1 hora + tiempo de enfriado (2 horas)

- 1 taza y ¼ de leche
- 1 taza y ¼ de nata fresca
- ⅗ de taza de azúcar
- 100 g de jengibre confitado (en torno a ⅜ de taza)
- 4 yemas de huevo
- 2 huevos enteros
- 2 vainas de vainilla
- cacao en polvo

Pique finamente 70 g del jengibre confitado (en torno a ¼ de taza) y póngalo en una cacerola con las vainas de vainilla abiertas y la leche. Lleve la mezcla a ebullición, añada la nata y remueva con fuerza. Mientras tanto, bata los huevos y el azúcar en un cuenco hasta que la mezcla quede cremosa y espumosa. Vierta la leche en los huevos, remueva por última vez y déjela enfriar. Use una cuchara para sacar las vainas de vainilla e introduzca la mezcla en 4 moldes grandes de *panna cotta*. Póngalos con suavidad en una cacerola alta y cocínelos al baño María a 180 °C durante unos 40 minutos. Sáquelos del horno y deje que se enfríen. Coloque los moldes en el frigorífico durante al menos 2 horas. Justo antes de servir la *pana cotta*, vacíe los moldes, adorne con el jengibre sobrante cortado en dados y espolvoréelo todo con cacao en polvo.

MOJITO DE NARANJA

INGREDIENTES

RON BLANCO
ZUMO DE NARANJA
AZÚCAR BLANCO O DE CAÑA
JENGIBRE FRESCO
GINGER ALE
MENTA FRESCA

ORÍGENES Y CURIOSIDADES

He aquí otra versión del cóctel cubano que también se dio a conocer en el concurso L'altra faccia del Mojito celebrado en el año 2006 en Rimini.

PREPARACIÓN

Ponga ¼ de naranja cortada en dados en un vaso alto y añada 10 g (3 cucharaditas) de azúcar blanco. Tritúrelo todo con un mortero hasta que se forme una pasta. Agregue algunas rodajas de jengibre y hojas de menta para, a continuación, aplastarlas con suavidad contra el vaso. Llene el vaso con hielo picado y vierta en él 40 ml (2 cucharadas y ¾) de ron previamente medidos en una probeta graduada. Llene casi hasta el borde con Ginger Ale y utilice una cuchara de mango largo para mezclar bien los ingredientes. A la hora de servir, adorne la bebida con 1 ramita de menta fresca y 2 pajitas largas.

SUGERENCIA DE USO

Se trata de una excelente bebida que se puede disfrutar en cualquier momento de la noche. De un tiempo a esta parte incluso se ha convertido en un popular aperitivo.

Pulpo a la naranja

FÁCIL

ingredientes para 4 personas
tiempo: 1 hora y 30 minutos

1 kg de pulpo
3 cucharadas de aceite de oliva virgen extra
2 dientes de ajo
zumo de 4 naranjas sanguinas
sal y pimienta
2 tomates (no muy maduros)
caldo de pescado
polenta
perejil picado

Lave el pulpo con agua salada, a ser posible. Caliente el aceite en una sartén grande y dore el ajo muy finamente picado. Añada el pulpo y cocínelo a fuego medio durante unos 40 minutos mientras incorpora caldo de pescado de vez en cuando. Cuando esté casi hecho, agregue la sal, la pimienta y el zumo de naranja; deje que la salsa se reduzca durante 10 minutos. Retire el pulpo del fuego y añada los tomates cortados en tiras finas. Remueva por última vez, sirva sobre un lecho de polenta suave, previamente cocinada, y espolvoree con perejil picado.

GENUINO MOJITO CUBANO

INGREDIENTES

LIMA
MENTA FRESCA*
AZÚCAR BLANCO**
RON BLANCO
SODA O AGUA CON GAS

ORÍGENES Y CURIOSIDADES

He aquí, finalmente, la receta del genuino mojito cubano; puede que sea muy conocido, pero son muchos los bármanes de todo el mundo que siguen preparándolo de una forma errónea. En Cuba, se les sirve a los turistas en los clubes como bebida de bienvenida.

PREPARACIÓN

Ponga 40 ml (2 cucharadas y ¾) de ron en una probeta graduada y viértalos en un vaso alto. Repita el procedimiento con 30 ml (2 cucharadas) de zumo de lima recién exprimido. Agregue 10 g (3 cucharaditas) de azúcar blanco y unas hojas de menta fresca y mézclelo todo con una cuchara de mango largo. Llene el vaso de hielo y agregue soda o agua mineral con gas hasta llegar casi al borde. Mezcle por última vez y, a la hora de servir esta bebida, adórnela con 1 ramita de menta fresca y 2 pajitas largas.

SUGERENCIA DE USO

El mojito es el aperitivo más conocido del mundo.

*EN CUBA SE PREPARA CON HIERBABUENA
**EN CUBA SE PREPARA CON AZÚCAR BLANCO DE CAÑA

Picadillo al estilo cubano

FÁCIL

ingredientes para 4 personas
tiempo: 1 hora

500 g de cerdo magro picado
3 tomates
100 g de puré de tomate
1 cebolla
1 pimiento de bola amarillo
2 dientes de ajo
60 g de pasas
40 g de aceitunas verdes
orégano
comino
vino blanco
sal y pimienta - aceite de oliva virgen extra

Fría en una cacerola grande 2 cucharadas de aceite de oliva virgen extra, los dientes de ajo machados y 1 cebolla finamente picada. Añada los pimientos, previamente limpios y cortados en dados muy pequeños, y siga cocinando a fuego medio durante 3 minutos. Agregue la carne y ásela durante 5 minutos sin dejar de remover. Incorpore los tomates lavados y cortados en cuñas y el puré de tomate. Cocine durante otros 10 minutos. Incorpore las pasas, las aceitunas (ya deshuesadas), 1 cucharadita de comino y otra de orégano, 1 vaso de vino blanco y sal y pimienta al gusto. Tape el picadillo y cocínelo durante otros 20 minutos. Retírelo del fuego y sirva de inmediato.

MOJITO DE FRUTA DE LA PASIÓN

INGREDIENTES

LICOR PASSOA
LIMA
AZÚCAR BLANCO O DE CAÑA
MENTA FRESCA
SODA O AGUA CON GAS
FRUTA DE LA PASIÓN (COMO ADORNO)

ORÍGENES Y CURIOSIDADES

También presentada durante el año 2007 en el concurso Metamorfosi Mojito de Rimini, esta versión de la receta clásica incorpora abundante fruta de la pasión con unos resultados sensacionales.

PREPARACIÓN

Corte ½ lima en dados. Ponga la lima en un vaso alto y añada 10 g (3 cucharaditas) de azúcar blanco. Tritúrelo todo con un mortero hasta que se forme una pasta. Agregue las hojas de menta fresca y presiónelas con suavidad contra el vaso. Llene el vaso de hielo picado y vierta en él 50 ml (3 cucharadas y ⅓) de licor Passoa medidos en una probeta graduada. Llene casi hasta el borde con soda o agua con gas y utilice una cuchara de mango largo para mezclar bien los ingredientes. A la hora de servir, adorne la bebida con ½ fruta de la pasión, 1 ramita de menta fresca y 2 pajitas largas.

SUGERENCIA DE USO

Se trata de una deliciosa bebida que se puede disfrutar en cualquier momento de la noche. Es especialmente popular entre las mujeres.

El verdadero amor

DIFÍCIL

ingredientes para 6-8 personas
tiempo: 3 horas y 30 minutos + tiempo de congelación (4 horas)

500 g de helado de fresa
500 g de helado de melocotón
1 bizcocho redondo (*pan di spagna*)
2 tazas de nata montada con azúcar
2 melocotones en almíbar
1 cesta de fresas frescas
Cointreau
escamas o virutas de chocolate blanco

Forre un molde hondo con film transparente de cocina de modo que sobresalga por los bordes. Pinte con Cointreau la rebanada de bizcocho y colóquela con suavidad en el molde. Cúbrala con una capa de nata montada azucarada y déjela reposar en el congelador durante 90 minutos. Cuando la nata se haya endurecido, añada una capa del helado de melocotón y deje que se endurezca también en el congelador durante otros 90 minutos. Repita el procedimiento con el helado de fresa y remate con una última capa de nata montada. Vuelva a meterlo todo de inmediato en el congelador durante 4 horas. Veinte minutos antes de servir, saque la tarta del congelador y del molde. Adórnela con fresas y melocotones en dados, nata montada y escamas de chocolate blanco.

MOJITO AL SPRITZ

INGREDIENTES

APEROL	VINO ESPUMOSO BRUT
NARANJA	MENTA FRESCA
AZÚCAR BLANCO O DE CAÑA	SODA O AGUA CON GAS

ORÍGENES Y CURIOSIDADES

Esta fresca y muy actual versión del mojito se presentó durante el año 2007 en el concurso Metamorfosi Mojito celebrado en Rimini.

PREPARACIÓN

Ponga ¼ de naranja cortada en dados en un vaso alto y añada 10 g (3 cucharaditas) de azúcar blanco o de caña. Tritúrelo todo con un mortero hasta que se forme una pasta. Agregue unas hojas de menta fresca y presiónelas con suavidad contra los lados. Llene el vaso de hielo picado y vierta en él 40 ml (2 cucharadas y ¾) de Aperol previamente medidos en una probeta graduada. Repita el procedimiento con 40 ml (2 cucharadas y ¾) de vino espumoso brut y la misma cantidad de soda o agua con gas. Remuévalo todo con una cuchara de mango largo para que los ingredientes se mezclen mejor. A la hora de servir, adorne la bebida con 1 ramita de menta fresca y 2 pajitas largas.

SUGERENCIA DE USO

Se trata de un excelente aperitivo que se puede disfrutar en cualquier momento de la noche.

Verduras para mojar

FÁCIL

ingredientes para 4 personas
tiempo: 30 minutos

100 g de zanahorias
1 calabacín
1 pimiento de bola rojo
1 pimiento de bola amarillo
1 hinojo
2 tallos de apio
8 rábanos
1 achicoria roja de Treviso
sal y pimienta
zumo de 2 limones
aceite de oliva virgen extra
vinagre

Lave bien las verduras. Corte el calabacín, las zanahorias y los pimientos en tiras largas. Trocee los rábanos, el apio y el hinojo. Quítele las hojas a la achicoria roja. Disponga las verduras en una fuente de modo que alternen según sus colores y formas. Coloque en el centro de la fuente 4 pequeños cuencos con una salsa de aceite (con, por ejemplo, aceite de oliva virgen extra, zumo de limón, vinagre, sal y pimienta) para las verduras.

MOJITO VETERINARIO

INGREDIENTES

AMARO MONTENEGRO
LIMA
MENTA FRESCA
AZÚCAR BLANCO O DE CAÑA
SODA O AGUA CON GAS

ORÍGENES Y CURIOSIDADES

Esta versión del mojito original, obra del barman Gianfranco di Niso, debutó en el concurso Metamorfosi Mojito celebrado durante el año 2007 en Rimini y, desde entonces, se ha convertido en una de las variaciones más populares y apreciadas del mojito.

PREPARACIÓN

Corte ½ lima en dados. Póngalos en un vaso alto y añada 10 g (3 cucharaditas) de azúcar blanco. Tritúrelo todo con un mortero hasta que se forme una pasta. Agregue hojas de menta fresca y aplástelas con suavidad contra los lados del vaso. Llene el vaso de hielo picado y vierta en él 60 ml (¼ de taza) de Amaro Montenegro medidos en una probeta graduada. Llene casi hasta el borde con soda o agua con gas y utilice una cuchara de mango largo para mezclar bien los ingredientes. A la hora de servir, adorne la bebida con 1 ramita de menta fresca y 2 pajitas largas.

SUGERENCIA DE USO

Este excelente digestivo va bien en cualquier momento de la noche.

Pastel de ruibarbo

FÁCIL

ingredientes para 6-8 personas
tiempo: 4 horas

300 g de ruibarbo
8 cucharadas y ⅘ de mantequilla
3 huevos
½ taza + 2 cucharadas de azúcar
⅞ de taza (14 cucharadas + 2 cucharaditas) de harina
azúcar moreno
4 cucharadas de nata fresca

Limpie el ruibarbo y píquelo groseramente. Póngalo en un cuenco junto a 2 cucharadas de azúcar y déjelo reposar durante 2 horas. Trabaje la nata, la mantequilla y el azúcar sobrante en un cuenco grande. Añada los huevos y mezcle bien. Agregue el ruibarbo picado y la harina tamizada hasta que se forme una pasta espesa. Por último, vierta la nata en el cuenco para, a continuación, mezclar los ingredientes por última vez. Échelo todo en una bandeja de horno untada con mantequilla y hornee a 180 °C durante 40 minutos. Saque el pastel del horno y espolvoree con azúcar de caña. Déjelo enfriar y sírvalo.

MOJITO VICTORIANO

INGREDIENTES

GINEBRA
LIMA
AZÚCAR BLANCO
MENTA FRESCA
VINO ESPUMOSO BRUT

ORÍGENES Y CURIOSIDADES

Combinación perfecta del tradicional mojito cubano y la tradición inglesa gracias al uso de ginebra en lugar de ron y a la sustitución de la soda por vino espumoso brut. El mojito victoriano también se presentó en el concurso Metamorfosi Mojito celebrado durante el año 2007 en Rimini.

PREPARACIÓN

Corte ½ lima en dados. Póngalos en un vaso alto y añada 10 g (3 cucharaditas) de azúcar blanco. Tritúrelo todo con un mortero hasta que se forme una pasta. Agregue hojas de menta fresca y aplástelas con suavidad contra los lados del vaso. Llene el vaso de hielo picado y vierta en él 40 ml (2 cucharadas y ¾) de ginebra medidos en una probeta graduada. Llene casi hasta el borde con vino espumoso brut fresco y utilice una cuchara de mango largo para mezclar bien los ingredientes. A la hora de servir, adorne la bebida con 1 ramita de menta fresca y 2 pajitas largas.

SUGERENCIA DE USO

Se trata de un excelente aperitivo que se puede disfrutar en cualquier momento de la noche.

Solomillo Windsor

MEDIA

ingredientes para 4 personas
tiempo: 2 horas y 30 minutos

800 g de solomillo de ternera
⅛ de taza (2 cucharadas) de mantequilla
harina
sal
pimienta negra
mostaza en polvo
vino blanco
pimienta verde
perifollo picado
aceite de oliva virgen extra
1 o 2 limones

Precaliente el horno a máxima potencia. Ate la carne con una cuerda resistente con el fin de darle la forma clásica de rosbif. Ponga 2 cucharadas de harina, 1 cucharada de mostaza y pimienta negra al gusto en una sartén y tuéstelo todo con cuidado para que no se pegue. Derrita la mantequilla en una cacerola y dore durante 10 minutos la carne, que antes deberá haber espolvoreado con mostaza en polvo. Remójela con el vino blanco y retírela del fuego. Ponga la carne en el gratinador del horno y coloque debajo una bandeja de horno grande y alta para que recoja todos los zumos que se generen durante el lento horneado del rosbif. Sale la carne al gusto y hornee durante 40 minutos a 200 °C; pinte de vez en cuando con el zumo del rosbif que vaya cayendo en la bandeja. Saque la carne del horno y deje que repose durante 20 minutos. Córtela en rodajas lo más finas que pueda y dispóngalas en una fuente; aderécelas con aceite de oliva virgen extra, sal, pimienta verde espolvoreada y perifollo finamente picado también espolvoreado. Sírvala con unas cuñas de limón.

CÓCTELES CON HELADO

Los orígenes del helado se remontan a la Antigüedad: existen referencias a la refrigeración de la fruta, la leche y la miel tanto en crónicas escritas como en los hallazgos arqueológicos más famosos.

Según la tradición, el rey Salomón era un adepto consumidor de bebidas granizadas, mientras que Alejandro Magno exigía un suministro continuo de nieve mezclada con miel y frutas durante sus campañas en la India.

Algunos estudiosos datan la invención del helado hacia el año 3000 a. C. y la ubican en el Lejano Oriente, entre los chinos. Sin embargo, con las invasiones mongolas, el helado llegó a Grecia y Turquía, con lo que después se extendió a otros países de la cuenca mediterránea. Mientras tanto, los faraones egipcios disfrutaban de formas primitivas de granizado durante sus trayectos. De hecho, se cuenta que Cleopatra le ofreció a César y a Marco Antonio fruta mezclada con hielo.

Durante la Edad Media, en Oriente, se desarrolló un método para congelar zumos de fruta colocándolos en recipientes rodeados de hielo picado. De hecho, la palabra «sorbete» procede del árabe. Los cruzados, al regresar de Tierra Santa, llevaron estos productos a las mesas de los nobles europeos.

Gracias al descubrimiento del Nuevo Mundo y a la introducción en la cocina europea de exóticas frutas, hierbas y especias, así como del cacao, los postres fríos disfrutaron de una auténtica edad de oro en los banquetes europeos.

Durante el Renacimiento italiano, la corte de los Medici en Florencia era conocida por la producción de exquisitos sorbetes y helados montados. La idea del helado propiamente dicho y tal como lo conocemos procede de un vendedor de pollos llamado Ruggieri. Este decidió girar y dar vueltas a su sorbete en recipientes rodeados de nieve durante algunos minutos. Por la misma época, otro florentino, el arquitecto, ingeniero y artista Buontalenti Bernard, creó una crema con bergamota, limón y naranja y la enfrió con su propio invento: un innovador método con el que pudo conservar la nieve recogida en invierno para guardarla en bodegas forradas con paja.

A finales del siglo XVII, un chef siciliano que se llamaba Francesco Procopio dei Coltelli fundó la primera cafetería de París (Le Procope, que con el tiempo se convertiría en uno de los cafés literarios más célebres de Europa), en la cual también se servía helado, un artículo muy apreciado por el Rey Sol.

El monarca acabó por conceder la exclusividad al siciliano para la elaboración de productos con nombres tales como «aguas heladas», «helado de fruta», «flores de anís y canela», «helado de zumo de limón», «helado de zumo de naranja», «helado» y «sorbete de fresa».

Durante el siglo XVIII, los postres fríos llegaron a todas las cortes y a las capitales de Europa con la formulación estándar a base de leche, huevos y azúcar.

El italiano Giovanni Bosio abrió su primera heladería en Nueva York en 1770, y su producto se convirtió en un éxito al momento en Estados Unidos.

La idea de ponerle helado a una galleta (el cono de helado llegaría más tarde) se la debemos al italiano Giovanni Torre di Bussana, quien a comienzos del siglo XX también inventó el carrito de helados con las clásicas tres ruedas y pedales, el cual no tardó en difundirse fuera de Italia. En 1927, el boloñés Otello Cattabriga construyó la primera máquina de helados automática, la cual se hizo famosa en todo el mundo.

Sin embargo, la producción de helado a escala industrial se inició en Estados Unidos, donde se diseñaron las primeras máquinas para la producción de helados en serie. A diferencia de los europeos, los estadounidenses preferían usar nata en lugar de huevos como base, lo cual sigue siendo uno de los principales puntos de divergencia entre unos y otros helados.

Tras experimentar cierta decadencia en las décadas de 1950 y 1960, el helado está viviendo en la actualidad un rejuvenecimiento generalizado que puede percibirse en la amplia gama de heladerías y productos comerciales. El helado no es solo para el verano, y con un poco de creatividad puede consumirse en excepcionales cócteles para después de la cena, servirse en lugar de otros postres o disfrutarse en bebidas frescas que se pueden tomar a cualquier hora.

Piénsese, por ejemplo, en lo fácil que es crear una variante de la piña colada: con solo añadir un poco de helado de chocolate se obtiene una «chococolada». Sin embargo, para elaborar un cóctel con helado es indispensable el uso de una batidora. Aun así, con solo una bola de su helado favorito puede obtener un cóctel exquisito.

He aquí algunos ejemplos:

ICE CREAM ALEXANDER
Brandi
Crema de cacao blanco
Nata
Helado de vainilla
Nuez moscada (cobertura)

BURNT ARNOLD
Disaronno Original
Licor Kalhúa
Nata
Helado de vainilla

GRASSHOPPER ICE CREAM
Crème de menthe verte
Crema de cacao blanco
Nata
Helado de menta

ICE STRAWBERRY MARGARITA
Tequila
Triple seco
Zumo de limón
Helado de fresa

ICE BANANA DAIQUIRI
Ron blanco
Crème de banane
Zumo de limón
Helado de plátano

BOMBARDINO
Whisky escocés
Disaronno Original
Helado de nata
Cacao (cobertura)

AFTER EIGHT

INGREDIENTES

CRÈME DE MENTHE BLANCHE O LICOR DE MENTA
LICOR DE CHOCOLATE
HELADO DE MENTA
HELADO DE CHOCOLATE

ORÍGENES Y CURIOSIDADES

Una exitosa bebida creada en Berlín a finales de la década de 1990. Se inspiró en el célebre dulce de chocolate con menta del mismo nombre y se hizo popular sobre todo entre las mujeres.

PREPARACIÓN

Tome 50 ml (3 cucharadas y ⅓) de *crème de menthe blanche* o de licor de menta y viértalos en la batidora de vaso. Repita el procedimiento con 50 ml (3 cucharadas y ⅓) de licor de chocolate. Añada 1 cucharada de helado de menta, otra de helado de chocolate y ½ vaso bajo de hielo picado. Bata durante 15-20 segundos y eche la bebida en un vaso alto. A la hora de servir, adorne con 1 ramita de menta fresca y 2 pajitas largas.

SUGERENCIA DE USO

Se trata de una bebida *gourmet* que se puede disfrutar en cualquier momento de la noche. También es un buen digestivo.

Capuchino de menta

FÁCIL

ingredientes para 4 personas
tiempo: 30 minutos + tiempo de enfriado (3 horas)

6 yemas de huevo
4 claras de huevo
6 cucharadas de azúcar
3 cucharadas de sirope de menta
escamas o virutas de chocolate negro
nata montada
cacao en polvo

Bata en un cuenco las yemas de huevo y el azúcar con una varilla hasta que la mezcla quede suave y esponjosa. Rocíe con el sirope de menta sin dejar de remover. Bata los huevos a punto de nieve y añádalos poco a poco junto a las escamas de chocolate negro. Tras remover por última vez, empezando siempre desde abajo, vierta la mezcla en 4 tazas para capuchino. Déjelas reposar en el frigorífico durante al menos 3 horas. Justo antes de servirlas, adórnelas con un toque de nata montada y cacao en polvo espolvoreado.

BITTER SWEET

INGREDIENTES

APEROL
CAMPARI
VODKA
SANBITTÈR
HELADO DE MELOCOTÓN

ORÍGENES Y CURIOSIDADES

Este helado se creó a finales de la década de 1990 en una heladería berlinesa. No tardó en convertirse en una popular bebida en toda Europa central.

PREPARACIÓN

Ponga 30 ml (2 cucharadas) de Aperol en una probeta graduada y viértalos en una batidora de vaso. Repita el procedimiento con 10 ml (2 cucharaditas) de Campari, 30 ml (2 cucharadas) de vodka y 30 ml (2 cucharadas) de Sanbittèr. Añada 2 cucharadas de helado de melocotón y ½ vaso bajo de hielo picado. Bata durante 15-20 segundos y sirva la bebida en un vaso alto. Sirva adornada con una cuña de naranja o con melocotón fresco y 2 pajitas largas.

SUGERENCIA DE USO

Un aperitivo muy agradable.

Rodajas de atún

MEDIA

ingredientes para 4 personas
tiempo: 45 minutos

4 rodajas de atún (de 150 g cada una)
rúcula
2 cucharadas de granos de pimienta rosa
sal y pimienta
1 limón
aceite de oliva virgen extra

Lave con cuidado las rodajas de atún y salpimiéntelas al gusto. Caliente 2 cucharadas generosas de aceite de oliva virgen extra en una sartén grande antiadherente. Cocine las rodajas de atún a fuego lento sin llegar a los 3 minutos por cada lado. Mientras tanto, emulsione en una salsera 2 cucharadas de aceite de oliva virgen extra con el zumo de un limón, sal y los granos de pimienta rosa. Disponga en una fuente un lecho de rúcula lavada y picada groseramente. Corte las rodajas de atún sobre una tabla de cocina y coloque sobre la rúcula. Aderece la salsa con abundantes granos de pimienta rosa y sirva el plato de inmediato.

BLUE ANGEL ICE

INGREDIENTES

VODKA SECO
COINTREAU
CURAÇAO AZUL
ZUMO DE LIMÓN
HELADO DE LIMÓN

ORÍGENES Y CURIOSIDADES

Es una versión helada del célebre blue angel, la cual, gracias a la incorporación del helado de limón, tiene un sabor menos agresivo. Satisface el gusto más delicado de las mujeres.

PREPARACIÓN

Ponga 30 ml (2 cucharadas) de vodka en una probeta graduada y viértalos en una batidora de vaso. Repita el procedimiento con 20 ml (4 cucharaditas) de Cointreau, 30 ml (2 cucharadas) de curaçao azul y 20 ml (4 cucharaditas) de zumo de limón. Añada 2 cucharadas de helado de limón y ½ vaso bajo de hielo picado. Bata durante 15-20 segundos y sirva la bebida en un vaso alto adornada con ½ rodaja de naranja, 2 cerezas y 2 pajitas largas.

SUGERENCIA DE USO

Esta bebida tiene una gran capacidad para mitigar la sed y, además, es un buen digestivo.

Crema aterciopelada de cítricos

FÁCIL

ingredientes para 4 personas
tiempo: 1 hora

¾ de taza + 1 cucharada y ½ de zumo de cítricos al gusto
3 huevos
corteza rallada de 1 limón
¼ de taza (4 cucharadas) de azúcar
4 cucharadas de fécula de patata
1 cesta de frambuesas

Use un cuenco grande para batir con una varilla las yemas de huevo con el azúcar hasta que queden cremosas, suaves y espumosas. Sin dejar de remover, añada la fécula de patata tamizada, la corteza rallada de 1 limón y, poco a poco, el zumo de cítricos. Vierta la mezcla en una cacerola y llévela a ebullición a fuego medio. Retírela del fuego y deje que se enfríe y, a continuación, pase la mezcla por la batidora. Vuelva a ponerla en el cuenco, agréguele las claras de huevo, que antes habrá batido a punto de nieve, y mezcle desde abajo para que los huevos no se levanten. Deje que la crema repose hasta que vaya a servirla en 4 cuencos de postre decorados a su gusto con frambuesas frescas.

COSMOPOLITAN ICE

INGREDIENTES

VODKA SECO
COINTREAU
HELADO DE LIMÓN
ZUMO O SIROPE DE FRAMBUESA

ORÍGENES Y CURIOSIDADES

Este cóctel lo crearon a mediados de la década de 1990 unas bármanes neoyorquinas que querían enriquecer con helado el clásico cosmopolitan.

PREPARACIÓN

Ponga 50 ml (3 cucharadas y ⅓) de vodka en una probeta graduada y viértalos en una batidora de vaso. Repita el procedimiento con 20 ml (4 cucharaditas) de Cointreau y la misma cantidad de zumo o sirope de frambuesa. Añada 2 cucharadas de helado de limón y ½ vaso bajo de hielo picado. Bata durante 15-20 segundos y sirva la bebida en un vaso alto. A la hora de servir la bebida, adórnela con cerezas y 2 pajitas largas.

SUGERENCIA DE USO

Esta bebida, excelente para la noche, es muy apreciada sobre todo por las mujeres.

Tarta de cereza

FÁCIL

ingredientes para 6-8 personas
tiempo: 2 horas

300 g de mermelada de cerezas
2 tazas y ½ de harina
⅗ de taza de azúcar de caña
½ taza rasa (7 cucharadas) de mantequilla
1 yema de huevo
1 huevo entero
sal
1 sobre de levadura en polvo
corteza rallada de 1 limón

Tamice la harina y póngala en un cuenco. Añada la mantequilla blanda y comience a mezclarlo rápidamente todo con las yemas de los dedos. Póngalo en otro cuenco y agregue en el centro sal, levadura en polvo, corteza de limón, huevos y azúcar. Mezcle los ingredientes con rapidez hasta incorporar la harina por completo y obtener una masa suave y homogénea. Dele forma de bola y cúbrala con un paño húmedo. Déjela reposar en el frigorífico durante 45 minutos. Enharine la superficie de trabajo y use un rodillo para extender la masa. Forre con ella una bandeja de horno untada con mantequilla. Pinche el fondo de la tarta con un tenedor y rellene la base con mermelada de cereza. Trabaje los trozos de masa sobrantes para hacer tiras y ponerlas sobre la mermelada con el fin de crear la clásica rejilla de las tartas. Hornee a 200 °C durante unos 30 minutos y deje que la tarta se enfríe antes de servir.

FRENCH KISS

INGREDIENTES

APEROL	HELADO ACE (NARANJA, ZANAHORIA Y LIMÓN)
CAMPARI	
GRAND MARNIER	

ORÍGENES Y CURIOSIDADES

Se trata de una bebida que creó en la década de 1990 una barman parisina perdidamente enamorada de un pintor español que solía acudir a su heladería de Montmartre.

PREPARACIÓN

Ponga 60 ml (¼ de taza) de Aperol en una probeta graduada y viértalos en una batidora de vaso. Repita el procedimiento con 20 ml (4 cucharaditas) de Grand Marnier y 10 ml (2 cucharaditas) de Campari. Añada 2 cucharadas de helado ACE y ½ vaso bajo de hielo picado. Bata durante 15-20 segundos y sirva la bebida en un vaso alto adornada con ½ rodaja de piña, 2 cerezas y 2 pajitas largas.

SUGERENCIA DE USO

Es un aperitivo delicioso.

Ensalada niçoise

FÁCIL

ingredientes para 4 personas
tiempo: 30 minutos

300 g de patatas cocidas (en torno a 2 pequeñas o 1 y ½ medianas)
250 g de judías verdes al vapor (en torno a 1 taza y ¼)
8 tomates cherry
200 g de atún en aceite
8 filetes de anchoa
2 huevos cocidos
aceitunas negras
alcaparras
albahaca
sal
aceite de oliva virgen extra

Corte las patatas en rodajas de 2 cm de grosor y parta los tomates por la mitad. Escurra el atún, las anchoas y las aceitunas. Ponga todos los ingredientes en 4 cuencos de ensalada de modo que se alternen formas y colores. Vierta en otro cuenco 4 cucharadas de aceite de oliva virgen extra, un puñado de alcaparras y una pizca de sal. Mezcle bien con una cuchara y espolvoree cada plato. Adorne con unas hojas de albahaca.

LIQUAICE

INGREDIENTES

LICOR DE REGALIZ
RON BLANCO
HELADO *FIOR DI LATTE* (DE LECHE ENTERA) O DE NATA

ORÍGENES Y CURIOSIDADES

Esta bebida se creó a mediados de la década de 1990 en una heladería italiana como homenaje a un joven cliente al que le encantaba el regaliz.

PREPARACIÓN

Ponga 60 ml (¼ de taza) de licor de regaliz en una probeta graduada y viértalos en una batidora de vaso. Repita el procedimiento con 40 ml (2 cucharadas y ¾) de ron. Añada 2 cucharadas de helado y ½ vaso bajo de hielo picado. Bata durante 15-20 segundos y ponga la bebida en un vaso alto. A la hora de servir, adorne con 2 rodajas de regaliz y 2 pajitas largas.

SUGERENCIA DE USO

Es una excelente bebida para después de la cena que también se recomienda como digestivo.

Semifreddo de regaliz

FÁCIL

ingredientes para 4 personas
tiempo: 45 minutos + tiempo de congelado (2 horas)

20 g (⅛ de taza) de regaliz
½ taza rasa (8 cucharadas) de azúcar
1 yema de huevo
4 cucharadas de leche entera
2 tazas + 2 cucharadas y ½ de nata montada

Bata la yema de huevo y el azúcar con una varilla hasta que el conjunto quede espumoso. Caliente la leche en una cacerola a fuego lento y agregue el regaliz, que deberá haber triturado antes en una batidora. Siga cocinando sin dejar de remover hasta que el regaliz se haya disuelto por completo. Retire la preparación del fuego antes de que hierva y añada los huevos y el azúcar mientras con una varilla trabaja la mezcla con fuerza. Agregue poco a poco la nata montada y remueva todos los ingredientes para obtener una mezcla homogénea. Viértala en 4 moldes para *semifreddo* y, antes de servirlos, déjelos reposar en el congelador durante al menos dos horas.

LULÙ ICE

INGREDIENTES

APEROL
CAMPARI
MANDARINETTO ISOLABELLA
HELADO ACE (NARANJA, ZANAHORIA Y LIMÓN)

ORÍGENES Y CURIOSIDADES

A principios de siglo, una muchacha de Friburgo solía tomar su adorado Aperol como aperitivo seguido de un helado ACE (naranja, zanahoria y limón) como postre: un barman de uno de sus bares favoritos decidió crear un nuevo cóctel en su honor y combinó el licor y el helado de marras.

PREPARACIÓN

Ponga 50 ml (3 cucharadas y ⅓) de Aperol en una probeta graduada y viértalos en una batidora de vaso. Repita el procedimiento con 30 ml (2 cucharadas) de Mandarinetto Isolabella y 20 ml (4 cucharaditas) de Campari. Añada 2 cucharadas de helado ACE y ½ vaso de hielo picado. Bata durante 15-20 segundos y vierta la bebida en un vaso alto. Sirva la bebida adornada con ½ rodaja de naranja, 1 cereza y 2 pajitas largas.

SUGERENCIA DE USO

Es un aperitivo excelente.

Bocados de polenta y camembert

MEDIA

ingredientes para 4 personas
tiempo: 4 horas

3 tazas y ½ de agua
2 tazas y ⅓ de polenta
230 g de camembert
queso rallado
mantequilla
sal
150 g de espárragos cocidos
8 cucharadas de besamel

Caliente agua con 1 cucharada de sal en un recipiente de cobre. Cuando comience a hervir, retírelo del fuego y vierta en él la polenta; remueva con fuerza con una varilla. Vuelva a ponerlo en el fuego, siga cociendo durante 50 minutos una vez que la polenta haya hervido de nuevo y remueva sin parar con una cuchara de madera grande. Cuando la polenta se derrame por los lados, póngala en 8 moldes de pudin y deje que se enfríe. Refrigere durante 2 horas como mínimo. Saque la polenta y córtela en sentido horizontal en 3 partes de más o menos el mismo espesor. Rellénela con unos dados de camembert, una pizca de sal y el queso rallado. Vuelva a montarla, póngala en un plato para hornear untado con mantequilla y hornéela a 220 °C. Caliente la besamel y prepare 4 platos. Coloque en cada uno de ellos un lecho de salsa y 2 bocados de polenta. Sírvalos de inmediato espolvoreados con queso rallado y una guarnición de espárragos hervidos y salteados con mantequilla.

MICHELLE ICE

INGREDIENTES

APEROL	VODKA DE MELOCOTÓN
CAMPARI	HELADO ACE (NARANJA, ZANAHORIA Y LIMÓN)

ORÍGENES Y CURIOSIDADES

Según cuenta la leyenda, esta bebida la creó un barman de Bremen a finales de la década de 1990 en honor a un cliente al que le encantaba la canción «Michelle», de The Beatles.

PREPARACIÓN

Ponga 60 ml (¼ de taza) de Aperol en una probeta graduada y viértalos en una batidora de vaso. Repita el procedimiento con 30 ml (2 cucharadas) de vodka y 10 ml (2 cucharaditas) de Campari. Añada 2 cucharadas de helado ACE y ½ vaso de hielo picado. Bata durante 15-20 segundos y vierta la bebida en un vaso alto. A la hora de servir, adorne con ½ rodaja de naranja y 2 pajitas largas.

SUGERENCIA DE USO

Es una refrescante bebida que resulta excelente para cualquier hora feliz.

Sándwich club

FÁCIL

ingredientes para 4 personas
tiempo: 30 minutos

pan de molde blanco (tostado)
12 lonchas de beicon
12 lonchas de pavo
3 cucharadas de mantequilla
⅓ de taza de mayonesa
2 tomates
lechuga
sal y pimienta

Dore las lonchas de pavo en una sartén con una nuez de mantequilla y resérvelas. Use la misma mantequilla para freír el beicon, pero sin que se ponga crujiente. Mientras tanto, lave y pique los tomates finamente y lave y seque 4 hojas grandes de lechuga. Quítele la corteza al pan de molde y úntelo con mantequilla. Póngalo en el gratinador del horno precalentado a 120 °C, durante unos 5 minutos, hasta que las rebanadas comiencen a dorarse; tenga cuidado de que el pan no se quede demasiado seco. Extienda la mayonesa en la primera rebanada de pan. Coloque, en este orden, 1 hoja de lechuga, lonchas de pavo, rodajas de tomate y lonchas beicon. Cierre el sándwich con otra tostada. Siga el mismo orden para elaborar el segundo piso del sándwich y, a continuación, repita el procedimiento con el resto de los ingredientes. Use un cuchillo afilado para partirlo por la mitad con cuidado y pinche un palillo largo. Sirva ambas mitades acompañadas de una guarnición de patatas fritas.

PUFFO ICE

INGREDIENTES

LECHE
COLORANTE ALIMENTARIO AZUL*
HELADO *FIOR DI LATTE* (DE LECHE ENTERA)

ORÍGENES Y CURIOSIDADES

Al parecer, esta bebida se creó en Roma durante la década de 1980 en una heladería-pastelería. Al creador le encantaban los dibujos animados *I Puffi* (*Los Pitufos* en castellano) que eran muy populares por aquel entonces. Así, decidió crear un cóctel sin alcohol y con hermosos colores que fuera apto para los jóvenes fans de la serie.

PREPARACIÓN

Ponga 2060 g (144 cucharadas) de leche en una probeta graduada y viértalos en una batidora de vaso. Repita el procedimiento con 10 ml (2 cucharaditas) de colorante azul. Añada 2 cucharadas de helado *fior di latte* y ½ vaso bajo de hielo picado. Bata durante 15 segundos y sirva la bebida en un vaso alto adornada con 2 pajitas largas.

SUGERENCIA DE USO

Es un simpático refresco que puede calmar la sed de los más pequeños.

*SUELE ENCONTRARSE EN LA SECCIÓN DE REPOSTERÍA DE CASI TODOS LOS SUPERMERCADOS

Paleta de frutas

FÁCIL

ingredientes para 4 personas
tiempo: 30 minutos

4 melocotones en almíbar
8 rodajas de piña en almíbar
1 plátano
8 fresas
2 kiwis
1 racimo de uvas
2 cestas de bayas
helado *fior di latte* (de leche entera)
2 limones
azúcar
barquillos para helado

Escurra los melocotones y córtelos no muy finamente. Escurra las rodajas de piña y córtelas por la mitad. Pele el plátano y los kiwis y córtelos en rodajas gruesas. Lave las uvas y quíteles las pepitas. Lave las fresas, límpielas y córtelas por la mitad. Lave con suavidad las bayas. Mezcle en un cuenco el zumo de limón y 2 cucharadas de azúcar mientras remueve bien la salsa para que los ingredientes se mezclen. Ponga la fruta en 4 platos de postre de modo que se alternen colores y formas a su gusto. Justo antes de servir, vierta la salsa a base de limón por encima de todo. Sirva la paleta con una bola generosa de helado de nata y algunos barquillos para helado.

SABBIA D'ORIENTE

INGREDIENTES

LICOR DE CAFÉ
CREMA DE WHISKY
HELADO *FIOR DI LATTE* (DE LECHE ENTERA) O DE NATA

ORÍGENES Y CURIOSIDADES

Esta bebida la presentó el barman Gianfranco di Niso durante el concurso Bar Festival celebrado en Italia en el año 2000.

PREPARACIÓN

Ponga 70 ml (4 cucharadas + 2 cucharaditas) de crema de whisky en una probeta graduada y viértalos en una batidora de vaso. Repita el procedimiento con 30 ml (2 cucharadas) de licor de café. Añada 2 cucharadas de helado y ½ vaso bajo de hielo picado. Bata durante 15-20 segundos y vierta la bebida en un vaso alto. A la hora de servirla, adórnela con 2 pajitas largas y cacao espolvoreado.

SUGERENCIA DE USO

Es una deliciosa bebida para la cena.

Dátiles al chocolate negro

FÁCIL

ingredientes para 4 personas
tiempo: 45 minutos

250 g de chocolate extranegro
20 dátiles
almendras
corteza de naranja confitada
canela molida
nueces peladas
nata montada

Quíteles el hueso con cuidado a los dátiles y córtelos a lo largo. Rellénelos con 1 almendra y un poco de corteza de naranja confitada y ciérrelos bien. Derrita el chocolate al baño María con 1 cucharadita de canela en polvo. Use un palillo largo o una brocheta de kebab para remojar bien los dátiles de uno en uno en el chocolate y deje que el sobrante caiga en la cazuela. Ponga los dátiles en una bandeja cubierta con papel para hornear y deje que se solidifiquen. Sírvalos en un cuenco y adórnelos con unos chorritos de nata montada con sabor a canela y algunas nueces peladas.

STINGER ICE

INGREDIENTES

BRANDI
CRÈME DE MENTHE BLANCHE
(MENTA BLANCA)
HELADO DE LIMÓN

ORÍGENES Y CURIOSIDADES

Al parecer, los orígenes de esta bebida datan de finales de milenio y están relacionados con una muchacha berlinesa. Esta, cansada de beber el stinger que su marido solía prepararle (con demasiado alcohol para su gusto), propuso esta bebida y comenzó a servirla en sus reuniones.

PREPARACIÓN

Ponga 50 ml (3 cucharadas y ⅓) de brandi en una probeta graduada y viértalos en una batidora de vaso. Repita el procedimiento con 50 ml (3 cucharadas y ⅓) de *crème de menthe blanche*. Añada 2 cucharadas de helado de limón y ½ vaso bajo de hielo picado. Bata durante 15-20 segundos y vierta la bebida en un vaso alto. A la hora de servirla, adórnela con 1 rodaja de limón, 1 ramita de menta fresca y 2 pajitas largas.

SUGERENCIA DE USO

Es una bebida con magníficas propiedades digestivas y que se puede disfrutar en cualquier momento de la noche.

Macedonia al oporto

FÁCIL

ingredientes para 4 personas
tiempo: 1 hora

- 200 g (1 taza y ⅓, más o menos) de fresas
- ¼ de melón
- 4 albaricoques
- 4 melocotones
- 100 g de moras
- helado de frutas del bosque
- 4 cucharadas de oporto blanco
- 4 cucharadas de azúcar
- zumo de 2 pomelos rosas

Lave las fresas y después córtelas en 4 cuñas. Pele el melón y córtelo en dados (no demasiado pequeños). Lave los melocotones y los albaricoques, quíteles el hueso y corte ambas frutas en rodajas del mismo tamaño. Lave las moras y póngalas en un cuenco de vidrio. Añada el resto de la fruta y remójelo todo en el oporto y en el zumo de pomelo rosa. Añada el azúcar y remueva con suavidad. Déjelo reposar en el frigorífico durante 30 minutos. Justo antes de servir, disponga la macedonia al oporto en cuatro vasos bajos (con el zumo incluido) acompañados de una generosa bola de helado de frutas del bosque.

STRAWBERRY DAIQUIRI ICE

INGREDIENTES

RON BLANCO
HELADO DE LIMÓN
AZÚCAR LÍQUIDO
FRESAS
ZUMO DE LIMÓN

ORÍGENES Y CURIOSIDADES

Al parecer, fueron los bármanes de Stuttgart los primeros en añadirle helado al célebre daiquiri, con lo que dieron lugar a una de las más deliciosas bebidas de la familia que nos ocupa.

PREPARACIÓN

Ponga 60 ml (¼ de taza) de ron en una probeta graduada y viértalos en una batidora de vaso. Repita el procedimiento con 30 ml (2 cucharadas) de azúcar líquido y 10 ml (2 cucharaditas) de zumo de limón. Añada 2 cucharadas de helado de limón, 5-6 fresas frescas y ½ vaso bajo de hielo picado. Bata durante 15-20 segundos y sirva la bebida en un vaso alto adornada con 2 fresas y 2 pajitas largas.

SUGERENCIA DE USO

Es un excelente digestivo recomendable para cualquier momento del día.

Empanadas dulces

FÁCIL

ingredientes para 4 personas
tiempo: 1 hora y 30 minutos

4 tazas de harina
240 g de batatas
25 g (2 cucharadas + 2 cucharaditas) de levadura fresca
2 cucharadas de azúcar
1 taza y ¼ de leche
1 huevo
4 cucharadas de aceite de oliva virgen extra
mantequilla
sal

Disuelva la levadura en un cuenco con agua templada y déjela reposar durante 15 minutos. Ralle finamente las batatas sobre un cuenco. Use un cuenco grande para batir con una varilla el huevo y el azúcar hasta que queden cremosos y espumosos. Añada el aceite de oliva virgen extra y 1 cucharadita de sal sin dejar de remover. Agregue poco a poco las batatas, la harina y la levadura blanda y, a continuación, la leche templada y mezcle todos los ingredientes hasta lograr la consistencia deseada. Divida la masa para formar empanadas rectangulares de unos 10 cm de largo y, tras cubrirla con un paño húmedo, déjela reposar en el frigorífico durante 30 minutos. Engrase y enharine una bandeja de horno y coloque en ella con suavidad las empanadas dulces. Hornee a 180 °C y, justo antes de que estén hechas, pinte la superficie con la yema de huevo batida. Espolvoree con azúcar y sírvalas tanto frías como calientes.

TESTAROSSA ICE

INGREDIENTES

VODKA SECO
CAMPARI
HELADO DE FRESA

ORÍGENES Y CURIOSIDADES

Esta bebida la creó en el año 2007 un barman muy forofo de la Fórmula 1. La bautizó así en honor al último campeonato mundial que ganó el equipo Ferrari.

PREPARACIÓN

Ponga 50 ml (3 cucharadas y ⅓) de vodka en una probeta graduada y viértalos en una batidora de vaso. Repita el procedimiento con 50 ml (3 cucharadas y ⅓) de Campari. Añada 2 cucharadas de helado de fresa y ½ vaso bajo de hielo picado. Bata durante 15-20 segundos y vierta la bebida en un vaso alto. A la hora de servir, adórnela con 2 fresas y 2 pajitas largas.

SUGERENCIA DE USO

Es un aperitivo excelente.

Farfalle a los cuatro quesos

FÁCIL

ingredientes para 4 personas
tiempo: 45 minutos

360 g de *farfalle*
150 g de setas salteadas (en torno a 2 tazas y ½)
50 g de nueces peladas (en torno a 12)
60 g de queso gorgonzola dulce
60 g de queso brie
60 g de *formai de mut* (literalmente, «queso montés»), de Lombardía, o un queso parecido
60 g de queso pecorino
4 cucharadas de besamel
perejil, mantequilla, sal y pimienta

Cueza la pasta en abundante agua salada. Mientras tanto, derrita una nuez de mantequilla en una cacerola grande. Añada el *formai de mut*, el gorgonzola y el brie (cortados a trocitos). Cocínelo todo sin dejar de remover hasta que los quesos se hayan derretido por completo y se haya formado una crema fluida. Agregue el pecorino, la besamel, las nueces gruesamente picadas, las setas salteadas y sal y pimienta al gusto. Mézclelo todo bien durante unos minutos a fuego lento. Escurra los *farfalle* al dente y viértalos directamente en la cacerola. Justo antes de servir, espolvoréelos con una generosa cantidad de perejil picado.

TIRAMISÙ ICE

INGREDIENTES

LICOR DE CAFÉ
PONCHE O LICOR DE HUEVO
RON OSCURO

HELADO *FIOR DI LATTE* (DE LECHE ENTERA) O DE NATA
CACAO EN POLVO

ORÍGENES Y CURIOSIDADES

Según la leyenda, la creadora de esta bebida es un ama de casa de Basilea que, a finales de la década de 1990, se hartó de servir el típico tiramisú y tuvo la idea de elaborar una versión con alcohol de este postre que tanto gustaba a todos.

PREPARACIÓN

Ponga 40 ml (2 cucharadas y ¾) de licor de huevo en una probeta graduada y viértalos en una batidora de vaso. Repita el procedimiento con 30 ml (2 cucharadas) de ron y la misma cantidad de licor de café. Añada 2 cucharadas de helado y ½ vaso bajo de hielo picado. Bata durante 15-20 segundos y vierta la bebida en un vaso alto. A la hora de servir, adórnela con cacao espolvoreado y 2 pajitas largas.

SUGERENCIA DE USO

Esta bebida *gourmet* para la cena también es un buen digestivo.

Minicruasanes

MEDIA

ingredientes para 4 personas
tiempo: 1 hora

1 rollo de hojaldre precocinado
crema de avellanas
azúcar glas

Enharine la superficie de trabajo y, con el rodillo, extienda la masa hasta que tenga un espesor de 1 cm. Corte, a continuación, muchos trozos de 2 cm. Enrolle en forma de espiral las tiras resultantes para elaborar los cruasanes y asegúrese de solapar los bordes. Ponga los cruasanes con cuidado en una bandeja de horno cubierta con papel para hornear y procure que haya 7-8 cm de separación entre ellos. Hornee a 200 °C durante unos 15 minutos, hasta que la masa esté hinchada y dorada. Sáquelos del horno y deje que se enfríen. Con una pequeña manga pastelera, rellénelos de la crema de avellana. Espolvoree con azúcar glas y sírvalos.

TROPICAL ICE

INGREDIENTES

SIROPE DE MENTA
SIROPE DE ALMENDRAS (ORGEAT)
LECHE
HELADO *FIOR DI LATTE* (DE LECHE ENTERA)

ORÍGENES Y CURIOSIDADES

Dicen que la primera vez que se sirvió este cóctel fue en una heladería de Stuttgart. Se concibió para satisfacer las peculiares exigencias de una religiosa francesa que quería un trago largo sin alcohol y que no estuviera elaborado con fruta.

PREPARACIÓN

Ponga 60 ml (¼ de taza) de leche en una probeta graduada y viértalos en una batidora de vaso. Repita el procedimiento con 20 ml (4 cucharaditas) de sirope de menta y la misma cantidad sirope de almendras. Añada 2 cucharadas de helado *fior di latte* y ½ vaso bajo de hielo picado. Bata durante 15-20 segundos y vierta la bebida en un vaso alto. A la hora de servir, adórnela con 1 ramita de menta fresca y 2 pajitas largas.

SUGERENCIA DE USO

Es una bebida muy refrescante que también resulta apta para niños.

Manzanas caramelizadas

MEDIA

ingredientes para 4 personas
tiempo: 1 hora

- 4 manzanas amarillas (de tamaño medio)
- 1 taza y ¼ de azúcar
- 28,5 g de miel
- ½ sobre de vainilla
- 3 cucharadas y ⅓ de agua
- 2 clavos
- colorante alimentario rojo (suele encontrarse en la sección de repostería de casi todos los supermercados)

Lave las manzanas y sáqueles el corazón. Trínchelas por abajo con un palo de madera grueso (como las que se ven en ferias y parques de atracciones). Vierta en una cacerola el agua templada, el azúcar y la miel, y cocínelo todo a fuego medio sin dejar de remover. Justo antes de que hierva, añada los clavos, la canela y 1 cucharada del colorante alimentario rojo. Siga cocinando a fuego medio hasta que la ebullición deje de ser visible (preste toda la atención posible en este punto de la preparación, ya que el azúcar alcanza temperaturas muy elevadas). Deles varias vueltas a las manzanas mientras las remoja por completo en esta espuma de caramelo y quíteles el sobrante antes de colocarlas con suavidad en una bandeja cubierta con papel para hornear. Deje que las manzanas se enfríen por completo antes de servirlas.

APERITIVOS DE FANTASÍA

Los aperitivos constituyen bebidas que desempeñan una función especial: la preparación del cuerpo para comer. Son acuosos, hidroalcohólicos o vinosos, y cuentan con productos aromáticos y amargos. Los toques amargos hacen que las papilas gustativas se sensibilicen al aumentar la estimulación y crean las condiciones necesarias para que se segreguen más zumos gástricos. No obstante, la acción fisiológica de los aperitivos no está relacionada solo con el carácter amargo, sino también con otras sustancias, tales como el alcohol y el dióxido de carbono, los cuales actúan directamente sobre las mucosidades estomacales.

Ya en la Antigüedad, griegos, etruscos y romanos tenían la costumbre de inaugurar los banquetes con bebidas elaboradas con vino, miel y especias, las cuales se suponía que abrían el estómago. De hecho, el término «aperitivo» deriva del latín *aperitvus*, y este del verbo *aperio*, que significa «abrir».

En el siglo V a.C., el médico griego Hipócrates prescribía un fármaco estimulante del apetito concebido por él mismo: el *vinum hipocraticum*, una suerte de vino blanco dulce con flores de díctamo maceradas, ajenjo y ruda. Los romanos lo llamaron *vinum absinthiatum* («vino de absenta») y para mejorar el sabor decididamente amargo de esta bebida le añadieron romero y salvia.

Esta tradición también puede observarse en el Renacimiento, época en la que Catalina de Medici, al llevar esas bebidas a la corte de Francia, le dio al término «aperitivo» su significado de «para antes de las comidas».

Los descubrimientos geográficos y la apertura del comercio con Oriente hicieron que en Europa se tuviera conocimiento de nuevas y caras especias, todas las cuales parecían estar hechas para mejorar el sabor del aperitivo: nuez moscada, clavo, canela, ruibarbo, mirra, pimienta, etc.

El aperitivo como bien de consumo (concebido como comida y no como medicina) se creó en el Turín de 1796 en una pequeña licorería y vinatería regentada por Antonio Benedetto Carpano, el cual tuvo la genial idea de vender, en una elegante botella de un litro, un vino aromatizado con hierbas y especias. A este preparado le dio el nombre de «vermut», del alemán *wermut*, que significa «absenta».

Muchos años después, le envió vermut como tributo al rey Víctor Manuel II, de quien se dice que lo apreciaba por el *punt e mes* («ligero exceso») de amargor, el cual le daba a la be-

bida un mejor equilibrio (en comparación con otras bebidas parecidas). Así, el vermut de Carpano se rebautizó al instante como Punt e Mes y se convirtió en el aperitivo oficial de la corte.

El éxito de la bebida fue tremendo: Cavour, Verdi y Giacosa se volvían locos por ella, y la tienda de Carpano, la cual funcionó de 1840 a 1844, permanecía abierta durante las veinticuatro horas del día para poder satisfacer la demanda.

Mientras tanto, en 1815, Ausano Ramazzotti, de Milán, había creado un aperitivo no vinoso mediante una infusión de la considerable cifra de 33 hierbas y raíces de todo el mundo: quina sudamericana, ruibarbo chino, naranja amarga de Curaçao, naranja dulce de Sicilia, genciana del valle de Aosta, etc.

Tras estos éxitos, un vinicultor asentado en Turín llamado Alessandro Martini estableció una alianza con el comendador Luigi Rossi, junto al cual lanzó al mercado un nuevo tipo de cóctel de su invención: un Moscato di Canelli, para cuya elaboración utilizaron melisa, sándalo, canela, artemisia, violeta, cardo, rosa y orégano. El Martini blanco, que era dulce, no tardó en ganarse el favor de las mujeres. Con el fin de satisfacer los paladares masculinos, Martini y Rossi sustituyeron el Moscato por vinos muy secos, con lo que crearon el Martini seco.

Para no quedarse atrás, en 1862, Gaspare Campari, propietario de una popular cafetería en la milanesa Galleria Vittorio Emanuele, inventó un nuevo aperitivo y, para diferenciarlo del vermut, le puso otro nombre de origen germánico: Bitter.

Entre estas bebidas también es importante mencionar otras muy populares, como el pastis y el picón francés, el ouzo griego y el arak del Mediterráneo Oriental.

El gusto por el aperitivo ha evolucionado a lo largo del siglo XX y ha pasado a ser más refinado y sofisticado, hasta el punto de que, poco a poco, ha surgido algo así como un mundillo de la moda en la bebida y esta se ha sometido a las idas y venidas de diversas tendencias. A mediados de la década de 1980, por ejemplo, se bebían cócteles tales como el long island ice tea, el whiskey on the rocks, el campari and white y el bloody mary, mientras que en la actualidad los que más se consumen son el negroni, el americano, el pirlo, el spritz, el campari y otros de origen centro o sudamericano, como pueden ser el daiquiri y el margarita, el vodka martini y tragos largos elaborados con zumos de frutas. Todos ellos nos han ayudado a disfrutar de nuestras cenas, e incluso puede que de algunas «horas felices».

AMERICANO

INGREDIENTES

CAMPARI
VERMUT ROJO
SODA O AGUA CON GAS

ORÍGENES Y CURIOSIDADES

Las leyendas cuentan que esta bebida se creó en Italia durante el régimen fascista de la década de 1930 con la intención de distribuir y promover un cóctel elaborado exclusivamente a partir de productos italianos (Martini Rosso era de Turín y Campari se producía en Milán). También cuenta la leyenda que se eligió el nombre del cóctel con el fin de honrar los logros del boxeador Primo Carnera, quien, en 1933, se convirtió en el campeón mundial de pesos pesados al ganar un combate en el neoyorquino Madison Square Garden.

PREPARACIÓN

Ponga 30 ml (2 cucharadas) de Campari en una probeta graduada y viértalos en un vaso bajo lleno de hielo. Repita el procedimiento con 30 ml (2 cucharadas) de vermut rojo. Llene el vaso casi hasta el borde con soda o agua mineral. Remuévalo todo suavemente con una cuchara de mango largo y sirva la bebida después de haberla adornado con ½ rodaja de naranja y 1 corteza de limón.

SUGERENCIA DE USO

Excelente como aperitivo.

Tartar de ternera

MEDIA

ingredientes para 4 personas
tiempo: 45 minutos

500 g de filetes de ternera
1 chalota
zumo de 1 limón
2 cucharadas de salsa inglesa Worcestershire
2 cucharadas de aceite de oliva virgen extra
sal y pimienta
perejil
4 alcaparras picadas
mostaza
4 yemas de huevo

Use un cuchillo afilado para cortar los filetes en tiras muy finas. Después, corte estas tiras en trozos aún más pequeños. Ponga la carne en un cuenco de vidrio. Pique finamente el perejil, la chalota y las alcaparras. Agréguelo a la carne y añada un poco de mostaza, aceite de oliva virgen extra, zumo de limón, sal, pimienta y salsa inglesa. Mezcle todos los ingredientes con las manos para que queden uniformemente distribuidos. Divida la mezcla en 4 bolas de carne grandes. Póngalas directamente en platos de aperitivo y, con un cuenco pequeño, cree una cavidad en el tartar para poder colocar una yema de huevo crudo en el centro. Sirva de inmediato.

APEROL BIT ORANGE

INGREDIENTES

APEROL
CAMPARI
ZUMO DE NARANJA
MANDARINETTO ISOLABELLA

ORÍGENES Y CURIOSIDADES

Este sabroso aperitivo se presentó en el concurso Bar Festival celebrado durante el año 2006 en Milán.

PREPARACIÓN

Ponga 40 ml (2 cucharadas y ¾) de Aperol en una probeta graduada y viértalos en una coctelera. Repita el procedimiento con 80 ml (⅓ de taza) de zumo de naranja, 10 ml (2 cucharaditas) de Campari y 30 ml (2 cucharadas) de Mandarinetto Isolabella. Agite con fuerza la coctelera durante unos segundos y viértalo todo en un vaso alto lleno de hielo. A la hora de servir, adórnelo con ½ rodaja de naranja, ½ rodaja de piña, ½ rodaja de lima y 2 pajitas largas.

SUGERENCIA DE USO

Es un excelente aperitivo que puede disfrutarse a cualquier hora del día.

Ensalada césar

FÁCIL

ingredientes para 4 personas
tiempo: 30 minutos

4 rebanadas de pan
1 diente de ajo
1 huevo
4 pechugas de pollo
1 cabeza de escarola
vinagre
zumo de 1 limón
sal y pimienta
aceite de oliva
salsa inglesa

Corte las rebanadas de pan en dados y tuéstelos en una sartén con 1 cucharada de aceite de oliva virgen extra y 1 diente de ajo pelado y machado. Salpimiente las pechugas de pollo y hágalas a la plancha. Lave y seque la escarola para, a continuación, picarla groseramente. Prepare en un cuenco la salsa para la ensalada césar; para ello, mezcle 1 cucharada de salsa inglesa, 1 huevo, 2 cucharadas de aceite de oliva virgen extra, el zumo de 1 limón y unas gotas de vinagre. Mezcle bien los ingredientes con una varilla pequeña hasta que obtenga una salsa suave. Disponga en un plato un generoso lecho de escarola ligeramente salada y sirva con un chorrito de aceite de oliva virgen extra. Distribuya el pollo cortado en lonchas bastante gruesas sobre la escarola y remate con una capa de picatostes. Sirva la ensalada a temperatura ambiente acompañada de la salsa.

APEROL CRODO

INGREDIENTES

APEROL	CAMPARI
VODKA DE MELOCOTÓN	CRODINO

ORÍGENES Y CURIOSIDADES

Esta bebida se presentó en un concurso internacional de bármanes que se celebró en Rimini en el año 2005 y que organizó la revista italiana *Bargiornale* con el tema de la preparación de aperitivos inéditos.

PREPARACIÓN

Ponga 30 ml (2 cucharadas) de Aperol en una probeta graduada y viértalos en una coctelera. Repita el procedimiento con 20 ml (4 cucharaditas) de vodka de melocotón y 10 ml (2 cucharaditas) de Campari. Remueva la coctelera con fuerza durante unos segundos y vierta la mezcla en un vaso alto lleno de hielo. Mezcle ligeramente la bebida y sírvala adornada con ½ rodaja de naranja, 3 cubitos de lima, 2 cerezas y 2 pajitas largas.

SUGERENCIA DE USO

Es un excelente aperitivo que puede disfrutarse a cualquier hora del día.

Quiche lorraine

MEDIA

ingredientes para 6-8 personas
tiempo: 1 hora y 15 minutos

- 400 g de masa quebrada
- 180 g de carrillera de cerdo o panceta en dados
- 1 taza y ¼ de nata para cocinar
- 150 g de queso gruyer rallado
- sal y pimienta
- nuez moscada
- 4 yemas de huevo
- perejil picado

Enharine la superficie de trabajo y el rodillo para extender la masa. Forre con la masa un molde de horno redondo. Doble los bordes y pinche el fondo con un tenedor. Rellene la masa con judías y hornee durante 15 minutos a 200 °C. Sáquela del horno y sustituya las judías por el queso rallado. Escalde la carne en agua durante 10 minutos y escúrrala; colóquela después del gruyer. Bata los huevos en un cuenco y añada sal, pimienta y bastante nuez moscada espolvoreada. Agregue la nata y mézclelo todo con energía hasta lograr una crema suave. Vierta esta mezcla en el molde para horno y cúbralo por completo con el queso y la carne. Vuelva a hornear a 180 °C durante unos 25 minutos, saque antes de que la superficie de la quiche se vuelva sólida y se ponga dorada. Sáquela del horno y deje que se enfríe durante 10 minutos. Sírvala adornada con perejil picado.

BEETHOVEN

INGREDIENTES

PURÉ DE BAYAS
VINO ESPUMOSO BRUT O CHAMPÁN

ORÍGENES Y CURIOSIDADES

Esta bebida constituyó un éxito cuando se presentó en el concurso internacional de bármanes de Rimini organizado por la revista italiana *Bargiornale* en el año 2005: el tema era la concepción de aperitivos innovadores.

PREPARACIÓN

Ponga 30 ml (2 cucharadas) de puré de bayas en una probeta graduada y viértalos en una copa previamente enfriada en el congelador. Llene casi hasta el borde con vino espumoso o champán frescos. Use una cuchara de mango largo para remover con suavidad y sirva la bebida.

SUGERENCIA DE USO

Es un excelente aperitivo que puede disfrutarse a cualquier hora del día.

Gambas a la grosella roja y azafrán

FÁCIL

ingredientes para 4 personas
tiempo: 45 minutos

160 g de gambas
harina
1 sobre de azafrán
sal y pimienta
brandi
6 cucharadas de nata
1 diente de ajo
perejil picado
1 cesta de grosellas rojas frescas
aceite de oliva virgen extra
puré de patata

Quíteles a las gambas la cáscara y el filamento negro que les recorre el lomo y déjeles solo la cola y la cabeza. Añada sal y enharínelas un poco. Caliente en una cacerola grande 2 cucharadas de aceite de oliva virgen extra y fría el ajo finamente picado. Agregue las gambas y cocínelas a fuego fuerte durante 5 minutos. Mójelas en brandi y flambéelas. Cuando las llamas se hayan apagado, baje el fuego e incorpore la nata y el azafrán ya disuelto en una taza de agua. Acabe de cocinar las gambas mientras les espolvorea pimienta y perejil picado. Tome 4 platos y ponga una buena ración de puré de patatas en el centro de cada uno. Coloque las gambas encima y cúbralo todo con la salsa de azafrán. Sírvalo adornado con un puñado de grosellas frescas.

BELLINI

INGREDIENTES

PURÉ DE MELOCOTÓN
VINO ESPUMOSO BRUT O CHAMPÁN

ORÍGENES Y CURIOSIDADES

Este célebre cóctel lo creó en 1948 un barman del veneciano Harry's Bar con motivo de una exposición de pinturas de Giambellino (cuyo auténtico nombre era Giovanni Bellini).

PREPARACIÓN

Ponga 30 ml (2 cucharadas) de puré de melocotón en una probeta graduada y viértalos en una copa previamente enfriada en el congelador. Llene casi hasta el borde con vino espumoso brut o champán frescos. Use una cuchara de mango largo para remover con suavidad y sirva la bebida.

SUGERENCIA DE USO

Es uno de los aperitivos por excelencia.

Delicias de flor de calabacín

FÁCIL

ingredientes para 4 personas
tiempo: 30 minutos

16 flores de calabacín
100 g de jamón cocido
1 huevo
leche
60 g de queso *scamorza* ahumado
harina
pan rallado
aceite de girasol
sal y pimienta

Limpie las flores de calabacín con cuidado y quíteles los estambres. Rellénelas con trocitos del jamón y con unos dados del queso ahumado. Prepare 3 cuencos. Use el primero para batir el huevo con un toque de leche. Tamice la harina en el segundo y vierta el pan rallado en el tercero. Reboce las flores en este orden: primero en la harina, después en el huevo y, por último, en el pan rallado. Fríalo todo con abundante aceite de girasol hirviedo mientras remueve con suavidad de vez en cuando. Ponga las flores sobre dos hojas de papel de cocina y salpimiente al gusto.

GARIBALDI

INGREDIENTES

CAMPARI
ZUMO DE NARANJA (SANGUINA A SER POSIBLE)

ORÍGENES Y CURIOSIDADES

Este cóctel, que se creó en la década de 1960, también recibe el nombre de orange campari por parte de los que parecen ser los más devotos: los alemanes. Con todo, en Italia su nombre se debe al célebre pañuelo que llevaba Giuseppe Garibaldi en la cabeza.

PREPARACIÓN

Ponga 70 ml (4 cucharadas + 2 cucharaditas) de Campari en una probeta graduada y viértalos en un vaso alto lleno de hielo. Repita el procedimiento con 90 ml (6 cucharadas) de zumo de naranja. Remueva durante unos segundos con una cuchara de mango largo y sirva la bebida después de adornarla con 1 rodaja de naranja y 2 pajitas largas.

SUGERENCIA DE USO

Es un excelente aperitivo que puede disfrutarse a cualquier hora del día.

Risotto de corazones de alcachofa

FÁCIL

ingredientes para 4 personas
tiempo: 1 hora

2 tazas escasas de arroz carnaroli
4 alcachofas
4 cucharadas de aceite de oliva virgen extra
4 tazas y ¼ de caldo hirviendo
2 chalotas finamente picadas
mejorana fresca
1 vaso de vino blanco
sal y pimienta
queso parmesano rallado
2 nueces de mantequilla
perejil picado

Limpie las alcachofas y quíteles la parte superior y las duras hojas exteriores. Pártalas por la mitad y extraiga la pelusa de dentro. Corte los corazones del alcachofa y remójelos en agua que haya acidificado un poco con zumo de limón. Caliente el aceite en una cacerola y haga las chalotas picadas a fuego lento. Cuando se hayan puesto transparentes, añada las alcachofas escurridas y unas hojas de mejorana. Salpimiente y cocine sin dejar de remover. Agregue el arroz y deje que se tueste durante un par de minutos. Incorpore el vino y deje que se evapore y, a continuación, eche el caldo. Sin parar de remover, vaya añadiendo más caldo a media que este se va absorbiendo. Tras unos 20 minutos, retire el *risotto* del fuego y mézclelo con la mantequilla y el queso parmesano rallado antes de servirlo. Adórnelo con perejil picado.

GAS-BAG

INGREDIENTES

VODKA SECO	CAMPARI
PURÉ DE FRESA	VINO ESPUMOSO BRUT

ORÍGENES Y CURIOSIDADES

Esta bebida fue la triunfadora de la Cocktail Competition celebrada en la ciudad italiana de Bérgamo durante 1993.

PREPARACIÓN

Ponga 20 ml (4 cucharaditas) de vodka en una probeta graduada y viértalos en una coctelera. Repita el procedimiento con 30 ml (2 cucharadas) de puré de fresa y 10 ml (2 cucharaditas) de Campari. Añada cubitos de hielo y agite la coctelera con fuerza durante unos segundos para, a continuación, verter la bebida en una copa previamente enfriada en el congelador. Llene casi hasta el borde con vino espumoso brut fresco. Use una cuchara de mango largo para remover con suavidad y sirva.

SUGERENCIA DE USO

Es un excelente aperitivo que puede disfrutarse a cualquier hora del día.

Cestas de pimiento con atún

FÁCIL

ingredientes para 4 personas
tiempo: 1 hora y 15 minutos

300 g de patatas cocidas (en torno a 2 pequeñas o 1 y ½ medianas)
4 pimientos
4 filetes de anchoa
perejil picado
cebollinos
200 g de atún en escabeche
pan rallado
sal y pimienta
aceite de oliva virgen extra
8 aceitunas negras
1 huevo

Quítele el hueso a las aceitunas, píquelas groseramente y trocee los cebollinos. Pique las anchoas y triture el atún con la batidora. Pele las patatas, hágalas puré y póngalo en un cuenco grande. Incorpore el huevo, el atún, el perejil, los cebollinos, las aceitunas negras y 2 cucharadas de pan rallado. Salpimiente y mezcle todos los ingredientes con energía hasta obtener un relleno suave y cremoso. Lave los pimientos y quíteles la cabeza. Saque las pepitas y llénelos hasta el borde con relleno de atún; a continuación, cierre los pimientos con las cabezas. Ponga las cestas de pimiento en un plato para hornear untado con aceite de oliva virgen extra y hornéelas a 180 °C durante 40 minutos. Sírvalas muy calientes.

ITALIAN BITTER

INGREDIENTES

APEROL	VODKA DE MELOCOTÓN
CAMPARI	SANBITTÈR

ORÍGENES Y CURIOSIDADES

Esta bebida también se presentó en el concurso internacional de bármanes celebrado en Rimini durante el año 2005, cuyo tema fue la concepción de cócteles aperitivos innovadores.

PREPARACIÓN

Ponga 30 ml (2 cucharadas) de Aperol en una probeta graduada y viértalos en una coctelera. Repita el procedimiento con 20 ml (4 cucharaditas) de vodka y 10 ml (2 cucharaditas) de Campari. Remueva durante unos segundos y viértalo todo en un vaso alto lleno de hielo para, después, llenarlo casi hasta el borde con Sanbittèr. Use una cuchara de mango largo para remover con suavidad y sirva la bebida después de haberla adornado con ½ rodaja de naranja, 2 cerezas y 2 pajitas largas.

SUGERENCIA DE USO

Excelente como aperitivo.

Estofado de almejas

FÁCIL

ingredientes para 4 personas
tiempo: 2 horas y 30 minutos

1 kg de almejas
200 g de brotes de soja al natural
aceite de oliva virgen extra
sal y pimienta
ajo
vino blanco
perejil picado
2 tomates (no muy maduros)
8 picatostes horneados

Remoje las almejas durante 2 horas en agua salada hirviendo para quitarles toda la arena posible. Filtre 2 cucharadas de agua y resérvela. Enjuague bien las almejas bajo el grifo y, a continuación, póngalas en una cazuela grande con 1 cucharada de aceite de oliva virgen extra. Cocínelas a fuego medio hasta que se abran. Pique finamente 2 dientes de ajo y fríalos en una cacerola con 4 cucharadas de aceite de oliva virgen extra. Agregue las almejas y hágalas a fuego fuerte durante 3 minutos. Riéguelas con 1 vaso de vino blanco y siga cocinando otros 3 minutos mientras deja que todo se espese con unos cazos del agua mineral. Justo antes de servir, incorpore los brotes de soja ya escurridos, perejil picado generosamente espolvoreado y tomates ya limpios y cortados en dados. Mezcle por última vez a fuego fuerte y sirva en 4 cuencos de terracota acompañados de picatostes horneados y un diente de ajo crudo.

LORY

INGREDIENTES

APEROL
CAMPARI
VODKA DE MELOCOTÓN
BÍTER DE NARANJA

ORÍGENES Y CURIOSIDADES

Este animado cóctel lo presentó el barman Gianfranco di Niso en un concurso internacional que se celebró en Burdeos durante el año 2005 y en el que se enfrentaron ochenta bármanes: quedó entre los primeros puestos.

PREPARACIÓN

Ponga 50 ml (3 cucharadas y ⅓) de Aperol en una probeta graduada y viértalos en una coctelera. Repita el procedimiento con 30 ml (2 cucharadas) de vodka de melocotón y 10 ml (2 cucharaditas) de Campari. Agite la coctelera con fuerza durante unos segundos y vierta la mezcla en un vaso alto lleno de hielo. Mezcle con delicadeza y sirva la bebida adornada con 1 rodaja de naranja, 1 rodaja de pomelo, 2 cerezas y 2 pajitas largas.

SUGERENCIA DE USO

Idóneo como aperitivo.

Mejillones a la diabla

FÁCIL

ingredientes para 4 personas
tiempo: 45 minutos

1 kg de mejillones frescos
8 rebanadas de pan
300 g de salsa de tomate
2 tomates grandes
perejil picado
pimentón dulce en polvo
3 dientes de ajo
orégano
sal y pimienta
aceite de oliva virgen extra
vino blanco

Lave los mejillones bajo el grifo mientras raspa las conchas para quitarles todas las impurezas. Con el fin de que se abran, cocínelos en una cazuela alta con 2 dientes de ajo pelados y machados, 1 puñado de perejil y 1 cucharada de aceite de oliva virgen extra. Cuando comiencen a abrirse, rocíelos con ½ vaso de vino. Una vez abiertos, deje que se enfríen, filtre el líquido de la cocción y retire con cuidado las conchas vacías. Saltee en una cazuela grande 1 diente de ajo finamente picado con 2 cucharadas de aceite de oliva virgen extra. Añada la salsa de tomate y cocine durante 5 minutos. Agregue los mejillones y la salsa para cocinar otros 3 minutos. Justo antes de servir, espolvoree con abundante pimentón dulce y orégano, y salpimiente al gusto. Remueva por última vez y sirva los mejillones en un cuenco elegante acompañados de rebanadas de pan tostado.

KIR ROYAL

INGREDIENTES

CREMA DE GROSELLA NEGRA
CHAMPÁN O ESPUMOSO BRUT (MÉTODO CLÁSICO)

ORÍGENES Y CURIOSIDADES

Esta versión moderna del clásico kir se creó en París durante la Belle Époque, cuando el champán ocupó el lugar del vino blanco no espumoso.

PREPARACIÓN

Ponga 20 ml (4 cucharaditas) de crema de grosella negra en una probeta graduada y viértalos en una copa previamente enfriada en el congelador. Llénela casi hasta el borde con champán o espumoso brut. Use una cuchara de mango largo para remover con suavidad y sirva la bebida.

SUGERENCIA DE USO

Se trata de un elegante aperitivo que se puede servir en cualquier momento del día.

Solomillo a la trufa negra

FÁCIL

ingredientes para 4 personas
tiempo: 2 horas y 30 minutos

4 filetes de solomillo de ternera
harina
2 cucharadas de aceite de oliva virgen extra
zumo de 1 limón
1 trufa negra pequeña
queso parmesano rallado
sal y pimienta
judías verdes salteadas con mantequilla

Enharine los filetes y póngalos en una cazuela con el zumo de limón, aceite de oliva virgen extra, sal y pimienta. Déjelos marinar durante 90 minutos. Caliente la plancha y cocine la carne 5 minutos por cada lado. A la mitad del proceso, añada sal y pimienta y una lámina de trufa en cada filete. Espolvoree con queso parmesano rallado y siga cocinando durante 3 minutos. Sirva el solomillo con una guarnición de judías verdes salteadas en mantequilla.

MICHELLE FOREVER

INGREDIENTES

APEROL	VERMUT BLANCO
CAMPARI	ZUMO DE NARANJA

ORÍGENES Y CURIOSIDADES

Esta bebida, particularmente veraniega, se presentó en el concurso Bar Festival celebrado durante el año 2005 en Milán.

PREPARACIÓN

Ponga 30 ml (2 cucharadas) de Aperol en una probeta graduada y viértalos en una coctelera. Repita el procedimiento con 30 ml (2 cucharadas) de vermut blanco, 10 ml (2 cucharaditas) de Campari y 90 ml (6 cucharadas) de zumo de naranja. Agite la coctelera con fuerza durante unos segundos y sirva la mezcla en un vaso alto lleno de hielo adornado con ½ rodaja de naranja, ½ rodaja de limón, 2 cerezas y 2 pajitas largas.

SUGERENCIA DE USO

Es un excelente aperitivo que puede disfrutarse a cualquier hora del día.

Pulpo con espinacas

FÁCIL

ingredientes para 4 personas
tiempo: 2 horas + tiempo de enfriado (30 minutos)

590 g de pulpo
150 g de apio (en torno a 4 tallos medianos)
2 patatas cocidas
500 g de espinacas hervidas, escurridas y secas
1 zanahoria grande
1 cebolla
clavo
cebollinos
aceite de oliva virgen extra
sal y pimienta

Limpie el pulpo y cuézalo en agua salada durante unos 50 minutos añadiéndole la cebolla, clavo y la zanahoria cortada en trozos grandes. Limpie el apio y córtelo en tiras muy finas. Deje que el pulpo se enfríe en su propio zumo y, a continuación, escúrralo y córtelo en rodajas de 1 cm de grosor. Póngalo en un cuenco y añada las patatas cortadas en dados y la espinaca picada. Remueva y rocíe con 2 cucharadas de aceite de oliva virgen extra y espolvoree con la pimienta y el cebollino picado. Mezcle por última vez y deje reposar el pulpo en el frigorífico durante 30 minutos. Sírvalo adornado con el apio cortado.

MIMOSA

INGREDIENTES

ZUMO DE NARANJA
VINO ESPUMOSO O CHAMPÁN BRUT

ORÍGENES Y CURIOSIDADES

Creada en Londres en 1921, esta bebida nació de la imaginación de míster Harry, un barman del Buck's Club, uno de los establecimientos más importantes por aquella época en la capital británica. El nombre original de este cóctel era buck's fizz.

PREPARACIÓN

Ponga 30 ml (2 cucharadas) de zumo de naranja en una probeta graduada y viértalos en una copa previamente enfriada en el congelador. Llénela casi hasta el borde con vino espumoso o champán frescos. Use una cuchara de mango largo para remover con suavidad y sirva la bebida.

SUGERENCIA DE USO

Es un excelente aperitivo que puede disfrutarse a cualquier hora del día.

Sashimi

MEDIA

ingredientes para 4 personas
tiempo: 45 minutos

120 g de filetes de atún fresco
80 g de filetes de salmón fresco
60 g de calamar fresco
60 g de filetes de rodaballo fresco
rábano picante
2 rábanos
2 zanahorias
salsa de soja
lima

Corte el atún en rodajas verticales de 5 mm de grosor. Repita el procedimiento con el salmón. Corte el atún en rodajas de 1 cm de ancho y, a continuación, vuelva a cortarlo para hacer pequeños dados. Corte el calamar en tiras de 3 mm de grosor. Corte finamente el rodaballo en sentido transversal. Pele el rábano y córtelo en tiras del tamaño de un fósforo. Disponga de forma decorativa los filetes de pescado y el rábano picante en una tabla de cocina; adorne el conjunto con rodajas de lima, rábanos y zanahorias, y acompáñelo con la salsa de soja.

NEGRONI SBAGLIATO

INGREDIENTES

CAMPARI
VERMUT ROJO
VINO ESPUMOSO BRUT

ORÍGENES Y CURIOSIDADES

El origen de esta célebre bebida es muy particular, ya que se debe a un error que cometió un barman del milanés Bar Masso en la década de 1960. Al intentar elaborar un negroni, usó vino espumoso en lugar de la clásica ginebra. Este negroni sbagliato («negroni erróneo») fue muy bien recibido y no tardó en extenderse por todo el mundo.

PREPARACIÓN

Ponga 30 ml (2 cucharadas) de Campari en una probeta graduada y viértalos en un vaso bajo lleno de hielo para, a continuación, realizar el procedimiento con la misma cantidad de vermut rojo. Llene el vaso con espumoso brut fresco hasta casi llegar al borde y use una cuchara de mango largo para remover con suavidad. A la hora de servir, adorne la bebida con 1 rodaja de naranja.

SUGERENCIA DE USO

Es uno de los aperitivos por excelencia.

Casonsei de la abuela Nina

MEDIA

ingredientes para 4 personas
tiempo: 3 horas

3 tazas y ⅕ de harina blanca
⅓ de taza de harina de sémola de trigo duro
5 huevos
en torno a 1 taza de pan rallado
200 g de ternera picada
1 taza (16 cucharadas) de queso parmesano rallado
caldo de ternera
sal y pimienta - nuez moscada
4 galletas *amaretti*
perejil picado - salvia
150 g de rodajas de panceta o beicon gruesos
mantequilla

Disponga la harina blanca tamizada en forma de fuente con sémola de trigo duro con una pizca de sal, un chorrito de agua y 3 huevos en el centro. Mézclelo con las manos hasta que la masa quede suave. Forme una bola y déjela en el frigorífico durante 1 hora cubierta con un paño húmedo. Saltee la carne en una cazuela con una nuez de mantequilla. Viértalo todo en un cuenco grande. Añada 2 huevos, pan rallado, queso parmesano, sal, pimienta, nuez moscada en polvo y *amaretti* desmenuzadas; agregue luego perejil picado al gusto. Trabaje los ingredientes hasta obtener un relleno suave. Aderece con 1 cucharada del caldo templado y mezcle por última vez. Enharine la superficie de trabajo y el rodillo y extienda la masa hasta darle un grosor de 0,5 mm. Con un vaso, forme los discos de un diámetro de unos 7 cm. Distribuya una nuez del relleno por el centro y pinte los bordes con agua. Doble los discos por la mitad para formar los raviolis y apriételos un poco por el centro. Cuézalos en agua salada. Mientras tanto, caliente 4 nueces de mantequilla en una cazuela y fría en ella la panceta cortada en tiras. Añada unas hojas de salvia y cocine a fuego fuerte durante 1 minuto. Escurra y sirva con un lecho de mantequilla y beicon caliente. Espolvoree con queso parmesano.

NEW LULÙ

INGREDIENTES

APEROL
CAMPARI
VODKA DE MELOCOTÓN
ZUMO DE NARANJA

ORÍGENES Y CURIOSIDADES

Esta bebida se presentó en el concurso internacional que se celebró en Burdeos durante el año 2005 y en el que se enfrentaron ochenta bármanes de todo el mundo. Fue de las que obtuvieron una mejor clasificación.

PREPARACIÓN

Ponga 40 ml (2 cucharadas y ¾) de Aperol en una probeta graduada y viértalos en una coctelera. Repita el procedimiento con 20 ml (4 cucharaditas) de vodka, 10 ml (2 cucharaditas) de Campari y 90 ml (6 cucharadas) de zumo de naranja. Agite la coctelera con fuerza durante unos segundos y sirva la mezcla en un vaso alto lleno de hielo adornada con ½ rodaja de naranja, 2 cerezas y 2 pajitas largas.

SUGERENCIA DE USO

Es un excelente aperitivo que puede disfrutarse a cualquier hora del día.

Ensalada de pollo en taza

FÁCIL

ingredientes para 4 personas
tiempo: 1 hora + tiempo de enfriado (1 hora)

4 pechugas de pollo
⅘ de taza de mayonesa
150 g de apionabo al natural
8 hojas de lechuga
sal y pimienta
aceite de oliva virgen extra
zumo de limón
1 patata grande
perejil picado

Lave y seque la lechuga, píquela finamente y escurra el apionabo. Salpimiente las pechugas de pollo y hágalas a la plancha. Déjelas enfriar y córtelas en tiras. Ponga el pollo en un cuenco, añada el apionabo y la mayonesa y mézclelo todo con suavidad. Haga el aliño con 1 cucharadita de aceite de oliva virgen extra y unas gotitas de zumo de limón y salpimiente al gusto. Mezcle por última vez y deje reposar en el frigorífico durante 1 hora. Ponga un lecho de lechuga en el fondo de 4 tazas transparentes y, a continuación, llénelas casi hasta el borde con la ensalada de pollo fría. Adorne con dados de patata ya hervida en agua salada, escurrida y enfriada.

PUCCINI

INGREDIENTES

ZUMO DE MANDARINA
VINO ESPUMOSO O CHAMPÁN BRUT

ORÍGENES Y CURIOSIDADES

Según cuenta la leyenda, este cóctel lo creó en 1948 Renato Hausmann, un barman del hotel Posta, ubicado en Cortina d'Ampezzo, Italia. Al parecer, tres damas que había en el bar una noche le preguntaron el nombre de la deliciosa bebida que estaban tomando. «Puccini», respondió Hausmann, como el compositor cuya obra retransmitía la radio en ese mismo momento.

PREPARACIÓN

Ponga 30 ml (2 cucharadas) de zumo de mandarina en una probeta graduada y viértalos en una copa previamente enfriada en el congelador. Llénela casi hasta el borde con vino espumoso brut o champán frescos. Use una cuchara de mango largo para remover con suavidad y sirva la bebida.

SUGERENCIA DE USO

Se trata de un elegante aperitivo que se puede servir en cualquier momento del día.

Vitello tonnato ligero

FÁCIL

ingredientes para 4 personas
tiempo: 4 horas

1 kg de redondo de ternera
1 cebolla
1 tallo de apio
1 zanahoria
perejil y hojas de laurel
clavo
150 g de atún en aceite
2 anchoas
alcaparras encurtidas
zumo de 1 limón
sal y pimienta - aceite de oliva virgen extra
¾ de taza + 1 cucharada de yogur desnatado

Ponga la carne en una cacerola y cúbrala con agua. Añada la zanahoria, el apio y la cebolla picada y, a continuación, el clavo, las hojas de laurel, sal y pimienta. Ponga la ternera a cocinar y déjela a fuego medio durante unos 90 minutos. Cuando se haya hecho, retírela del fuego y déjela enfriar en su propio zumo. Prepare una salsa de atún ligera: para ello, mezcle el atún con el yogur, las anchoas, las alcaparras, la sal, pimienta y el zumo de 1 limón. Escurra la carne y córtela en finas rodajas (con un rebanador a ser posible). Disponga las rodajas en un plato y cúbralas con abundante salsa. Déjelas reposar en el frigorífico durante al menos 1 hora y sírvalas adornadas con rodajas de limón, algunas alcaparras y perejil entero espolvoreado.

ÍNDICE ALFABÉTICO: CÓCTELES

ÍNDICE ALFABÉTICO: PLATOS

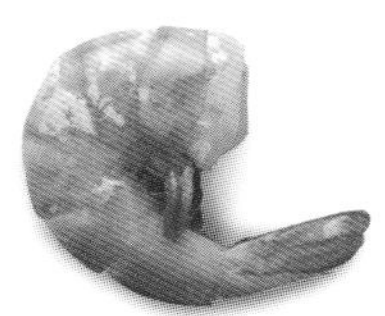

ÍNDICE: INGREDIENTES DE LOS CÓCTELES

ÍNDICE: INGREDIENTES DE LAS RECETAS

NOTAS

A Barbara, mi esposa.
La enormidad de tu amor, ternura y paciencia ilumina mis días.

Gianfranco di Niso

AUTORES

GIANFRANCO DI NISO es barman profesional, ganador de concursos nacionales e internaciones y profesor de varios cursos de formación para bármanes. Lleva trabajando desde 1986 en varios establecimientos de Bérgamo y alrededores.

DAVIDE MANZONI está licenciado por el Instituto de Turismo y Hostelería de San Pellegrino Terme (Bérgamo). También tiene una licenciatura de Cine por la Universidad Católica de Brescia. Manzoni compagina su pasión por la cocina con la que siente por el cine y la escritura.

FABIO PETRONI nació en Corinaldo, Ancona, en 1964. En la actualidad vive y trabaja en Milán. Tras estudiar fotografía, colaboró con los más destacados profesionales del sector. La línea de su trabajo le llevó a especializarse en retratos y naturalezas muertas, ámbitos en los que ha demostrado manejar un estilo intuitivo y riguroso. Con el paso de los años, ha retratado a importantes figuras de la cultura, la medicina y la esfera económica y política italiana. Ha participado, con su trabajo para las principales agencias de publicidad, en numerosas campañas para prestigiosas empresas de todo el mundo.

AGRADECIMIENTOS

Gianfranco di Niso y Davide Manzoni quisieran expresar su gratitud a:

White Star Publishers, Valeria Manferto de Fabianis y Laura Accomazzo por haber creído en su proyecto.

Gabriel Aresi y Rossana Cortinovis, del 30 & Lode Cafè de Bérgamo, por su confianza y gran disposición para ayudar; *L'Eco di Bergamo, Il Giornale di Bergamo, Affari di Gola, Lombardia a Tavola* y *Bargiornale* por la colaboración.

Demis Vescovi, licenciado en Viticultura y Enología por la Universidad de Milán, por haber participado en el proyecto, y todos los que han contribuido a la creación de este libro.

Gianfranco di Niso también desea darle las gracias a: ASCOM y Planet One por haberle inspirado; Luca Castelletti, consejero nacional de AIS; Nives Cesari, vicepresidente regional de AIS, por las esclarecedoras lecciones que le han guiado a la hora de escribir, y a Ezio Falconi, que imparte cursos para bármanes y es autor de numerosos libros acerca de cócteles. Es un modelo de profesionalidad que ha logrado presentar varias de sus creaciones. De todo corazón, gracias a Pierluigi Cucchi, barman, profesor en la ASCOM y miembro del Consejo Nacional de FIPE, y a los proveedores de hostelería R.O.S. y a Segafredo.

Por último, a todos los bármanes, camareros, estudiantes y empleados que han trabajado con él, aportándole inspiración y sabiduría.

Gianfranco di Niso y David Manzoni piden disculpas de antemano por las posibles (e inevitables) imprecisiones de este compendio. Su presencia está relacionada con la constante evolución del sector en todo el mundo. En el caso de que vaya a usar el material de este volumen, los autores le ruegan que se les cite como fuente.

El editor desea mostrar su gratitud con **ALESSI** por haberle facilitado las imágenes del equipo para cócteles en las páginas 12 y 13. Alessi, una empresa italiana fundada en 1921, diseña y fabrica accesorios para el hogar conocidos en todo el mundo por su diseño de calidad, creatividad y funcionalidad, cualidades que son el resultado de un proceso de colaboración con los principales diseñadores internacionales.
www.alessi.it

Título original:
Cocktails

Edición:
Laura Accomazzo, Giorgio Ferrero, Federica Romagnoli

Diseño:
Marinella Debernardi, Giovanni Bertozzi

Traducción:
Antonio Díaz Pérez

Revisión de la edición en lengua española:
Eneida García Odriozola
Cocinera profesional
(Centro de formación de cocineros y pasteleros de Barcelona Bell Art).
Especialista en temas culinarios

Coordinación de la edición en lengua española:
Cristina Rodríguez Fischer

Primera edición en lengua española 2013

Av. Mare de Déu de Lorda, 20
08034 Barcelona
Tel. 93 205 40 00 Fax 93 205 14 41
E-mail: info@blume.net

I.S.B.N.: 978-84-15317-26-5

Impreso en China

WWW.BLUME.NET

Este libro se ha impreso sobre papel manufacturado con materia prima procedente de bosques sostenibles. En la producción de nuestros libros procuramos, con el máximo empeño, cumplir con los requisitos medioambientales que promueven la conservación y el uso sostenible de los bosques, en especial de los bosques primarios. Asimismo, en nuestra preocupación por el planeta, intentamos emplear al máximo materiales reciclados, y solicitamos a nuestros proveedores que usen materiales de manufactura cuya fabricación esté libre de cloro elemental (ECF) o de metales pesados, entre otros.